本丛书由上海社会科学院创新工程项目资金支持

中国周边外交丛书
China's Neighborhood Diplomacy Series

中俄战略协作
与欧亚地区秩序的演进

顾炜○著

THE CHINA-RUSSIA STRATEGIC

PARTNERSHIP OF COORDINATION

AND THE EVOLUTION OF ORDER

IN EURASIA

中国社会科学出版社

图书在版编目（CIP）数据

中俄战略协作与欧亚地区秩序的演进／顾炜著．—北京：
中国社会科学出版社，2018.9

ISBN 978 - 7 - 5203 - 3158 - 6

Ⅰ.①中…　Ⅱ.①顾…　Ⅲ.①国际合作—研究—中国、
俄罗斯②国际关系史—亚洲、欧洲　Ⅳ.①D822.351.2
②D830.9③D850.9

中国版本图书馆 CIP 数据核字（2018）第 214175 号

出 版 人	赵剑英	
责任编辑	赵　丽	
责任校对	张依婧	
责任印制	王　超	

出　　版	中国社会科学出版社	
社　　址	北京鼓楼西大街甲 158 号	
邮　　编	100720	
网　　址	http://www.csspw.cn	
发 行 部	010 - 84083685	
门 市 部	010 - 84029450	
经　　销	新华书店及其他书店	

印　　刷	北京明恒达印务有限公司
装　　订	廊坊市广阳区广增装订厂
版　　次	2018 年 9 月第 1 版
印　　次	2018 年 9 月第 1 次印刷

开　　本	710×1000　1/16
印　　张	13.5
插　　页	2
字　　数	215 千字
定　　价	58.00 元

凡购买中国社会科学出版社图书,如有质量问题请与本社营销中心联系调换
电话:010 - 84083683

周边外交的"痛"与"通"

李开盛

《黄帝内经·素问·举痛论》有言："客于脉中则气不通，故卒然而痛。"这就是我们所常说的"痛则不通，通则不痛"的由来。众所周知，周边外交对中国极其重要，但有几个"痛点"始终横亘其中，如与日本和一些东盟国家的岛礁主权争端，与印度的陆地边界争端，朝核问题的困扰，还有美国军舰在东亚的"搅局"等。上述中医理论告诉我们，要解决这些"痛点"，关键还是在于"通"，即不只是针对具体的问题制定具体的办法，更要针对问题背后的深层次症结，打通与周边关系的"脉络"，从而做到"通则不痛"。

众所周知，中国与周边关系"脉络"的复杂性前所未有。体现为：第一，主体多，差异大。与中国直接接壤的陆地邻国就有 14 个，隔海相望的还有日本、韩国以及菲律宾、马来西亚、印度尼西亚、文莱等东南亚马来群岛上的国家，虽不接壤与中国距离接近的国家如孟加拉、乌兹别克斯坦、土库曼斯坦等也属于周边范畴。这些国家民族、宗教均不相同，政治制度与经济发展水平各异，要一起相处本非易事。另外，已视中国为头号竞争对象的美国虽非亚洲国家，但在中国周边的政治、经济和军事存在根深蒂固，甚至可以说是中国周边关系中的最大变量。第二，问题多，办法少。涉华的政治安全方面的问题大致有四类，其一是领土争端，其二是与地区大国（如日、印）间的复杂地缘政治关系，其三是全球性权力变迁背景下中美在东亚的竞争，其四是一些虽与中国无直接关系但对中国利益有重要影响的地区热点（如朝核问题、阿富汗战争与克什米尔冲突等）。所谓办法少，主要因为中国周边可能是世界上诸地区中最为碎片化、欠制度化的一个区域。虽不乏各种地区组织与论坛，但在政治安全领域对中国有效力、起作用的少，出了问题往往还是得依靠中国与相关国家的双边关系。而双边关系往往机制化程度低，受对方国家内政因素影响很大。一旦某国政府变更，中国外交努力就可能付诸东流。

面对上述种种问题，各种具体的对策必不可少。但要从根本上解决中国与周边关系中的"痛点"，关键还是要做到以下三"通"，才能走出"头痛医头、脚痛医脚"，"按下葫芦浮起瓢"的窘境。这三"通"是：

第一是利益要通。

政治安全方面的利益，往往带有零和的性质。如中国与相关国家的领土争端，你之所得就是我之所失。由于领土在近代民族建构过程中的特殊性，还常常成为东亚诸国民族主义寄托的对象，导致领土争端更加对立、难解。还有中美、中日之间的权力竞争，也往往被理解为"东升西降"的跷跷板游戏。但历史给中国提出来的挑战就是：零和性的问题，不能、不应也无法再通过零和式的手段解决。在与小国的主权争端中，把一个岛礁夺回来容易，但由此在地缘政治博弈与中国整体外交方面造成的短期损失与长期后果都会特别巨大。而当代大国之间的权力竞争，更难想象通过战争的手段去决定胜负。因此，面向未来的根本之道，也是一个必须解决的挑战就是要把"不通"的利益拉"通"。在这方面，中国事实上一直在进行各种思想上和实践上的尝试。邓小平提出"搁置争议、共同开发"，其潜在理念就是要把不通的政治安全利益变为相通的经济利益。如果未来能够实现争议领土的主权共享或是通过谈判达成公平的解决，则是直接把不通的政治安全利益变为相通的政治安全利益。对于中美争端，习近平主席也提出"宽广的太平洋有足够的空间容纳中美两个大国"。党的十九大报告把"建构人类命运共同体"作为外交部分的总标题，而命运共同体的基础就是要建立利益共同体。因此，利益相通的大方向对中国来说已不是问题。目前的问题是美国、一些相关国家反倒越来越不相信这一点，仍然在以传统的零和政治思维看待中国崛起。当然，中国在主权与权力共享方面如何实现利益相通，也需要有更加具体的方案，否则也难服人。

第二是规则要通。

这里所指的规则，是指包括有关社会运行的规范与程序，背后往往有着某种价值、理念的支持。国家之间打交道，利益是根本，但不是全部。国家本身作为一定规则的产物，规则自然也是其政策目标考虑的一部分，甚至有时是很重要的内容。例如，美国把维护它的政治价值与生活方式看得比一般安全利益还重要，而中国也视坚持社会主义制度为核心利益。所以，国家间的合作与斗争，也常常与规则有关。相关的规则包括国内规则、国际规则两部分，分别涉及不同国家对于国家发展以及国际社会运行的看法。当前，中国与一些国家间的矛盾就与政治制度的不同有关，至少是政治制度方面的不同加剧了彼此间的矛盾，而且这种矛盾近些年间还呈日益激化之势。对此，中国模式与以西方为代表的政治道路之间必须要找到结合点，这方面并非不可努力。例如，双方都坚持民主、平等、法治的价值，只是在实现方式上有不同的看法。如果双方能够从彼此间的共同点而不是差异点看问题，可能冲突就会少很多。实在是认识不可调和的时候，如果双方都能坚守互不输出、互不干涉的底线，也能做到和平共处。在国际规则方面更加复杂，因为它不像国内规则那样可以在国界后面相互分开，它是必须一体化的，中国与其他国家共处一个国际社会，必须同享一个国际规则。更有挑战性的是，现在很难在国际规则方面明确界定谁是现状国家，谁是挑战者。例如，中国经常被西方认为是挑战现有秩序的修正主义国家，但当前的事实是美国特朗普政府而不是中国在破坏以自由贸易为基础的战后国际经济秩序。面对国际规则争议，一方面是要尽可能扩大有关规则内容的共识，另一方面是相关各方要达成有关规则变化的规则。考虑国际社会从根本上说仍处于无政府状态，建立有关规则变化的规则至关重要。正是由于没有这样的共识，历史上新老大国的权力更替才会通过战争来进行，现实中各国才会各执一词、相互指责对方破坏国际规则。要在国际社会中建立关于规则变化的规则，关键是国际社会的法治化程度要有更大的提高，各国也要更多的国际法治意识，而不是动辄诉诸实力、权力甚至是武力。作为事实上的国际社会的"班长"，美国在这方面承担着不可推卸的责任，而作为潜在的"班长"候选人，中国也有义务更要有紧迫感，推动建立有关规则变化的规则，这不但于整个国际社会有利，对希望实现和平崛起的中国也是有利的。

第三是交流要通。

如果国家间利益不同、所奉行的国内国际规则有别，那么就必须要有通畅的交流管道，才能促使各种差异不至于上升成矛盾，或是矛盾不至于激化成冲突与战争。要实现这种交流，从根本上讲，就是中国要坚持改革开放的历史进程，在政治、经济、社会、文化与国际社会特别是周边国家保持全方位的交流与沟通，通过交流促进理解，促进利益与规则的趋同。改革开放之前，中国长期与外部隔绝，不但先后与美苏交恶，与许多周边国家也相互对立，国际环境空前险恶，结果国内也发展不起来。改革开放以后，尽管中国实力迅速增强、与美国等一些国家的权力结构斗争日益明显、与周边相关国家的主权争端更加突出，但基本上保持了和平稳定的国际环境与基本正常的大国关系、周边关系，这与坚持对外开放、国际交流，促进了利益相互依赖以及政府、民众等层次相互间理解有着重要的关联。从技术层次看，所谓的交流要通，就是在具体的外交工作中，中国要保持并不断拓展与相关国家的积极沟通。在武力代价巨大、国际法律手段又不充分的情况下，矛盾只能通过不断接触、谈判的方式去化解。那种双边关系一出现问题就切断政治往来、限制经贸关系的手段在特定情况下有其价值与必要性，但总的来说不宜多用，更不能滥用。如果以更高的标准衡量，所谓交流要通还要求：其一，要有更高水平的交流能力。我们现在提倡讲中国故事，提中国方案，但不能讲的故事别人听不懂、不爱听，或是提的方案不合当地的需求，受到政治、舆论方面的反弹。其二，中国与相关国家建立更多、更有效的双边和多边沟通机制。如果能够把交流通过机制化的方式规定下来，而不只是依赖于领导人之间的联系，国家间交往就可能更少受具体的情势与问题影响，从根本上保持一种畅通的状态。可以说，在上述方面，中国还任重道远。

以上三"通"，实际上可以应用于整个中国外交，但笔者以为周边才是重中之重。这不但是因为周边十分重要，还因为周边是中国推行上述三"通"的最佳试验田。中国与周边地理相近、文化相似，更有利于做到利益、规则与交流相通。随着三"通"的逐步推进，前面所提到的那些"痛点"才有可能有一个更好的解决背景，找到新的路径，甚至是在新的时代背景下化于无形。党的十九大正式将"建构人类命运共同体"写入报告，这不是宣传口号，而是中国外交要超脱传统的国际政治旧秩序旧思维、走出"修昔底德陷阱"实现和平崛起的必然选择，而打通与周边关系的"脉络"，解决"沉疴"，则是走向这一宏大目标的第一步。

目　　录

第一章　导论 ………………………………………………………（1）

　第一节　提出问题与研究意义 …………………………………（2）

　第二节　基本概念与研究现状 …………………………………（9）

　第三节　主要思路与结构安排 …………………………………（25）

第二章　理解欧亚地区秩序的演进 ……………………………（30）

　第一节　欧亚地区秩序的演进 …………………………………（30）

　第二节　地区秩序演进的理论阐释 ……………………………（37）

　第三节　解释欧亚地区秩序演进的互动视角 …………………（48）

第三章　中俄战略协作的启动与欧亚地区秩序的

　　　　初期演进（1996—2000） ……………………………（55）

　第一节　中俄战略协作关系的启动 ……………………………（55）

　第二节　欧亚地区秩序的多元选项 ……………………………（66）

　第三节　中俄合作与欧亚地区秩序演进的开启 ………………（75）

　本章小结 ………………………………………………………（85）

第四章　中俄战略协作的发展与欧亚地区秩序的

　　　　分域演进（2001—2010） …………………………（88）

　第一节　中俄战略协作的发展 …………………………………（88）

　第二节　欧亚地区安全秩序的演进 ……………………………（95）

　第三节　欧亚地区经济秩序的演进 ……………………………（111）

　本章小结 ………………………………………………………（125）

第五章　中俄全面战略协作与共同塑造欧亚地区

　　　　新秩序（2011—2017） ·· （128）

　第一节　中俄全面战略协作的启动与发展 ····················· （128）

　第二节　中俄不同方案对欧亚地区秩序的影响 ··············· （143）

　第三节　构建欧亚伙伴关系与塑造欧亚新秩序 ··············· （153）

　本章小结 ··· （165）

第六章　结论 ··· （167）

　第一节　中俄战略协作与欧亚地区秩序演进的逻辑 ·········· （167）

　第二节　理论总结：崛起国、主导国与地区秩序的演进 ········· （173）

　第三节　中国的地区战略与欧亚地区秩序的前景 ·············· （182）

参考文献 ·· （191）

后记 ··· （202）

第一章

导　论

冷战后的大国关系，因两极体系的终结而呈现多元复杂的特点，但其中最稳定的是中国与俄罗斯的关系。中俄两国自1996年建立面向21世纪的战略协作伙伴关系以来，双边关系持续平稳健康发展；2001年，两国签署《中俄睦邻友好合作条约》，确定了21世纪双边关系发展的基本原则；2011年，中俄提升伙伴关系水平，建立全面战略协作伙伴关系，多领域合作由此进一步全面展开；2014年，中俄全面战略伙伴关系进入新阶段。外交部网站在界定中俄总体关系时明确指出，"当前，中俄关系处于历史最好时期"。[①] 外界甚至以"中俄联姻"来形容中俄关系。[②] 从持续的时间来看，冷战后中俄友好关系的"待机时间"已经超越了第二次世界大战后中苏友好同盟的维持时长；在国际关系史上，两个相邻大国能够持续如此之久的友好关系也是不多见的。更何况，两国非常明确地将双边关系定位为"不具有结盟性质"，[③] 因此，在"结伴而不结盟"的基础上，[④] 中俄友好关系的持续性和稳定性就显得更加弥足珍贵。

---

① 《中国同俄罗斯的关系》（最近更新时间：2018年3月），中华人民共和国外交部网站（http：//www. fmprc. gov. cn/web/gjhdq_676201/gj_676203/oz_678770/1206_679110/sbgx_679114/）。

② Robert Skidelsky, The Sino-Russian Marriage, *Project Syndicate*，2015.6.18，https：//www. project-syndicate. org/commentary/china-russia-marriage-by-robert-skidelsky－2015－06？barrier＝accessreg. John Grady, *Brookings Panel：Improved China-Russia Relationship is a Marriage of Convenience*，March 24，2016，https：//news. usni. org/2016/03/24/brookings-panel-recent-china-russia-relationship-is-a-marriage-of-convenience.

③ 《中华人民共和国和俄罗斯联邦联合声明（全文）》，新华网（http：//news. xinhua-net. com/politics/2016－06/26/c_1119111908. htm）。

④ 王海运：《"结伴而不结盟"：中俄关系的现实选择》，《俄罗斯东欧中亚研究》2016年第5期。

同样珍贵的是欧亚地区保持了相当长时间的相对和平与稳定。与南斯拉夫解体造成了几场战争不同，苏联解体虽然同样遗留了诸多类似纳卡问题等尚待解决的矛盾，也给大国介入该地区释放出战略空间，但无论是地区内部矛盾还是大国在该地区的介入和竞争，都保持在可控的范围内。① 这显然成为欧亚地区各国进行国家转型时的大背景。与国家转型同时进行的是欧亚地区秩序的演进，这一相对和平的演进过程与俄罗斯和中国这两个大国密切相关，而中俄关系的友好特别是战略协作在其中发挥了怎样的作用就成为值得研究的问题。中俄关系的持续友好和欧亚地区秩序的和平演进都并非空手得来，这其中的经验值得借鉴。因此，本书将主要从地区的视角看待中俄关系，探讨中俄战略协作对欧亚地区秩序及其演进的影响，梳理和总结欧亚地区秩序演进的过程和经验，这将不仅丰富有关中俄关系实践和欧亚地区秩序演进的研究，也将为相关的理论研究提供新的案例。

第一节 提出问题与研究意义

本书的主要内容由中俄战略协作和欧亚地区秩序这两个概念组成，探讨中俄战略协作对欧亚地区秩序演进的影响，是本书所要回答的核心问题。在每一个概念中，都存在着许多有趣和值得研究的问题。本书对核心问题的研究能够为这些相关问题提供某一方面或某一角度的回答，并丰富本书的研究意义。

一 中俄战略协作的地区视角

就"中俄关系"这一大议题来说，冷战后的核心问题是中俄两国为何要开展战略协作并逐步建立起全面战略协作伙伴关系，以及为何这种高水平的友好关系得以持续稳定地发展。想要回答这两个问题，特别是后一个问题，远比做出"中俄关系实现了持续友好"这一判断要困难得多，因为中俄关系本身具有复杂性。

第一，中俄两国拥有足够悠久的交往历史。在当今世界的主要大国

---

① 作为地区内最剧烈和典型的俄格战争，也仅仅持续了5天时间。

中，中国与俄罗斯打交道的历史如果不是最长的，那也是最长的之一。无论是沙俄时代、苏联时期，还是冷战后独立的俄罗斯，有关中俄关系的丰富史料都能够支持学者们做出扎实的研究。[①] 虽然本书的内容不是纯粹的历史研究，但历史却给了我们更具时间跨度的视野和比较的方法。例如，有关中俄关系的历史记忆，既有美好的，也有痛苦的，很难说历史决定了今天的友好。但我们却可以进行比较研究，例如通过比较中俄关系和中苏关系，有助于我们找到冷战后中俄保持长期友好的原因。但只有历史，并不能回答所有的问题。例如，一个普遍的观点认为冷战后的中俄友好是因为两国共同面对着来自美国的战略压力，但历史却告诉我们一个鲜明的反例：冷战时期的中苏两国都遭受美国的遏制政策，两国甚至还结成了战略同盟，但中苏同盟的持续时长远不及冷战后的中俄友好关系，很快走向了分裂，甚至在珍宝岛兵戎相见。这不仅显示了中俄关系的复杂性，也告诉我们需要拓宽思维从更多的角度寻找问题的答案。

第二，中俄关系是一种涵盖多领域的全面关系。中俄作为欧亚大陆上两个最大的国家，彼此又互为对方的最大邻国，历史和现实的交织造成中俄关系必然是多领域的。那么，冷战后中俄关系的持续友好，是否意味着在所有的领域中两国之间都不存在问题而进行着紧密合作呢？这一问题的答案显然是否定的，否则既不符合理论逻辑，也不符合经验现实。例如，"政热经冷"在冷战后相当长的一段时期内都被用来形容中俄关系的特点，直到今天这种局面也没有完全扭转。所以，在不同领域，中俄关系的友好程度存在差别，战略协作开展的程度也并不相同，这就让我们在审视中俄关系时，在历史的纵向比较之外，需要增加横向比较的视角，考察中俄关系在不同领域中的异同表现。当然，若要提升对中俄关系的理解，横向比较还应该跳出中俄关系，或者以中国为中心，比较中国与其他大国之间的双边关系同中俄关系的异同，或者将相邻两大

---

① 例如，广东人民出版社就曾出版了一套共计 3 册的有关 19 世纪中俄关系的资料与文献的汇编集（［俄］B. C. 米亚斯尼科夫主编：《19 世纪俄中关系：资料与文献 . 第 1 卷 . 1803—1807（上中下）》，徐昌翰等译，广东人民出版社 2012 年版）；而华东师范大学的沈志华教授主编的有关中苏关系的档案文件同样浩繁，整套共计 12 卷（沈志华编：《俄罗斯解密档案选编：中苏关系（1945—1991）》，东方出版中心 2015 年版），这些都对相关研究的开展颇有助益。

国之间的关系与中俄关系进行比较。① 这种比较不仅有助于提高研究的理论水平，也有利于加深我们对中俄关系特点的认识。

第三，中俄关系具有层次上的全面性特点。除了横向上涵盖多领域这一特点外，中俄关系的全面性还体现为涉及国际关系研究中的所有层次。按照层次分析法，② 我们通常将纷繁复杂的国际关系划分为不同的层次加以认识。在经典结构现实主义提出的个人、国家和体系三个层次之外，冷战后，我们又更多关注起介于国家和体系之间的次体系层次——地区，以及介于个人和国家之间的次国家层次——如非政府组织、国家内部的地区或地方等。③ 鉴于中俄两国的大国地位和其对整个世界的重要影响，我们通常在双边、地区和全球三个层次上研究和理解中俄关系。而在国家层次以下，在地方层次和以领导人为代表的个人层次上，中俄关系也得以持续发展。因此，中俄关系在纵向上涉及国际关系研究的所有层次，这使我们不禁要问另一个问题：中俄两国在冷战后的持续友好意味着双边关系在所有层次上都是友好的吗？ 显然，这个问题的答案与之前的问题一样，都是否定的。

中俄关系的上述复杂特点，意味着我们在时间与空间、纵向与横向、整体与部分、一般与特殊等多个维度上认识和理解中俄关系时，不能简单草率地做出判断，而是需要综合性研究，并具体问题具体分析。然而，关于中俄关系和中俄战略协作的现有研究将过多的视角放在了双边和全球层次上。一方面，双边层次是研究两国关系的基础，中俄关系在历史与现实中的全面性为研究双边关系提供了大量的素材。另一方面，中俄战略协作伙伴关系的建立和发展已经明确表明了中俄关系的战略高度，即在全球层次上两国面临着共同的体系环境和外部压力，需要开展宏观

① 这里需要指出的是：由于大国的稀缺，可作为比较案例的相邻两大国并不多，或许法国与德国的关系可以作为研究的参照对象。

② 有关层次分析法与国际关系研究的基础性问题，可参见如下两篇文章：J. David Singer, "The Level-of-Analysis Problem in International Relations", in Klans Knorr and Sidney Verba, eds., *The International System: Theoretical Essays*, Princeton: Princeton University Press, 1961, pp. 77 – 92; 秦亚青：《层次分析法与国际关系研究》，《欧洲》1998 年第 3 期。

③ ［美］彼得·卡赞斯坦：《地区构成的世界——美国帝权中的亚洲和欧洲》，秦亚青、魏玲译，北京大学出版社 2007 年版；Bruce Russett and Harvey Starr, *World Politic: a Menu for Choice*, New York: W. H. Freeman, 1992, pp. 11 – 17。

性和全局性的战略协作。

但地区层次在冷战后的国际关系中日渐重要，主要大国都不仅制定了自己的全球战略，也在相应地区提出了本国的地区战略。所以，从地区视角研究中俄战略协作，不仅是一个具有前景的研究增长点，也能够丰富我们对中俄战略协作的全面认识。且从现实实践来看，中俄两国都明确提出了自己的地区合作发展方案，如欧亚经济联盟、大欧亚伙伴关系、"一带一路"倡议等，如何认识这些方案，如何评估这些方案对中俄关系的影响，也是迫切需要解决的现实问题。同时，我们不能忽略的是，中俄战略协作的全面性特点，已经意味着中俄两国在地区层次上开展了战略协作，这对欧亚地区秩序的稳定和演进发挥了怎样的作用，值得加以研究和总结。

二 欧亚地区秩序的多元视角

如何多角度地认识欧亚地区秩序，是本书试图探讨的另一个重要问题。其关键点，不在"地区秩序"这个概念上，而是在"欧亚"以及"欧亚地区"的概念上。放在"冷战后"这个相同的时间区间内，欧亚地区相较于世界上的其他地区来说，具有独特的发展特点和研究价值。

首先，"欧亚"这个概念是一个具有多指向和多含义的概念。[①] "欧亚"既可以指广袤的欧亚大陆，也可以指中国外交部欧亚司涉及的国家所共同组成的地区，即位于亚洲与欧洲结合部的苏联加盟共和国所在的地区。如果在后者的意义上使用"欧亚"这一词汇，那么在苏联解体之前，欧亚地区甚至可以说"并不存在"，它是一个庞大的国家——苏联的组成部分，各个共和国之间的关系是一种国家内部各地方之间的关系，属于政治学，特别是国内政治的研究范畴，并不属于国际关系的研究内容。所以，欧亚地区的第一个特点是历史上的紧密联系。

其次，由"欧亚"概念的多义性所导致的是欧亚地区组成国家的多种变化。例如，最狭义的欧亚地区可以特指横跨欧亚两洲的俄罗斯这一大国，最广义的欧亚地区可以指整个欧亚大陆，而我们更经常使用的欧亚地区是一个地理范围介于上述二者之间的概念，即由苏联加盟共和国

---

① 本书将在下一节详细阐述"欧亚"概念。

组成的地区。然而，在不同的语境中，这样一个经常使用的"欧亚地区"概念，其国家构成和地理范围也依然存在各种变化。例如，中国显然最初并不是"欧亚地区"的成员，但随着实践的发展，中国逐渐介入并成为欧亚地区的重要组成部分，也和一些国家一起组建了冠以"欧亚"名称的地区合作机制。由此，不仅使欧亚地区的国家数目和地理范围发生变化，更重要的是推动了地区权力结构的变化，这也成为欧亚地区秩序演进的一个重要表现。所以，从冷战后二十余年的发展历程看，欧亚地区的第二个特点是具有可变性和可塑性。

最后，欧亚地区的特点是年轻性。尽管有紧密的历史联系做基础，但在国际关系意义上，不仅"欧亚地区"本身是年轻的、新出现的，而且地区内的各个国家也是年轻的新独立国家，部分国家在此前甚至没有独立建国的历史。更有甚者，"欧亚地区"这个词汇也相当年轻，国际关系学界对欧亚地区的研究显然也是起步不久，还有很多值得发掘的内容。① 由此，欧亚地区的"年轻"使得地区各国不仅需要重新适应彼此之间的关系，而且要在国家间关系的基础上建立新的交往规则。这些规则又成为欧亚地区秩序建立和维持的基础，对规则的调整和改变也推动了地区秩序的演进。也因为年轻，大国在欧亚地区的互动能够对地区秩序的构建和演进产生影响，且构建和演进这两个过程几乎具有时间上的高度重合性，欧亚地区秩序也因此在冷战后一直处于动态发展中。

欧亚地区的这些特点提升了有关其秩序演进问题的研究价值，因为很难在世界其他地区找到类似的案例。但它也与其他地区具有相似性和

---

① 俄罗斯学界对欧亚地区的研究，深受欧亚主义理论的影响，尽管欧亚主义在俄罗斯具有近百年的发展历程，但对外交政策施加强有力的重要影响还是在苏联解体之后（有关欧亚派作为俄罗斯外交理论的梳理和研究，可参见柳丰华《"梅普组合"的外交战略》，中国社会科学出版社 2012 年版，第 11—23 页）。在此期间，俄罗斯在相当长的时间里并没有直接使用"欧亚地区"这个概念，而是更多使用"独联体地区"。在使用其他语言的学界里，受文本翻译的影响，使用"欧亚地区"这个概念的时间也不长。例如，在中国使用最广的数据库"中国知网cnki. net"中（搜索时间：2018 年 5 月 8 日），以"欧亚地区"作为主题搜索文献，对全部 1106条结果进行学科分类，属于"中国政治与国际政治"学科的文献只有 242 条，其中的 234 条都是21 世纪以来的文献；以"欧亚地区"作为关键词搜索文献，在全部 424 条结果中属于"中国政治与国际政治"学科的文献为 127 条，其中只有 3 篇文献的发表时间在 20 世纪。这些情况从不同侧面显示了"欧亚地区"的年轻性，也反映了我们对欧亚地区的研究还有待深入。

可比性，可以进行比较研究，其结果有助于推进理论研究的发展。而不同的理论框架也为我们认识欧亚地区秩序的演进提供了多元视角。

第一，我们在通常意义上认识的"欧亚地区"，可以被视作以俄罗斯为单一中心的地区复合体，[①] 也可以被看作以俄罗斯为主导国的地区等级体系。[②] 这种地区秩序与古代中国在东亚地区曾经建立的朝贡体系，以及美国在美洲以门罗主义为原则和在东亚以多组双边同盟为基础建立的地区等级体系，[③] 既存在联系又相互区别。俄罗斯作为地区中心或主导国，如何维持自己的身份和地位，如何建立和运行地区等级体系，又如何应对来自其他大国的介入以维持于己有利的地区秩序，我们对欧亚地区秩序演进的研究可以从一个角度回答上述问题。

第二，我们研究中俄战略协作与欧亚地区秩序演进的关系，可以将欧亚地区拆分为两部分，一部分是崛起国中国，另一部分是通常意义上以俄罗斯为主导国的范围较小的欧亚地区。由此，地区秩序的演进过程可以被视作崛起国如何介入某一地区并改变其地区秩序的过程。[④] 那么与此相关的问题是：为什么中国介入俄罗斯主导的地区时并没有引发中俄的激烈竞争和地区秩序的混乱？也就是说，为什么俄罗斯"接受"了中国的介入？欧亚地区如何管控了大国之间的分歧和竞争，又如何实现了

---

① ［英］巴里·布赞、［丹］奥利·维夫：《地区安全复合体与国际安全结构》，潘忠岐等译，上海人民出版社 2009 年版，第 381—423 页。

② 顾炜：《地区等级体系与崛起国的介入战略——以中国介入后苏联空间为例》，《外交评论》2015 年第 4 期。

③ 有关地区等级体系的研究，可参见如下一些代表性文献：David A. Lake, "Regional Hierarchy: Authority and Local International Order", *Review of International Studies*, Vol. 35, Globalising the Regional, Regionalising the Global (Feb., 2009), pp. 35 – 58; David C. Kang, "Hierarchy and Legitimacy in International Systems: The Tribute System in Early Modern East Asia", *Security Studies*, Vol. 19, No. 4, 2010, pp. 591 – 622; Zhang Feng, "How hierarchic was the historical East Asian system?" *International Politics*, Vol. 51, No. 1, 2014, pp. 1 – 22; Ahsan I. Butt, "Anarchy and Hierarchy in International Relations: Examining South America's War-Prone Decade, 1932 – 41", *International Organization*, Vol. 67, No. 3, July 2013, pp. 575 – 607; 张锋：《解构朝贡体系》，《国际政治科学》2010 年第 2 期；尚会鹏：《"伦人"与"天下"——解读以朝贡体系为核心的古代东亚国际秩序》，《国际政治研究》2009 年第 2 期；刘若楠：《地区等级体系衰落的路径分析》，《世界经济与政治》2014 年第 12 期。

④ 顾炜：《地区等级体系与崛起国的介入战略——以中国介入后苏联空间为例》，《外交评论》2015 年第 4 期。

相对长时期的和平与稳定？这与中国的地区战略以及中俄战略协作显然密切相关。由此，本书的内容不仅可以丰富有关"崛起国的地区战略或地区政策"的研究，也可以为研究"崛起国与守成国之间的关系""地区内部的权力转移""大国之间的竞合关系"和"地区分歧管控"等问题提供新的案例。① 而在实践层面，本书的研究成果可以为研究中国如何介入美国主导的地区、如何推动地区秩序发生于己有利的演进等问题提供借鉴。

　　第三，受欧亚地区诸多特点的影响，欧亚地区秩序的构建和演进几乎同时进行，因此中俄战略协作对欧亚地区秩序的影响可以被视作中俄两大国共同构建欧亚地区秩序。而这种地区秩序可能是一种"双中心"的地区复合体，也可以被称作"双重领导型地区秩序"② 或"二元格局"。③ 此外，在横向比较的意义上，法国和德国在欧洲一体化进程中的"双发动机"作用与中俄战略协作在欧亚地区秩序演进中的影响存在哪些异同，这也是值得思考和研究的问题。因此，本书的成果有助于推动有关两大国互动对地区秩序演进作用的研究。

　　上述这些视角使我们可以运用多种理论框架、从多个侧面认识和理解欧亚地区秩序的构建和演进问题。这不仅提升了本书的理论价值，也有助于我们在实践层面总结中国在欧亚地区的外交经验，为今后更好地开展对俄外交、推动欧亚地区合作和促进欧亚地区的和平与发展提供指导。而中国在欧亚地区的外交经验也将为中国在其他的周边地区开展外交工作提供借鉴。本书的研究成果也将有助于我们判断中俄关系和欧亚

---

　　① 学界有关上述问题的研究大多集中于中美在东亚的权力转移和分歧管控这一案例，例如：Douglas Lemke, *Regional of War and Peace*, Cambridge, New York：Cambridge University Press, 2002；Ian Clark, China and the United States：A Succession of Hegemonies? *International Affairs*, Vol. 87, No. 1, 2011, pp. 13–28；罗伯特·罗斯：《中国崛起、地区权力转移与东亚安全：从1949年到21世纪》，《世界经济与政治》2009年第11期；孙学峰、黄宇兴：《中国崛起与东亚地区秩序演变》，《当代亚太》2011年第1期；马荣久：《中美权力转移与亚洲地区体系》，《当代亚太》2014年第1期等。

　　② 顾炜：《双重领导型地区秩序的构建逻辑》，《世界经济与政治》2017年第1期。

　　③ 学者们在讨论东亚地区秩序时，认为东亚形成了以中国和美国作为双中心的二元格局，相关研究可参见周方银《东亚二元格局与地区秩序的未来》，《国际经济评论》2013年第6期；蔡鹏鸿《亚太两强竞争性合作格局趋势与中国外交》，《国际观察》2013年第1期。

地区秩序的发展前景。

第二节 基本概念与研究现状

国际秩序、地区秩序和"欧亚"等概念是本书的基本概念，这一节将在回顾既有研究的基础上，给出这些概念在本书中的定义，并讨论与其相关的理论问题。

一 国际秩序与地区秩序

是否存在具有权威的政府，是区分国内政治与国际政治的起点。国际政治意味着不存在权威和政府，所以国际关系学界将无政府状态作为开展研究的基本假定。[1] 但"无政府并不意味着无秩序"，[2] 国际秩序不仅存在于世界政治的现实中，也是国际关系学界讨论的最重要、最宏观的问题之一。赫德利·布尔（Hedley Bull）从社会生活秩序的概念出发，认为国际秩序是追求国家社会或国际社会的基本或主要目标的行为格局。[3] 所谓"格局"，意味着存在物质性的权力结构和权力分配，所以，研究国际秩序首先要分析其中的权力结构。学者们对"国际秩序"的各种定义都强调了某种安排、模式和规则的存在，[4] 因此，相应的正式或非正式的制度、机制和组织的建立、运行、废除或解体是观察国际秩序的重要途径。

而国际秩序得以构建和存续，除物质性的权力分配之外，还受到观

---

① Helen V. Milner, "The Assumption of Anarchy in International Relations: A Critique", *Review of International Studies*, 1991, Vol. 17, No. 1, pp. 67 – 85.

② 徐秀军：《地区主义与地区秩序：以南太平洋地区为例》，社会科学文献出版社 2013 年版，第 66 页。

③ ［英］赫德利·布尔：《无政府社会：世界政治秩序研究》（第二版），张小明译，世界知识出版社 2003 年版，第 2—6 页。

④ Robert W. Cox, "Social Forces, States, and World Orders: Beyond International Relations Theory," *Millennium: Journal of International Studies*, Vol. 10, No. 2, June, 1981, p. 137. Muthiah Alagappa, ed., *Asian Security Order: Instrumental and Normative Features*, Stanford: Stanford University Press, 2003, p. 39. Stanley Hoffmann, *Primacy or World Order: American Foreign Policy Since the Cold War*, New York: McGraw-Hill Book Company, 1978, pp. 180 – 190. 梁森、陆仁：《关于体系、格局、秩序概念的界定》，《国际政治研究》1991 年第 2 期。

念和认同等非物质性因素的影响，各国是否认可秩序中的权力结构、是否接受规则并按规则行事，决定了国际秩序能否存在和运行，以及能否实现该秩序所要达到的目标。对于国际秩序所追求实现的目标，学界存在不同的看法。① 归结起来，和平与发展是两个最基本目标，即各国希望通过建立和运行某种国际秩序以实现国家安全和经济发展。从这个意义上说，学界通常从安全秩序和经济秩序两个领域研究国际秩序的相关问题。②

　　根据涉及范围和研究层次的不同，学者们讨论了全球秩序、世界秩序和地区秩序等概念，并关注这些概念之间的联系和差别。③ 本书认为，地区秩序和全球秩序都属于国际秩序的范畴，它们在讨论国家间关系及其互动规则的同时，更关注特定时期和特定空间范围内的格局。所以，

① 例如，孙学峰在其书中提出，地区秩序的目标包括维护国家生存、减少暴力冲突、地区规则得以有效执行等（孙学峰：《中国崛起困境：理论思考与战略选择》（第二版），社会科学文献出版社 2013 年版，第 95 页）。徐秀军认为，和平与发展、安全与稳定、民主与公正是构建地区秩序的共同目标（徐秀军：《地区主义与地区秩序：以南太平洋地区为例》，社会科学文献出版社 2013 年版，第 71 页）。笔者认为，民主与公正或许并不是霸权国建立相关国际秩序所追求的目标。例如，在很多地区秩序中，大国与小国即便都接受和认可这一秩序，其各自的目标也存在差别，小国可能更渴望民主，而大国未必愿意将民主作为目标；而某些国家为实现其国家利益也会努力主动改变秩序的运行规则，例如，朝贡秩序和霸权秩序的权力结构存在相似性，都有一个中心国家，但两种秩序各自的运行规则存在差别，不过其目标却又具有相似性，都是为了最大限度地实现中心国家的国家利益，并维护中心国家的地位。所以，规则更应是秩序的内容或维持秩序的路径，而不是秩序的目标。

② 学界对东亚地区"二元格局"秩序的讨论，就是建立在地区安全秩序和地区经济秩序分离的基础上，可参见赵全胜《中美关系和亚太地区的"双领导体制"》，《美国研究》2012 年第 1 期；高程《区域公共产品供求关系与地区秩序及其变迁——以东亚秩序的演化路径为案例》，《世界经济与政治》2012 年第 11 期；张春《国际公共产品的供应竞争及其出路——亚太地区二元格局与中美新型大国关系建构》，《当代亚太》2014 年第 6 期等。刘丰则试图建立安全与经济关联的路径以推动东亚地区秩序的转型，参见刘丰《东亚地区秩序转型：安全与经济关联的视角》，《世界经济与政治》2016 年第 5 期。

③ ［英］赫德利·布尔：《无政府社会：世界政治秩序研究》（第二版），张小明译，世界知识出版社 2003 年版，第 15—17 页；［美］亨利·基辛格：《世界秩序》，胡利平等译，中信出版社 2015 年版，序言第 XVIII 页；Stanley Hoffman, *Primacy or World Order: American Foreign Policy since the Cold War*, New York: McGraw-Hill Book Company, 1978, pp. 180 – 190; Robert W. Cox, "Social Forces, States, and World Orders: Beyond International Relations Theory", *Millennium: Journal of International Studies*, Vol. 10, No. 2, June, 1981, p. 137; 赵可金：《从国际秩序到全球秩序：一种思想史的视角》，《国际政治研究》2016 年第 1 期；门洪华《地区秩序建构的逻辑》，《世界经济与政治》2014 年第 7 期。

全球秩序讨论的是最为宏观的全球范围的国际秩序，世界秩序的概念同全球秩序基本相似，地区秩序则关注的是地球上某个特定地区内的国际秩序。

相应地，对某个地区秩序进行研究时，需要考察地区权力结构、地区机制和规则、地区认同和观念以及地区秩序的基本目标和各国试图通过地区秩序实现的特定目标等内容。这里需要特别指出的是，在研究地区秩序中的认同和观念时，除了关注各国对地区机制和规则的尊重和遵守外，还要特别关注各国是否认同自己的地区身份，即各国是否认为自己是某个地区的组成部分、是否接受这一地区的名称和本国在该地区中的地位等。这种意义上的地区认同对地区秩序的构建和维系具有重要作用，也是判断地区秩序演进的重要考察指标之一。

冷战后，"地区"所受到的关注愈加增多，这首先是因为地区主义以及地区一体化进程在全球各地区的快速发展。作为地区主义和地区一体化的发源地，西欧地区在冷战后仍然保持了和平与发展，并将西欧的一体化扩展为更大范围的几乎涉及整个欧洲的一体化，这同地区主义对地区秩序的作用紧密相关。早在西欧地区一体化的初始阶段，学者们就注意到地区主义可以通过消除历史恩怨、解决地区争端和加强经济合作等来促进地区的稳定。[①] 而西欧延续至冷战后的稳定秩序，更使人们相信地区主义能够对国际秩序产生积极作用。[②] 这也是冷战后地区一体化进程在各地区快速发展的重要原因，人们希望地区主义能够实现和平、稳定和发展的地区秩序，而各个地区的稳定秩序将实现全球秩序的和平与稳定。所以，或许正如彼得·卡赞斯坦（Peter J. Katzenstein）明确指出的，冷战后的世界是由地区构成的。[③]

然而，学者们对"地区"不断增多的关注，不仅仅受到现实政治发展的影响，更是因为地区层次所具有的明显特点。第一，地区意味着相

---

① Ronald J. Yalem, "Regionalism and World Order", *International Affairs*, Vol. 38, No. 4, October, 1962, p. 471.

② 有关地区主义与地区秩序关系的研究综述，参见徐秀军《地区主义与地区秩序：以南太平洋地区为例》，社会科学文献出版社 2013 年版，第6—12 页。

③ ［美］彼得·卡赞斯坦：《地区构成的世界——美国帝权中的亚洲和欧洲》，秦亚青、魏玲译，北京大学出版社 2007 年版。

对更广泛和更平等的参与。通常，中小国家受自身实力和影响力所限，在全球秩序问题上更多只能采取集体发声的方式参与，但在地区层次上，因为地区所辖的范围有限，中小国家更能发出自己的独立声音。这使得参与影响地区秩序的国家种类更加多元，参与地区秩序构建和演进的各主体之间的平等性相对更加突出。也就是说，在地区秩序中，"民主"的特点更为明显，也更容易实现。

第二，地区意味着更加密切的需要和更"容易"发生的变化。如果国家的体量和能力有限，那么它很难对距离遥远的事务感兴趣，也很难施加影响。因此，大多数情况下，国家所关注的地区大都是自己所处的地区，其地区秩序与国家关系密切，国家很难采取"事不关己"的态度，不仅更有意愿，也实际需要参与地区秩序的构建和演进过程中。也正是由于地理邻近和范围有限，不同国家的政策和行动更容易对彼此产生影响，国家在地区事务中的互动也更容易给地区秩序带来变化。

第三，地区层次上的互动更具有复杂性。地区的特点十分鲜明，它具有双重属性，既是单元，又是体系。[1] 作为"单元"，地区是世界的一个组成部分，但却又是一个无法完全独立和封闭的部分。地区的这种"外部不完全性"造成了地区体系本质上的开放性，[2] 因此，地区层次上的互动比较复杂，不能独立审视，既要考虑地区内部的国家和行为体，也要考虑地区外部的国家和行为体。而地区又是由不同国家组成的"体系"，其地区秩序有相应的运行规则，"不能简单地看作是国际秩序在地区范围的表现"，[3] 也就不能简单地将国际秩序的规则平移至地区秩序中。且地区秩序的构建与维系同地区内外的各种因素都存在关联，需要综合研究和多元视野。

考虑到"地区"这一分析层次的上述特点，既有的地区秩序研究在具备扎实理论基础和鲜明研究特点的同时，也存在一定的问题。首先，

---

① ［日］星野昭吉：《全球化时代的世界政治——世界政治的行为主体与结构》，刘小林译，社会科学文献出版社 2003 年版，第 239—241 页。

② David A. Lake and Patrick M. Morgan, "The New Regionalism in Security Affairs", in David A. Lake and Patrick M. Morgan, eds., *Regional Orders: Building Security in a New World*, University Park: Pennsylvania State University Press, 1997, p. 9.

③ 庞中英：《亚洲地区秩序的转变与中国》，《外交评论》2005 年第 4 期。

"地区"通常被作为"次体系"来看待,[①] 所以,有关地区秩序的研究就建立在对国际秩序和全球秩序的理解上,很多研究国际秩序和全球秩序时使用的概念会被直接借用或平移至对地区秩序的研究中。这种思路使我们相应地认为,由于国际秩序体现为霸权秩序、均势秩序和共同体秩序等三种基本形式,地区秩序也就可以相应地被构建为这三种形式。[②] 这虽然有利于我们加深对地区秩序的理解,但正如前文所述,某些概念在地区层次上的使用会遇到相应的问题。例如,由于地区的非封闭性特点,一个地区霸权很难完全主导地区事务,地区外力量很有可能施加影响,特别是负面影响,除非这个地区霸权同时是一个全球霸权。[③]

其次,地区的丰富多样性意味着各个地区之间存在明显的差异,所以,现有的关于地区秩序的研究大多针对某个具体地区展开。[④] 无论是所使用的具体名称还是相关案例,在推动普遍性认知方面存在一定的障碍。例如,朝贡秩序在东亚很容易被理解,在其他地区则很难找到相似的案例,所以,朝贡秩序在相当程度上仍然是特定历史时期在特定地区存在的国际秩序。霸权秩序或许更为常见,但在不同的地区,其运行规则和表现形式依然存在差别,所以才会存在有关霸权力量根源的争论。[⑤] 例如二战后的美国和苏联,在维持其霸权地位时,对经济、军事甚至意识形态力量的倚重显然并不相同。

最后,目前有关地区秩序的类型研究很难实现一种标准化,或者说

[①] Bryan Mabee, "Levels and Agents, States and People: Micro-Historical Sociological Analysis and International Relations", *International Politics*, Vol. 44, No. 4, July, 2007, pp. 433 – 435.

[②] G. John Ikenberry and Jitsuo Tsuchiyama, "Between Balance of Power and Community: The Future of Multilateral Security Cooperation in the Asia-Pacific", *International Relations of the Asia-Pacific*, Vol. 2, 2002, pp. 69 – 94;门洪华:《地区秩序建构的逻辑》,《世界经济与政治》2014 年第 7 期。

[③] 即便是苏联这样的超级大国,也未能排除美国对东欧地区的影响,而美国之所以能够维系对美洲的地区霸权,在很大程度上受益于其全球霸主的地位以及地理因素的优越。

[④] 例如:Muthiah Alagappa, ed., *Asian Security Order: Instrumental and Normative Features*, New York: Stanford University Press, 2003; Dave Peebles, *Pacific Regional Order*, Canberra: ANUE Press and Asia Pacific Press, 2005; Markus Kaim, ed., *Great powers and regional orders: the United States and the Persian Gulf*, Burlington: Ashgate Publishing Company, 2008;徐秀军:《地区主义与地区秩序:以南太平洋地区为例》,社会科学文献出版社 2013 年版;门洪华:《东亚秩序论:地区变动、力量博弈与中国战略》,上海人民出版社 2015 年版。

[⑤] [美] 罗伯特·基欧汉:《霸权之后:世界政治经济中的合作与纷争》,苏长和、信强、何曜译,上海人民出版社 2001 年版,第 36—55 页。

缺乏被普遍认可的分类方式。每个地区都具有不同的特点，这种多元性导致对地区秩序进行分类研究存在各种不同的划分标准。[①] 目前比较能被接受的认识起点是从地区结构出发，观察地区内各国的实力对比，根据大小国家的分布比例和身份关系确定地区秩序的类型。从这个意义上说，朝贡秩序和霸权秩序可以被归入一类，即存在单一中心国家的地区秩序。

二　地区秩序：类型、构建与演进

在明确了地区秩序的定义和基本特点后，我们在这一部分首先讨论地区秩序的类型，然后从理论上分析地区秩序的构建和演进过程。

（一）地区秩序的类型

地区的多样性和复杂性，使我们对地区秩序进行类型划分存在困难。门洪华将国际秩序的类型平移至对地区秩序的研究中，认为地区秩序可以被构建为霸权秩序、均势秩序和共同体秩序等三种基本形式。[②] 但正如本书前面所指出的，简单地将全球层次的概念平移至地区层次使用，既不严谨，也无法准确回答相关问题。孙学峰根据地区内主要国家的实力情况，以是否拥有单一力量中心为标准，将地区秩序划分为"拥有单一力量中心"和"缺乏单一力量中心"两类。在此基础上，加上地区规则的认可程度这一标准，将地区秩序划分范围"霸权秩序"（有单一力量中心、认可程度较低）、"朝贡秩序"（有单一力量中心、认可程度较高）、"均势秩序"（无单一力量中心、认可程度较低）和"共同体秩序"（无单一力量中心、认可程度较高）等四种类型。[③] 他的类型划分更为契合对东亚地区秩序的研究，但在更为普遍的理论研究中，却无法涵盖所有的地区秩序类型，也存在相应的模糊性。例如，当地区内部存在两个大国时，该地区既可能形成一种均势秩序，也可以构建起共同体秩序，大小国家对地区规则的认可程度也是存在差别的，当小国并不十分认可均势秩序时，大国也许更为认可彼此之间的均势秩序。所以，本书将回归到

① 刘丰：《东亚地区秩序转型：安全与经济关联的视角》，《世界经济与政治》2016年第5期。

② 门洪华：《地区秩序建构的逻辑》，《世界经济与政治》2014年第7期。

③ 孙学峰：《中国崛起困境：理论思考与战略选择》（第二版），社会科学文献出版社2013年版，第96—108页。

权力结构这一基本标准上。

从地区权力结构出发，根据地区内部的大国数量，可以对地区秩序的类型做出基本划分。我们之所以关注大国的个数，首先是因为能够称得上"大国"的国家数目是相当有限的。一个国家要成为大国，不仅需要具备强大的物质实力，也需要获得其他国家的承认和认同。[1] 所以，世界上的大国并不多，识别地区中的大国相对更为容易，这就使我们以大国的数目为基础指标将更容易判别地区秩序的类型。

而"大国"本身是一个兼具历史性和现实性的概念，不同的时代对大国的理解存在差别，[2] 特别是在国际关系研究更加关注"地区"这一分析层次后，对"大国"进行分类也成为开展相关研究的前提和基础。兰德尔·施韦勒（Randall L. Schweller）把大国从物质层面区分为极和第二等大国（或叫中等强国），[3] 能成为"极"的国家几乎屈指可数，中等强国的数目则相对多一些。巴里·布赞（Barry Buzan）考虑到"身份"这一社会性要素，进一步将国家类型更细致地区分为超级大国、大国、地区大国和小国，[4] 按照他的这个标准，国际上就存在三种不同类型的大国。杰克·利维（Jack S. Levy）的重点不在于关注"身份"与地理之间的联系，而是更多强调在国际机制或国际安排中的"身份"，所以他认为大国是拥有很强实力，能够在安全问题上发挥重要作用，其国际地位获得实际承认，并被国际体系中主要国家参与的重要国际会议和外交活动所接纳的国家。[5] 本书关注地区秩序，强调地区无法排除外部干扰，所以本书所讨论的大国应是能够在地区和全球层次均发挥影响作用的国家，

---

[1] 例如，日本虽然经济实力突出，但在安全和军事上缺乏独立性，长期依赖美日同盟，所以有些国家并不认同日本的大国地位，日本自己也努力谋求"国家正常化"。

[2] ［英］巴里·布赞：《美国和诸大国：21世纪的世界政治》，刘永涛译，上海人民出版社2007年版，第47—58页；张小明：《对新型大国关系的一种解读》，《国际政治研究》2014年第1期。

[3] Randall L. Schweller, "Tripolarity and the Second World War", *International Studies Quarterly*, Vol. 37, No. 1, 1993, p. 75.

[4] ［英］巴里·布赞：《美国和诸大国：21世纪的世界政治》，刘永涛译，上海人民出版社2007年版，第59—78页。

[5] Jack S. Levy, "Historical Trends in Great Power War, 1495 – 1975", *International Studies Quarterly*, 26, June 1982, pp. 278 – 300.

或者说，大国是其国家实力排在世界前列，拥有公认的超出地区层次影响的国家。在讨论地区秩序的相关问题时，本书不再关注那些在地区层次上影响较强、但在全球层次上影响较弱的"地区大国"。

我们关注地区内部大国数量的另一个重要原因，在于本书的分析建立在"大国对地区秩序的构建和维系更具有突出作用"的基本假定上。设置这一假定的目的在于，从大国的视角出发开展研究，不仅更符合地区秩序构建、维系和演进的实际历程，① 而且有助于我们厘清研究思路并提升研究的简洁性。当然，本书并不否认小国同样是地区和地区秩序的重要组成部分。由此，我们以地区内部的大国数量对地区秩序进行分类。

1. 零大国

地区秩序的第一种类型是地区内部不存在一个大国，所有地区国家都是中小国家。尽管很难实现权力分配的完全平均，但"零大国"的现实意味着该地区的地区结构是扁平化的，没有哪个国家能够单独决定地区秩序的形态，构建地区机制不仅需要多个国家共同努力，其成果也将比较平均地惠及所有参与国家。这种地区秩序的典型代表是以东盟为运行机制的东南亚地区。

然而，多个小国"抱团取暖"的形式实际上相当不稳定。一方面，小国能力有限，无法为彼此合作提供持续动力，且受制于集体行动的困境，加上相对获益的分配不均，使得各国很难实现共同行动和集体安全。尤其是当地区内部小国数量过多时，达成一致就变得更加困难。另一方面，地区的非封闭性，使得外部力量很容易对地区秩序造成影响，尤其是当某个大国是该地区的近邻时，大国似乎很难压抑自己对地区事务的参与意愿。无论是东南亚地区，还是曾经尝试过建立中亚合作组织的中亚地区，都无法排除外部大国的影响。所以，尽管"扁平化"的地区结

---

① 相当多的著述是在结合实例，探讨大国与地区秩序的关系，例如：David A. Lake and Patrick M. Morgan, eds., *Regional Orders: Building Security in a New World*, University Park: Pennsylvania State University Press, 1997; Ariel Cohen, ed., *Eurasia in Balance: The US and the Regional Power Shift*, Burlington: Ashgate, 2005; Markus Kaim, ed., *Great powers and regional orders: the United States and the Persian Gulf*, Burlington: Ashgate Publishing Company, 2008; 赵全胜：《中美关系和亚太地区的"双领导体制"》，《美国研究》2012 年第 1 期；凌胜利：《中外学者论中美互动与亚太新格局》，《和平与发展》2015 年第 6 期。

构更易于实现所谓的"共同体"秩序目标,① 但"零大国"的现实又实际上阻碍了地区秩序的稳定持续。

2. 单一大国

地区秩序的第二种类型是地区内部存在一个大国,其他地区国家是中小国家。此时,这个唯一的大国通常会成为地区的"单一中心",地区结构呈现一种"锥体"形态,又可以被称作"一强多弱"。大国最有实力主导建立地区机制的过程,也对地区秩序的构建、维系和演进具有重要影响。如果这个大国有意愿承担其地区责任,并推动建立某种地区机制以形成某种地区秩序的话,那么大国通常将会成为该地区的主导国,它不仅需要付出最大的成本,也将是地区秩序的最大获益者。

一个大国的现实,给作为地区中心的大国提供了相当大的空间,意味着大国构建和维持地区秩序的方式将在很大程度上决定地区秩序更为细致的类型划分。大国维护本国地位和相应地区秩序的方式是采取强硬方式还是怀柔方式,对待其他国家是更多凭借硬实力还是主要依靠软实力,在古代中国的语境中构成了"霸道"与"王道"的区分,② 在现代语境中就形成了"霸权国"与"领导国"之间的差别。③ 大国的行为方

---

① 没有大国存在的地区,或许更容易构成一种"均势"秩序。但均势更多强调权力的平衡,在没有大国存在时,小国之间开展权力平衡的意义不大,因为地区外大国很容易改变这种平衡,且平衡更多是一种当然存在的状态,而非小国努力构建的秩序目标。所以,"共同体"秩序更应作为小国构建地区秩序的目标,而非均势秩序。

② "王霸之辩"是中国古代政治思想中的核心主题之一,讨论的是国家的统治方式或行为方式,孟子和荀子的观点最具影响。孟子认为"以力假仁者霸,霸必有大国;以德行仁者王,王不待大"(选自《孟子·公孙丑上》),提倡王道反对霸道。荀子在王霸之外加入了"强"的概念,认为"王夺之人、霸夺之与、强夺之地"(选自《荀子·王制》)。

③ 本书中,霸权国与领导国的概念都是指地区内部居于中心地位的实力最强的大国,但其行为方式存在差别,霸权国更多依靠硬实力特别是强制或惩罚性手段维护地区秩序,领导国则更多依靠软实力、其他国家的跟随并以更多尊重规则的方式维护地区秩序。而主导国的概念更为中性,只强调大国在地区内的地位和影响,而不涉及大国的行为方式。有关"霸权"的各种定义和相关研究,可参见〔美〕罗伯特·基欧汉《霸权之后:世界政治经济中的合作与纷争》,苏长和、信强、何曜译,上海人民出版社2001年版,第36—55页。另外需要说明的是,阎学通在讨论主导国的领导性质时,以荀子的概念为参照,将主导国分为了"强权""王权""霸权"三类,并构建起道义现实主义理论的基本原理(参见阎学通《世界权力的转移:政治领导与战略竞争》,北京大学出版社2015年版,第43页)。本书并未做类似的更细致的划分,但权力转移和领导性质的相关研究还是为本书提供了理论基础。

式是导致"单一大国"的地区秩序具有多种表现形态的重要原因，古代中国在东亚形成的朝贡秩序、美国在美洲构建的霸权秩序等，都是这种类型的具体表现。

3. 两个大国

地区秩序的第三种类型是存在两个大国，其他国家是中小国家。有很多名词被用于界定这种秩序类型，最直观且最中立的词汇是"两强众弱"，表明两个大国是地区内最有权力的国家。"大国共治""二元格局""双重领导"等词汇，在描述地区结构的同时，从不同侧面表征了地区规则的差别，也显示了使用者对地区秩序关注点的差异。① 但无论使用哪个词汇界定，它们的共性在于承认两个大国实力相当的基本假定，并强调两大国对地区秩序具有大致相同的重要影响。

当实力相当的两个大国彼此对立并激烈竞争时，有可能导致地区在地理上出现分裂，就像美苏两个超级大国曾经在冷战时期将全世界分裂为两大对立的阵营一样。当实力相当的两个大国的各自强项存在差别时，它们彼此之间的竞争将可以控制在一定的范围内，由此将可能导致地区秩序呈现出两个大国基于领域差异的"共治"。② 而当实力相当的两个大国能够相互尊重、共同行动并分享权力时，也有可能形成"双重领导"。从理论上看，实力相当的两个大国，无论是出现地理上的分裂还是基于领域差异的共治，都使地区秩序类似于一种均势秩序；而双重领导得以形成的重要基础是两大国遵从"共同"和"分享"的原则，③ 符合共同体秩序的特点。

但现实往往比理论更为困难和残酷。权力的不平衡发展和相互制衡逻辑的强大，以及大国意愿的差别，使得存在两个大国的地区构建一种相对稳定和可持续的秩序相当困难。但现实实践的发展，例如法国与德国在欧洲、中国与日本在东亚、中国与俄罗斯在中亚、中国与美国在东亚、巴西与阿根廷在拉美等特定时间阶段的案例，都为研究的开展提供

---

① 关于这些概念的差别，可参见顾炜《双重领导型地区秩序的构建逻辑》，《世界经济与政治》2017 年第 1 期。

② 杨原、曹玮：《大国无战争、功能分异与两极体系下的大国共治》，《世界经济与政治》2015 年第 8 期。

③ 顾炜：《双重领导型地区秩序的构建逻辑》，《世界经济与政治》2017 年第 1 期。

了丰富的素材。

4. 三个或更多数目的大国

地区秩序的第四种类型是存在三个大国，其他国家是中小国家。正如本书在前文中所指出的，大国的稀缺，使得某个地区存在三个或三个以上的大国非常罕见。最典型的案例应该是 1973 年英国加入欧共体后，法国、德国和英国同时存在的欧共体及其后的欧盟时期。这一地区秩序中，欧共体及其后发展成的欧盟是维持地区秩序的主要机制，英、法、德三国是其中的大国，其他国家是中小国家。由于一体化进程和地区主义的发展，欧洲的这一地区秩序具有比较明显的共同体秩序特点。然而，这一秩序受英国 2016 年"脱欧"公投后启动的退欧程序影响，已经开始走向瓦解。并且从严格意义上说，英、法、德三国是"打折"的大国，其地区秩序的形成和维持也受到冷战等特殊因素的影响。

而其他存在多数大国的秩序，通常都不是现代国际关系意义上的地区秩序。例如，19 世纪拿破仑战争后欧洲出现的均势秩序，尽管具有五个以上的大国，但更多被视为世界秩序，而非一种地区秩序。因此，我们研究三个大国存在的地区秩序，更多具有理论探索的价值。

（二）地区秩序的构建

建立在权力结构基础上的地区秩序分类，是研究地区秩序构建和演进的基础。本书强调大国对地区秩序的重要影响，所以从地区秩序构建的难易程度来看，拥有大国的地区要比零大国的地区更容易构建起某种地区秩序，但这一结论是建立在大国有意愿为构建地区秩序付出成本的前提下。如果零大国地区的国家数量较为有限，地区观念和认同又比较趋同的话，那么构建某种地区秩序的努力就能够克服集体行动困境的干扰，地区机制在数目有限的国家参与的情况下更容易建立，也更容易维护相应的规则并促进地区秩序的形成。所以，零大国地区可以采取由小及大、逐步扩员的方式构建地区秩序。而在三种存在大国的地区秩序类型中，大国的数量与地区秩序构建的难易程度呈反比。大国越多，大国之间达成一致或协调行动越困难，地区秩序的构建和维系就越复杂；大国越少，特别是只拥有一个大国的地区，越容易构建起某种地区秩序。因此，不仅大国更愿意追求单独构建和维护地区秩序，而且我们关注和研究的很多案例都是存在单一大国的地区秩序。

秩序构建的难易程度仅仅从一个侧面反映了地区秩序的构建过程。在案例分析的基础上,学者们将相当多的目光投注于行为体构建地区秩序的主要手段上,强制与合作是开展分类研究的核心维度。通常来说,小国不具有强制性权力,无法迫使其他国家改变行为,所以零大国地区的秩序构建必然是一种合作性进程。大国虽然一般都具有强制性权力,但若要使其他大国改变行为,则必须具有足够大的权力优势。所以,当两个大国或三个大国存在于一个地区并构建相应的地区秩序时,大国之间实力相当是基本前提。这种不存在权力优势的现实,决定了该地区若要构建一种能够和平稳定、竞争可控和促进发展的地区秩序,需要大国之间采取合作立场和行动,其秩序构建手段必然主要是依靠合作。而当地区内部只有一个大国时,大国的明显实力优势和缺乏竞争者的现实使其在秩序构建手段的选择上具有相当大的自由度,强制与合作都可以被大国用来构建地区秩序,也因此才有了霸权国与领导国的区分。

徐秀军在讨论地区秩序构建模式时,在秩序构建手段的维度上,又加上了行为体所在的区位这一维度。两个维度进行排列组合,可以将地区秩序的构建模式划分为 4 种类型(见表 1—1)。外源与内源的区分是指行为体是否是地区成员,强制与合作是指行为体构建地区秩序的不同手段。然而,如果我们结合现实实践仔细思考就会发现,徐秀军的模式分类更适合对单一大国构建地区秩序的讨论。小国之间的平等性意味着小国很难在地区外部参与或影响地区秩序的构建,因此零大国地区的地区秩序构建模式必然是一种内源合作型。当只有一个大国能够主导地区秩序的构建过程时,4 种构建模式才都具备出现的可能性。当存在两个大国时,如果出现强制手段的运用,就意味着存在权力结构的不平衡,与各大国实力相当的基本假定违背,所以不存在强制手段构建地区秩序。此时,内源合作型意味着两个大国都在地区内部,其秩序构建是平衡型构建,外源合作型意味着两个大国分别位于地区内外,其秩序构建是差异型构建。① 差异型构建也可以被理解为是一个大国介入另一个大国所在地区的过程,这就将涉及地区秩序的转型或演进的问题,从单一大国的地

---

① 有关平衡型构建和差异型构建的具体定义和基本研究,可参见顾炜《双重领导型地区秩序的构建逻辑》,《世界经济与政治》2017 年第 1 期。

区秩序转变为两个大国的地区秩序。与此逻辑相类似，三个大国存在时，无论是一个大国在地区外还是两个大国在地区外，地区秩序的构建都不涉及强制手段，合作手段的运用在构建地区秩序的同时，也将涉及地区秩序的转型或演进问题。由此，我们在讨论地区秩序演进的相关问题时，表1—1中的模式类型为我们提供了借鉴。

表1—1   地区秩序的构建模式[①]

区位 \ 手段	行为体在地区内部	行为体在地区外部
强制性	内源强制型	外源强制型
合作性	内源合作型	外源合作型

（三）地区秩序的演进

当某个地区的权力结构发生变化时，其地区秩序当然会受到影响而发生改变。但这种变化很难被笼统的视作"演进"，因为"演进"意味着逐渐进步，向好的方向发展，可能表现为地区秩序变得更为和平和稳定，地区机制更能保障和实现地区国家的各种利益，地区规则更加合理、运行更加有效等多个方面。也就是说，不同类型的地区秩序本身，并不存在明显的价值判断，零大国的地区秩序与单一大国的地区秩序相比，并不存在明显的孰优孰劣。如果大国的存在更能促进地区发展，且大国并没有依靠强权剥夺小国的自由权和表达权，那么单一大国的地区秩序才可以被认为优于零大国的地区秩序。同理，当一个大国无法满足地区安全与地区发展的需要时，另一个大国的和平加入如果能够促进地区各国利益的实现，那么这种从单一大国向两个大国的地区秩序转变进程才可以被称作"演进"。也就是说，并非所有的地区秩序"变化"都可以被称作"演进"。

而"演进"强调的是一种动态的过程，而非静态的结果。需要明确指出的是，当两个大国以"共治"或"双重领导"的方式存在于同一地

---

① 本表根据徐秀军的分类改进而成，参见徐秀军《地区主义与地区秩序：以南太平洋地区为例》，社会科学文献出版社2013年版，第80—83页。

区时，地区秩序因权力结构变化而发生了类型改变，如果存在两个大国更有利于实现地区的和平与发展的话，那么这一过程可以作为"演进"来分析，但演进的结果是地区秩序的改变。换个角度看，地区秩序的改变尤为不易，但地区秩序的演进作为一种"过程"，还是容易发生的。

而在地区结构不发生变化的前提下，地区秩序的"演进"主要表现在地区规则、地区机制和维持地区秩序的手段等方面发生了变化。例如，存在单一大国的地区，如果大国从霸权国变为领导国，即大国更愿意采取合作和协商的手段维护自身地位，而不是依靠强制、惩罚和暴力手段时，我们可以认为地区秩序发生了演进。如果地区机制赋予了小国更多的发言权和决定权，地区规则更加尊重小国的立场，那么地区秩序也发生了演进。又如，存在两个大国的地区，当地区内部逐渐减少了地理上的分裂，或者两大国之间的关系从基于领域差异的共治转变为双重领导时，其地区秩序都可以被视作发生了演进。再如，零大国的地区或者存在三个及以上大国的地区，其地区规则从均势向共同体方向转变时，意味着各国对地区的认同度增加，地区联系更为紧密，此时也可以认为地区秩序发生了演进。

地区秩序类型不发生变化，即地区权力结构没有发生变化时，地区秩序的演进意味着地区秩序的调整和完善。而当地区秩序在演进的过程中逐渐发生权力结构变化，即出现类型的改变时，地区秩序的演进又可以被视作新的地区秩序的构建过程。所以，我们可以根据地区秩序构建模式的分类方法对地区秩序的演进同样进行类型划分，演进的手段可以区分为强制和合作两种，演进的动力源可以在地区秩序内部或外部，因此我们将表1—1改造为图1—1，以呈现地区秩序演进的类型及结果。

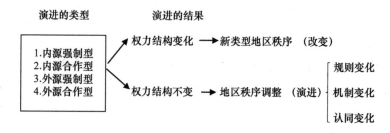

图1—1 地区秩序演进的类型及结果

三 "欧亚"与欧亚地区秩序

欧亚地区秩序是本书的主要研究对象，但研究的起点始于对"欧亚"这一概念的理解。"欧亚"概念在不同的文本语境中所指的地域范围存在差别，这种现象在不同的语言（俄文、中文和英文）文本中都有存在。

在"欧亚"所指的各类不同范围的地区中，① 两种"欧亚"概念最为常用。第一种"欧亚"是带有特指意义的范围有限的欧亚地区（Eurasian），即位于亚洲和欧洲的结合部，由除去立陶宛、爱沙尼亚和拉脱维亚这三个波罗的海国家之外的 12 个苏联加盟共和国组成的地区。这与"新独立国家（New Independent States）"的概念存在差别，② 后者包含波罗的海三国，更强调"独立"对这些国家的重要意义。如果有意强调历史与现实的关联性，通常又会使用"后苏联空间（Post-Soviet Space，俄文 Постсоветское пространство）"这一概念指代欧亚地区，表明该地区与曾经的超级大国苏联关系密切。在怀旧以外的现实中，"后苏联空间"意味着该地区仍被俄罗斯视为具有重要战略意义的地理范围。③ 而因为这 12 个国家在独立后又组成了独立国家联合体（CIS），所以在某些语境中，"欧亚地区"又可以等同于"独联体地区"。④ 此外，有时在俄罗斯的文本中，俄罗斯、白俄罗斯加上一些中亚国家也可以被称作欧亚地区，如欧亚经济共同体所涵盖的地域。因此，最常用的"欧亚地区"特指俄罗斯与部分苏联国家组成的地区，其地理范围相对有限，是一个较小意义的欧亚地区。

---

① 学者们对"欧亚"所辖的范围存在多种理解，俄罗斯就是"欧亚"，从挪威到越南、从爱尔兰到柬埔寨、苏联所涵盖的地区等都可以被视作"欧亚"，参见万青松《大国政治的欧亚时刻——地缘政治经济视域下"欧亚"认知的演进及其寓意》，《俄罗斯研究》2016 年第 1 期。

② Alexander Nikitin, "Russian Foreign Policy in the Fragmented Post-Soviet Space", *International Journal on World Peace*, Vol. 25, No. 2, 2008, pp. 10－11.

③ 王志远：《"后苏联空间"与"丝绸之路经济带"：一个分析框架》，《俄罗斯研究》2016 年第 1 期。

④ 严格来说，因为独联体的成员国数量并非一成不变，简单地将欧亚地区等同于独联体地区并不完全准确。例如，格鲁吉亚在独立之初并不是独联体的成员国，直到 1993 年 10 月才正式申请加入独联体，2008 年与俄罗斯冲突后，格鲁吉亚又宣布退出独联体，所以独联体地区只在某些时间段或某些语境中可以等同于欧亚地区。

而随着中国的持续崛起和中国与欧亚地区国家关系的不断发展，"欧亚"的概念逐渐扩大并包含了中国甚至是更广的地理范围，所以我们又经常在一个较大的范围上使用"欧亚"这个概念，即第二种"欧亚"是模糊性地指代欧亚大陆上的广阔地理空间。例如，普京 2011 年提出的建立欧亚联盟的方案中，欧亚联盟就包括从里斯本到符拉迪沃斯托克的欧亚大陆上的广袤区域；2016 年 6 月，普京又抛出了"大欧亚伙伴关系"倡议，更是用"大"这个定语标识了"欧亚"一词所指代的广域空间；中俄在 2016 年 6 月发布的联合声明中提出的"欧亚全面伙伴关系"以及 2017 年提出的"欧亚经济伙伴关系"概念中的"欧亚"，尽管都没有明确限定地理范围，但其雄心和逻辑都是推动大范围的欧亚地区合作，甚至是整个欧亚大陆的合作。

从"欧亚"概念涉及的地理范围所发生的变化，我们已经可以从一个侧面窥探欧亚地区秩序在冷战后的演进历程。最初的欧亚地区秩序，显然是一个小范围的欧亚地区的秩序，俄罗斯是其中最大的和最主要的国家。尽管既有的研究很少明确使用"欧亚地区秩序"这一概念，但学者们对独联体、欧亚经济共同体和集体安全条约组织等地区机制中权力分配、议事规则等内容的讨论，[①] 实际上都不同程度地分析了欧亚地区秩序的相关问题，因为规则的存在就意在建立和维持某种秩序。也正如前文所述，布赞等人提出的中心化地区安全复合体的概念，描述了欧亚地区以俄罗斯为中心的权力结构和运行规则。[②] 而有关俄罗斯组建地区集体安全体系、提供地区公共产品和推动地区经济一体化的研究，[③] 也都从不

---

①　Alexander Libman and Evgeny Vinokurov, *Holding-Together Regionalism: Twenty Years of Post-Soviet Integration*, Palgrave Macmillan, 2012. 王彦：《独联体集团安全条约组织安全合作模式分析》，《外交评论》2007 年第 5 期；李建民：《独联体经济一体化现状及趋势》，《东欧中亚研究》1999 年第 3 期；潘广云：《欧亚经济共同体经济一体化及其效应分析》，《东北亚论坛》2010 年第 4 期。

②　［英］巴里·布赞、［丹］奥利·维夫：《地区安全复合体与国际安全结构》，潘忠岐等译，上海人民出版社 2009 年版，第 381—423 页。

③　Быков А. Н. Россия и СНГ: вызовы глобализации и стратегия евразийской интеграции. М. ИМЭПИ РАН, 2005. 祝政宏：《俄罗斯的中亚集体安全体系》，《新疆大学学报（社会科学版）》2004 年第 4 期；靳晓哲、曾向红：《上合组织和集安组织发展及前景——基于区域公共产品理论的视角》，《国际政治科学》2015 年第 4 期；柳丰华：《俄罗斯与中亚——独联体次地区一体化研究》，经济管理出版社 2010 年版。

同角度反映了欧亚地区秩序的基本特点。

然而，随着时间的推移和实践的进展，中国因素越来越多地出现在有关欧亚地区秩序的讨论中。例如，在研究上海合作组织和亚信会议等地区机制对地区安全与合作的影响时，学者们经常会谈及中俄两大国在其中的地位和作用，[①] 这反映了欧亚地区秩序中权力结构的变化，即发挥重要作用的大国数量由过去的一个转变为现在的两个，由此带来地区秩序类型的变化。学者们也经常高度评价中俄关系的高水平发展对地区和平与稳定的作用，[②] 这显然也是肯定了中俄战略协作对维护欧亚地区秩序的积极意义。自 2016 年以来，有关"大欧亚伙伴关系"和"欧亚全面伙伴关系"等议题的研究，就明确指出了中俄合作在地区机制构建和地区秩序中的积极意义。[③] 这些研究尽管注意到了欧亚地区秩序目前正在发生的变化，也谈及了欧亚地区秩序未来的可能图景，但大多忽略了欧亚地区秩序已经悄然发生的变化和这种变化发生的原因，更没有关注到中俄战略协作在这一变化过程中的积极作用。因此，本书的研究将有助于我们更好地理解欧亚地区秩序的演进以及中俄战略协作在推进秩序演进过程中的重要作用。

第三节 主要思路与结构安排

一 主要思路

本书从层次分析法的视角出发，认为对地区秩序演进的考察必须注意到"地区"这一中间层次的特性。我们既要关注地区以外即地区秩序所处的体系格局的情况及变化，也要研究地区内部维系地区秩序的各种

---

① 高飞、夏莉萍：《学习、认知与中国安全观念的创新——上海合作组织与中俄双边关系案例研究》，《国际论坛》2006 年第 4 期。

② 邢广程：《世纪之交中俄关系的历史进程——对 1992 年至 2004 年中俄关系的基本总结》，《新疆社会科学》2004 年第 5 期；[俄] 季塔连科：《俄中战略伙伴关系是保障国际安全的一种模式》，《俄罗斯中亚东欧研究》2008 年第 1 期；李建民：《丝绸之路经济带、欧亚经济联盟与中俄合作》，《俄罗斯学刊》2014 年第 5 期。

③ 李自国：《大欧亚伙伴关系：重塑欧亚新秩序？》，《国际问题研究》2017 年第 1 期；刘德斌：《中俄关系与欧亚变局》，《东北亚论坛》2017 年第 2 期；[俄] 德米特里·叶夫列缅科：《中俄战略伙伴关系和大欧亚的构建》，《国外社会科学》2017 年第 3 期。

要素——如权力分配、机制与规则以及地区认同和观念等——的情况及变化。在地区外部的体系格局没有明显变动的情况下，地区内部要素的变化就成为地区秩序演进的主要反映。权力结构是构建地区秩序的基础，因此，作为大国的中国与俄罗斯显然对地区秩序的构建和演进具有重要影响。所以本书的第一个核心观点是中俄战略协作影响了欧亚地区秩序的演进。

而从层次分析的视角出发，中俄战略协作并非混元一体或铁板一块，也是分层展开的。中俄在双边和体系层次上的战略协作并不必然会引发地区层次上的效应——推动地区秩序的演进，反而是地区层次的相对次要性和中俄互为近邻的地理距离有可能引发中俄之间在地区层次上的大国竞争。然而，中俄在地区层次仍然进行了战略协作，并且这种地区性战略协作也成为中俄战略协作推动欧亚地区秩序演进的中间变量。这是本书的第二个核心观点。

由此，本书的主要观点和基本逻辑是：冷战后，中俄两国建立和发展了战略协作伙伴关系，并在地区层次上进行了战略协作，而这种地区性战略协作推动了欧亚地区秩序的演进。

更进一步细化本书的研究问题，则包括：中俄为何要建立战略协作伙伴关系？推动中俄战略协作伙伴关系持续发展的主要动力是什么？中俄为何要在地区层次上管控彼此的分歧与竞争，并同样进行战略协作？中俄进行了哪些地区性战略协作？中俄开展的地区性战略协作又如何推动了欧亚地区秩序的演进？对这些问题的回答将完善和丰富本书的逻辑链条，并充实本书的研究内容。因此，本书将分阶段考察中俄战略协作对欧亚地区秩序演进的影响，中俄战略协作从建立、发展到深化的步步进程中，两国在地区层次上开展了具体的战略协作，推动了欧亚地区秩序的稳定和不断演进。

二 研究方法

如果把两大国如何共同推动地区秩序演进作为主要议题，那么本书整体上可以被视作一个案例，即中俄战略协作如何推动欧亚地区秩序的演进。"演进"一词意味着这一大案例具有相对长的时间跨度，即从1996年至2017年的二十余年时间里，中俄两国的战略协作如何发展、欧亚地区秩序又经历了怎样的构建和变化，对这一过程的描述、总结和分析，构成了本书的主要内容。这也是本书采用的主要研究方法之一——过程追踪法。

无论是追踪中俄战略协作的发展历程，还是梳理欧亚地区秩序的演进过程，此间发布的联合声明、签署的条约文件、各方领导人的讲话、官方政策报告等，都不仅可以作为发展历程的标志节点，也是分析各方的利益诉求、协作的方式和内容等具体问题的主要资料。因此，在应用过程追踪方法的同时，本书还将使用文本分析的研究方法。

中俄为开展战略协作在不同领域和不同层次建立了诸多的合作机制，制定了相应的合作规则，也形成了一定的互动模式，而地区秩序的构建和维系也需要建立相应的机制和规则。所以，这些机制和规则成为本书考察欧亚地区秩序演进和分析中俄战略协作所发挥的作用的重要途径。但不是所有的机制和规则都能成为本书的研究对象，本书还将运用案例研究这一方法，选择确实具有代表性的合作机制和具体实例加以分析，探讨中俄开展战略协作的方式并评估其对地区秩序演进的影响。

三 结构安排

全书共分为六章。第一章是导论部分，提出了本书研究的核心问题，在阐释基础概念和回顾既有研究的基础上，阐述了本书的研究思路和主要观点。

第二章是本书的理论核心部分，在简要梳理欧亚地区秩序演进历程的基础上，本书从理论上阐释了欧亚地区秩序演进的"实质"是"崛起国中国逐步进入俄罗斯主导的欧亚地区，改变地区权力结构，并在互动中使欧亚地区实现了和平稳定与持续发展，推动欧亚地区秩序向两大国共同领导的地区秩序演进"。这一章从互动视角切入，搭建起中俄战略协作影响欧亚地区秩序演进的分析框架。在设计理论框架的同时，本章也对"中俄战略协作启动和维持的原因""中俄开展地区层次战略协作的原因"以及"中俄如何进行地区层次的战略协作"等问题进行理论阐述。

第三、四、五章是本书的实践研究部分，以验证第二章提出的分析框架。第三章讨论中俄战略协作的启动与欧亚地区秩序的初期演进。时间跨度为从1996年中俄建立面向21世纪的战略协作伙伴关系，到中俄签署《睦邻友好合作条约》之前的2000年，这段时间是中俄战略协作的启动阶段。在此期间，欧亚地区分化重组，俄罗斯只能在缩小为次地区的欧亚地区里建立起虚弱的等级秩序，中国与初构阶段的欧亚地区秩序开启了初期接触与合作，中俄战略协作推动欧亚地区秩序开启初期演进的历程。

第四章探讨21世纪的第一个十年里中俄战略协作对欧亚地区秩序演进的影响。2001年，中俄签署《睦邻友好合作条约》，明确了双边关系在21世纪的发展方向，中俄战略协作在各层次全面铺开。在地区层次，中俄开展战略协作，并于2001年成立了上海合作组织。上海合作组织的建立和发展，推动了地区秩序的演进。欧亚地区秩序在俄罗斯的推动下呈现分领域演进的发展态势，在地区安全领域，集体安全条约组织是维护地区安全的主要机制，上海合作组织也愈加发挥重要的作用；在地区经济领域，欧亚经济共同体成为促进地区经济合作的主要机制，上海合作组织也开展了一定的地区经济合作。

第五章探讨2011年以来欧亚地区秩序的演进历程。2011年，中俄将伙伴关系定位提升为"全面战略协作伙伴关系"，并在2014年开启了战略协作全面发展的新阶段。实力对比和所处环境的变化使中俄两国在地区层次上提出了各自新的地区合作发展方案，这两种略带竞争性的方案对欧亚地区秩序的发展产生了不同影响，并勾勒了不同的发展前景。中俄两国在全面战略协作伙伴关系不断深化的基础上，再次进行了地区层次的战略协作，不仅达成了"带盟对接"协议，而且共同倡建欧亚伙伴关系，以塑造欧亚地区的新秩序。

第六章是本书的结论部分。首先是系统总结全书的内容，归纳中俄战略协作得以持续发展二十余年的基本经验和欧亚地区秩序演进的主要逻辑，并分析中俄战略协作影响欧亚地区秩序演进的方式和原理。然后，本书将结合中国在欧亚地区秩序演进过程中的战略经验，从理论上分析崛起国应当设定怎样的地区秩序目标以及采用何种战略推动地区秩序的演进等问题，也将从地区主导国的角度分析地区秩序演进的相关理论问题。两种不同角度的分析，不仅提升本书的理论价值，也将指出进一步研究的议题和方向。最后，我们将回到现实，不仅展望欧亚地区秩序的发展前景，也从政策实践层面探讨中国的地区战略特别是欧亚地区战略的制定和调整问题。

第 二 章

理解欧亚地区秩序的演进

我们通常讨论的欧亚地区，在国际关系意义上，只经历了二十余年的历史。然而，"欧亚"概念和欧亚地区的覆盖范围却呈现扩大变化的趋势，这种变化从一个侧面反映了欧亚地区秩序的演进。演进的核心是中国在欧亚地区秩序的讨论和实践中扮演着愈加重要的角色。那么，我们应该如何看待欧亚地区的这一重要变化，又该如何理解欧亚地区秩序的演进？本章将对此提供一种解释并搭建本书的分析框架。

第一节 欧亚地区秩序的演进

欧亚地区秩序的形成是历史与现实因素共同作用的结果，其演进也同样被历史与现实共同规制，既受到地区内外客观因素的影响，也是地区相关国家主动选择的结果。

一 欧亚地区秩序的基本特点

国际关系意义上的欧亚地区秩序是在苏联解体后逐渐形成的。这些新独立国家一方面珍视本国的国家主权，树立和维护自身的国家性和独立性，另一方面又要重新思考它们与世界的关系，特别是在地区层次上重新建立和适应彼此之间的新关系。待到俄罗斯认识到西方并没有想象中友好之时，各国也重新重视起独联体的作用，并逐渐意识到欧亚地区才是本国的地区归属，由此，欧亚地区秩序才初见雏形。纵观冷战后二十余年的发展，我们在狭义上使用的"欧亚地区秩序"呈现出如下一些基本特点。

第一，单一中心的权力结构。秩序所包含的第一个要义是权力分配，认识地区秩序首先需要辨识其权力结构。欧亚地区秩序自苏联解体之日起就注定是一个单一中心的权力结构，俄罗斯不仅自身的体量巨大，而且作为苏联的继承者依然保持着相当可观的实力。所以，以权力结构来看，俄罗斯是欧亚地区的天然中心，其他地区国家都是中小国家。这种结构可以被视作"一强多弱"，也是布赞等人界定的中心化地区复合体。[①]而冷战后在欧亚地区出现的各种机制中，除上海合作组织外，只要有俄罗斯参与，这一机制的中心就是俄罗斯，独联体、集体安全条约组织、欧亚经济共同体、欧亚经济联盟等都维持着这种权力结构。这不仅受到苏联历史的影响，也是冷战后俄罗斯在创设地区机制时有意为之。

第二，地区性缺乏。所谓地区性，不仅仅指各国因同属一个地区而共享着诸如文化、历史、语言、政治、经济、地理等因素，[②] 更重要的是地区认同。各国是否有地区归属感、是否认为本国应该同地区内其他国家谋求和平和共同发展、是否应该建立某种地区机制或地区架构，对这些问题的回答可以帮助我们判断各国地区意识的强弱。而综合评估各国的地区意识，有助于判断地区认同及地区性的强弱。在地区层次上重新认识外部世界是欧亚地区各个新独立国家面临的新课题，所以地区意识从欧亚地区秩序诞生之日起就处于比较薄弱的状态。更何况包括俄罗斯在内的各国都各怀鬼胎，试图重新找寻自己的国际身份，以获取最大的身份利益，所以地区性在后冷战时期的欧亚地区是较为缺乏的，这也是造成欧亚地区一体化进展缓慢的一个重要原因。

第三，多面受扰。地区作为次体系，原本就难以排除外部干扰，而欧亚地区受到的外部干扰更具有多面性和多向性。这主要受两个因素的影响。其一，欧亚地区的地理位置使其相较于世界上其他地区而言，更容易被外部力量介入。欧亚地区作为欧洲与亚洲的结合部，意味着其边缘地带的国家同地区外的国家甚至更加相近。例如，位于地区西部的乌

---

① ［英］巴里·布赞、［丹］奥利·维夫：《地区安全复合体与国际安全结构》，潘忠岐等译，上海人民出版社 2009 年版，第 381—423 页。

② Ejaz Akram, *The Political Economy of Regionalism in Southwest Asia: The Case of the Economic Cooperation Organization*, Washington, D. C.: The Catholic University of America, 2003, p. 17.

克兰、白俄罗斯等国与同属东欧平原上的东欧国家在语言、文化、民族、宗教等方面更具亲近感，中亚国家则因伊斯兰教的关联更容易受到西亚国家的影响。其二，苏联解体将欧亚地区释放出来，各主要大国瞄准这一地区，试图填补权力真空，在不断介入地区的同时展开激烈竞争，地区内的各国也更愿意同域外国家开展多元合作，两种思路契合使欧亚地区受到来自各个方向和各个层面的影响。这也是造成欧亚地区缺乏地区性的重要原因之一。

第四，组织机制繁多。欧亚地区各国对自身定位的迷茫是导致缺乏地区认同的重要原因，但很多问题必须放在地区层面以开展地区合作的方式才能解决。同时，外部大国实施介入和干扰的重要路径也是在欧亚地区建立合作机制或者支持某个已经建立的地区机制。由此，在内部需要和外部干扰的双重作用下，欧亚地区在二十余年间组建了许多地区组织或机制。这些机制或组织涉及经济、安全等不同领域，参加国数量不一，所要完成的任务和功能各异，但真正能够有效运行的机制或组织并不多。这种低下的效率又反过来影响了组织的生命力，有些地区组织昙花一现，有的虽然勉强维持存在，但几乎难以采取任何实际行动。而各国也因难以直接从地区机制中持续获益，从而对地区合作尤其是地区中心国家俄罗斯所推动的地区合作带有不满情绪。

欧亚地区秩序的这些特点或问题，明显地摆在地区国家尤其是中心国家俄罗斯面前。如何塑造和维持最有利于自身的地区秩序，或者说如何对地区秩序进行细微调整以解决相关问题，成为俄罗斯在地区层次上的最重要任务。

二　俄罗斯与欧亚地区秩序的微调

作为欧亚地区的单一中心，俄罗斯自身的发展情况和它所采取的政策措施对欧亚地区秩序的稳定与调整构成最为直接的影响。

如果说俄罗斯最初是因为"无心无力"才放弃苏联并催生了欧亚地区的话，那么在冷战后的大多数时间里，俄罗斯实际上面临着长期的"有心无力"。俄罗斯想要维持其地区中心的地位和欧亚地区秩序的基本形态，但国力的弱势成为限制其政策选择空间的最大掣肘因素。而且俄罗斯的困境，也不仅是整体上的弱势，也包括其始终未有改观的"长短腿"问题。核大国的身份以及冷战时期积累的军事优势，使军事安全领域成为俄罗斯的"长腿"，甚至仍能勉力保持"世界两强之一"的地位（另一强是美国）。而经济领域的劣势却并没有随着苏联的解体而消亡，而是继续与独立后的俄罗斯相伴随，尽管有时能够缩小与世界经济强国的差距，但"短腿"迟迟无法生长，其经济实力与所要追求和维护的大国地位几乎难以匹配。平衡发展是每个大国追求的重要目标之一，但削掉"长腿"会不可避免地矮人一截，俄罗斯显然不愿意放弃自己仅存的优势。由此，独立后的二十余年间，俄罗斯陷入了两难困境与恶性循环——越是害怕整体性落后，就越是加强军事领域的"长腿"，从而就越是无法发展经济领域的"短腿"，也就不断加剧了不平衡的严重程度。

而俄罗斯的持续困境直接影响着欧亚地区秩序的稳定和维持。为摆脱困境和维持于己有利的地区秩序，俄罗斯也做出了一些尝试。这些措施既是对欧亚地区秩序的微调，也是地区秩序演进过程的组成部分，并成为更大步伐演进的基础。

措施一："拉小车"。有一种观点相当流行，认为苏联解体是俄罗斯抛弃"小兄弟"的过程，然而独联体这辆略微缩小的"车"却并没有那么好拉。作为地区中心的俄罗斯，必须为地区发展提供公共产品，所以在自身实力弱势的情况下，俄罗斯有时采取将"大车"换成"小车"的举措，以保证本国在欧亚地区的收益。从冷战后欧亚地区出现的各种地区机制来看，俄罗斯拉过的最小的"车"是俄白联盟。欧亚经济联盟和曾经的欧亚经济共同体也是"小车"，这两个组织的体量虽比俄白联盟大一些，但都不及独联体的半壁江山。"拉小车"自然相对轻松，俄罗斯可以付出相对小的成本来实现其地区利益，但在一定意义上，这种"量力而行"的"拉小车"行为导致了"欧亚地区"这一概念的缩小。

措施二：分领域。俄罗斯自身的"长短腿"问题持续多年未有改观，导致其在不同的领域所能提供的公共产品在数量和质量方面存在明显差别。相应地，俄罗斯在不同领域中的地区中心地位也受到影响。欧亚经济共同体和集体安全条约组织的建立是欧亚地区秩序分领域差异化发展的重要表现，俄罗斯的主观选择也强化了此种差异发展。例如，在经济领域，俄罗斯先后推动俄白联盟、俄白哈乌统一经济空间、欧亚经济共同体、欧亚经济联盟等合作机制的建立和发展，但在安全领域，却长期稳定地依靠独联体集体安全条约及升级后的集体安全条约组织来维持合作。经济领域的"折腾"很大程度上因为俄罗斯自己不愿意或没有能力维持地区机制的健康发展，而安全领域的"稳定"，从一个侧面不仅反映了各方对既有合作的基本满意，也体现了俄罗斯有意愿也有能力维持地区机制。整体上看，相较于"拉小车"，"分领域"这一措施对欧亚地区秩序演进的影响更大，为地区权力结构的改变提供了基础与可能。

俄罗斯自身的困境和它为维护地区秩序所采取的措施，实际上使欧亚地区秩序面临着三个主要问题。

其一，弱势的中心。尽管俄罗斯依然是一个大国，但相比其他单一中心的地区秩序，俄罗斯这个中心可以用"弱势"来形容。首先是先天不足。很多国家是一步步崛起为大国的，不断上升的过程使其有意愿也有能力维护地区秩序，为争取提高本国的全球地位而努力。但俄罗斯是从超级大国退化为一个大国，这种下降和退缩的经历似乎已经预示了俄罗斯作为中心的弱势。其次是后天迟缓，难以改变的经济结构和不时出现的经济危机，使俄罗斯重拾大国梦的复兴之路倍加曲折，偶尔出现的上扬势头也抵不过来自内外的双重打击，导致作为地区中心的俄罗斯在后冷战时期的发展整体上比较迟缓，弱势呈现长期化的趋势。而这种弱势不仅体现在俄罗斯的具体实力上，更表现在认同方面，地区国家对俄罗斯能否担负起地区责任持有不同程度的怀疑立场。所以，欧亚地区不仅缺乏地区认同，对俄罗斯这个中心的认同也并不强烈。

其二，差异化的领域秩序。通常来说，单一中心的地区秩序是依据一种机制或规则来维持的，即便这个中心并不强大，但一种机制或规则有助于减少矛盾，促进地区秩序的稳定和延续。但欧亚地区在冷战后的二十余年间日益在不同领域呈现出差异化秩序，这尤其体现为在安全领域与经济领域之间出现了分野。在安全领域，俄罗斯的中心地位和主导作用更强，更能维持地区机制的运行；而在经济领域，俄罗斯的弱势更为显著，中心化向扁平化发展的趋向更为明显，地区机制的种类增多，效率下降。得益于安全议题的重要性远胜于经济议题，俄罗斯还能够维持其地区中心的地位，但这种领域秩序的差异化表现无疑在削弱着俄罗斯的中心地位。而在语言、宗教等文化领域，建立在多样性基础上的欧亚地区，更无法构建或维系以俄罗斯为中心的地区文化秩序，这从俄语在冷战后的欧亚地区出现不同程度式微的表现中就可以明显地感受到。[①]
俄罗斯无法扭转自身能力的不平衡，也就不得不接受欧亚地区秩序在不
同领域的持续性差异化发展。

其三，地区的断裂与碎片化。俄罗斯"拉小车"的政策直接导致了
欧亚地区的断裂，国际关系意义上的"欧亚地区"被缩小，有的国家跟
随俄罗斯开展地区合作，有的国家转而寻求新的合作路径。跟随俄罗斯
的国家数目变少，意味着欧亚地区秩序的地理范围在缩小。而每一个地
区机制的建立都可以被看作是砸向"欧亚地区版块"的重锤，进一步加
剧了地区的分裂和碎片化。碎片化的发展更给外部干扰提供了更多契机，
以北约和欧盟的东扩进程为代表的干扰因素将欧亚地区已经出现的裂缝
扩大并坐实。这几方面因素联合作用，其最终结果将极有可能导致俄罗
斯无地区立足，"欧亚地区"很可能碎裂为若干部分，甚至将不复存在，
欧亚地区秩序将完全变成新的结构。

三　欧亚地区秩序的标志性演进

欧亚地区秩序的特点与问题、存续与调整都同地区中心国家俄罗斯
息息相关。例如，俄罗斯实际上为机制林立这一特点做出了重要贡献。
如果把为实现某个目标而建立的合作机制比喻成能够为欧亚地区发展提
供热力和动力的"炉灶"的话，那么欧亚地区的许多"灶头"都是俄罗
斯亲自建立和点燃的。但热情充足的另一面却是毅力常无，作为地区中
心国家或机制创建国的俄罗斯时常没有毅力坚持推动机制的发展，这与
遍及俄罗斯境内的纪念二战的"长明火"不同，俄罗斯时常自我放弃，
不再给"灶头"供给能源，而是任其自生自灭。这又怎能要求其他中小
国家持续为机制贡献力量？所以，欧亚地区的很多合作机制都难以摆脱
"虎头蛇尾"、最终"不了了之"的发展路径。但形势的发展，其中不仅
包括来自地区外部的干扰，也包括俄罗斯自身的需求和地区发展的需要，
已经迫使俄罗斯必须真的烧起某个"炉灶"，否则以俄罗斯为中心的欧亚

---

① А. Л. Арефьев, Русский язык на рубеже XX-XXI веков. М.：Центр социального
прогнозирования и маркетинга. 2012. 顾炜：《中亚国家的俄语现状与建设丝绸之路经济带的人
才战略》，《中国俄语教学》2017 年第 1 期。

地区秩序将出现"无地区立足"的恶劣后果。所以,俄罗斯从2011年开始推动欧亚经济联盟的建立和发展,在补短板方面做出努力,在维护地区经济秩序上有所作为。

欧亚经济联盟最初确实在推动俄白哈三国的经济增长和地区一体化方面发挥了积极作用,但其推动作用很快减弱,这与俄罗斯自身的弱势、内部经济模式趋同和外部压力增大等多重因素相关。2014年的乌克兰危机更进一步暴露了弱势中心和地区碎片化的问题,随之引发的经济制裁实际上加剧了俄罗斯的困境,不仅俄罗斯本国的经济再度陷入困境,地区吸引力和外交环境也明显下降和恶化,形势的新发展都迫使俄罗斯必须做出改变。

2015年,俄罗斯推动欧亚经济联盟采取了"三步并进"的拓展路径,以扩充成员、建立自由贸易区和开展机制对接合作的方式为地区经济合作增加新的经济体。① 从欧亚地区秩序的角度观察欧亚经济联盟的三步拓展路径,会发现三者的共同点在于努力维持欧亚地区秩序的权力结构。欧亚经济联盟扩充成员,并没有改变俄罗斯在其中的主导地位,反而是扩大了联盟的成员数量和地理范围。建立自由贸易区的合作对象,都不是狭义的欧亚地区内的国家,并且都是同俄罗斯关系良好的国家,所以欧亚经济联盟本身不会发生变化,内核得到维护,建立自贸区的合作更像是一种跨地区合作。最值得重视的是第三步——开展机制对接合作。2015年5月,俄罗斯与中国达成共识,决定推动欧亚经济联盟与中国的丝绸之路经济带开展对接建设。这无疑为俄罗斯和欧亚经济联盟解决了同强势的经济体开展合作的问题,欧亚经济联盟没有发生变化,但却加上了中国这个强劲的经济动力,也将因同丝绸之路经济带的合作而扩展出更大的发展空间。所以,对接合作也同样没有改变欧亚地区秩序的权力结构,但却为欧亚地区秩序的标志性演进奠定了基础。

2016年6月17日,普京在俄罗斯最重要的圣彼得堡经济论坛上提出了建立"大欧亚伙伴关系"(Большое евразийское партнёрство)的倡议。所谓"大欧亚伙伴关系",意在以欧亚经济联盟为基础拓展地区合作的对象和地理范围,显示出俄罗斯有意在更广的范围上使用"欧亚地区"

---

① 顾炜:《欧亚经济联盟的新动向及前景》,《国际问题研究》2015年第6期。

这一概念。一周后的 6 月 25 日，普京访问中国。期间，中俄在联合声明中明确表示双方主张"在开放、透明和考虑彼此利益的基础上建立欧亚全面伙伴关系"①。此后，中俄双方经过谈判和协调，又在 2017 年提出两国共同为建立"欧亚经济伙伴关系"（Евразийское экономическое партнёрство）制定相关措施。②

自此，欧亚地区秩序出现了标志性演进，即：在地理范围上，从狭义的欧亚地区扩大为更广意义上的欧亚地区。演进的实质和核心是地区机制将中国纳入其中，相较于从前的微调，欧亚地区秩序的权力结构开始启动新的变化，中俄两国共同推动的"欧亚经济伙伴关系"成为欧亚地区经济秩序的发展方向。

第二节　地区秩序演进的理论阐释

中国成为欧亚地区秩序的重要组成部分，这是欧亚地区秩序发生演进的主要标志。我们可以从多种视角审视这一过程，例如，可以把演进过程理解为中国介入欧亚地区秩序，也可以理解为欧亚地区秩序容纳中国，且这一过程与中国的不断崛起是同时发生的。所以，我们对欧亚地区秩序的演进过程进行理论阐释时，中国的崛起国身份成为必须关注的重要方面，而以崛起国（中国）和地区主导国（俄罗斯）这两个行为体为基础的分析有助于我们在理论上理解欧亚地区秩序的演进。

一　崛起国、地区主导国与地区秩序的理论演进

崛起国和地区主导国是地区秩序演进过程中两个最重要的行为体，但两相比较，崛起国因国力上升而具有更加积极和迫切的参与国际事务的心态，因而其在外交上更加活跃。所以，本书的讨论首先从崛起国开始。

---

① 《中华人民共和国和俄罗斯联邦联合声明（全文）》，新华网（http：//news. xinhua-net. com/politics/2016 – 06/26/c_1119111908. htm）。

② 《中俄总理第二十二次定期会晤联合公报（全文）》，新华网（http：//news. xinhua-net. com/2017 – 11/01/c_1121891023. htm）。

（一）崛起国与崛起类型

大国的兴衰是国际关系中的永恒话题，追求崛起或防止衰败的愿望也始终支配着大国的政策和行为。针对大国崛起的研究，或是关注大国崛起导致的体系变化，[①] 或是关注如何缓解大国崛起的困境，[②] 并由此讨论崛起战略的制定、实施和调整等相关问题。在地区层面，从理论上看，崛起国即便不是一个大国，其崛起过程也可能对地区秩序产生影响。但一个国家的崛起有可能威胁到其他国家而引发制衡，中等国家可能因实力有限而无法应对制衡，崛起过程可能因此中断，从而无法对地区秩序施加持续性影响。所以，大国作为崛起国不仅更有能力对地区秩序施加影响，且影响的持续性更强，施加影响的内容和方式也是更具价值的研究问题。

一个国家能够成为崛起国，并对地区秩序乃至全球秩序施加影响，首先需要在一段时期内实现国家实力的持续稳定增长。国力的增强，不仅是崛起的最显著指标，也是崛起国制定和实施外交战略的基础。其次，崛起国有意愿参与相关地区的事务，能够与地区国家开展互动。如果崛起国没有意愿参与地区事务，那么地区秩序不可能受到直接影响，而互动是崛起国对地区秩序施加影响的主要路径。再次，崛起过程本身应当成为触发互动的开关和推动互动持续进行的源动力。崛起国的崛起，或者从积极的方面吸引地区国家为了"搭便车"而与其互动，或者从消极的方面导致地区国家为了"制衡"崛起国而与其互动。即崛起国的崛起过程应当能够促使地区国家和崛起国产生互动，并持续进行，从而为崛起国影响地区秩序提供路径。最后，待到崛起提供了足够的实力基础，且互动让崛起国更多了解了该地区后，崛起国将逐渐形成本国的地区战略，或提出对地区秩序的设想，从而对地区秩序施加更直接且更系统的影响。当然，影响本身也是多方面的，本书关注的主要是崛起国对地区秩序演进的影响。

---

① Robert Gilpin, *War and Change in World Politics*, New York: Cambridge University Press, 1981; Torbjorn L. Knutsen, *The Rise and Fall of World Orders*, Manchester: Manchester University Press, 1999.

② 孙学峰：《中国崛起困境：理论思考与战略选择》（第二版），社会科学文献出版社 2013 年版。

　　而判断崛起国与地区秩序的关系，是我们分析崛起国影响地区秩序演进的第一步。从理论上看，崛起国的崛起与地区秩序的演进是两个动态过程，二者可以毫无关联，此时的崛起国一般是在地区秩序之外；二者也可以具有联系，即崛起国的崛起引发了地区秩序的演进或变革，此时的崛起国通常是位于地区秩序内部。因此，我们将崛起类型划分为"地区内崛起"和"地区外崛起"两种。

　　在上一章讨论地区秩序时，本书对地区秩序进行了基于大国数量的类型划分。理论上看，崛起国可能面对多种地区秩序类型。例如，中国与以东盟为基础的东南亚地区，可以被视作崛起国与零大国地区秩序的类型。[①] 正如本书曾指出的，由于两个大国和三个或更多数目大国的地区秩序类型较为罕见，所以崛起国面对这两种地区秩序的情况非常少。[②] 最为常见的是崛起国面对单一大国的地区秩序。单一大国是"地区主导国"，对地区秩序的建立和维持具有重要影响，也对崛起国的崛起及地区秩序受到的影响更加敏感。本书讨论的正是崛起国与地区主导国主导的地区秩序之间的关系。

　　当崛起国位于地区秩序内部时，其最初身份是从属于地区主导国的普通国家。随着自身国力的增长，崛起国的地区相对地位得到提升，它对本国的地区身份将有新的要求和定位。如果崛起国有能力也有意愿获得更高的地区身份，那么它将对地区主导国构成挑战，此时的地区秩序将有可能发生动态演进。演进的结果可能是崛起国成为新的地区主导国，而原地区主导国降为普通的从属国，也可能是崛起国与地区主导国共同

---

　　① 受美国的强大影响，东南亚地区实际上并不能被视作一种"零大国"地区秩序，所以中国与东南亚地区只能作为参考案例。而相当多的研究，是放在更广的地区范围即东亚地区，讨论中国崛起对美国主导的东亚地区秩序的影响，是崛起国崛起对单一大国地区秩序施加影响的典型案例。

　　② 这两种类型相当少的原因，不仅是正文中提到的这两种地区秩序类型较少，也是因为如果崛起国要面对两个及以上的大国，可能在崛起国还未对地区秩序构成影响前，其崛起进程就已经遭到多个大国的共同制衡而中断。另外，需要指出的是这两种类型在体系层次上有可供研究的案例，例如美国和德国在 19 世纪末期大国环立的背景下崛起，或者美苏两极体系下的中国，然而这两个所谓的案例都具有各自的特殊性，例如中国虽然对全球秩序构成了影响，但更多是地缘政治竞争给中国赋予了影响力，而非中国自身的实质性崛起。所以，在严格意义上讲，这两个案例也无法解释相应的问题。这也是众多研究关注崛起国对单一大国的地区秩序和全球秩序施加影响的重要原因。

领导地区事务，当然也可能出现崛起国并没有达成改变地区秩序性质的目标的情况，其崛起进程中断，地区秩序虽有微小的调整但没有发生质变。无论出现哪种结果，地区秩序演进的过程可能是和平的，也可能会引发战争，这不仅取决于崛起国的崛起速度和挑战意愿，也取决于地区主导国的立场、政策和行动，以及地区主导国与崛起国在相对实力、地区影响力和地区制度设计等方面的比较结果。我们可以把这一过程命名为"地区内崛起"，如果崛起国是在地区内部崛起，那么权力转移理论①根据地区层次的特点加以调整就可以对这一过程进行解释和分析。

本书研究中国与欧亚地区秩序的演进，显然属于"地区外崛起"的类型，即崛起国在崛起之初并不处于地区主导国所主导的地区秩序中。由此，在展开更具体的讨论之前，我们必须明确如下的理论假定：第一，存在某个地区，其地区秩序呈现中心化或等级性的特点，即该地区由一个地区主导国和多个从属国构成。第二，崛起国并非地区秩序的既有组成部分，但崛起国有意愿同该地区发生联系，地区国家也愿意同崛起国进行互动。也就是说，崛起国需要介入该地区以实现诸如经济收益、安全环境和国际支持等国家利益，而地区内的既有国家，无论是主动允许还是被动接受，崛起国的介入都会给其带来一定的收益。因此，尽管崛起国是在地区外崛起，但崛起国与该地区存在进行互动的需要，且这种互动将对原有的地区秩序产生影响。

（二）地区秩序演进的理论方式

地区主导国是地区秩序的核心组成部分，地区权力结构又是判断地区秩序的重要指标，所以在讨论地区秩序演进这一因变量时，主要观察指标不仅是地区秩序本身的构成要素，如权力结构和主导国地位是否发生变化，还包括崛起国在互动过程中与地区主导国和地区秩序所形成的关系状况。对崛起国而言，用一场战争打败地区主导国就可能足以在很大程度上改变地区秩序，主导国因被打败而没有能力提供地区公共产品，

---

① A. F. K. Organski, *World Politics*, New York：Alfred A. Knopf, 1968. George Modelski, *Long Cycles in World Politics*, London：Macmillan Press, 1989. Ronald L. Tammen et al., *Power Transitions：Strategies for the 21st Century*, New York：Chatham House Publishers, 2000. Douglas Lemke, *Regions of War and Peace*, Cambridge：Cambridge University Press, 2002. T. V. Paul ed., *Accommodating Rising Powers：Past, Present, and Future*, Cambridge：Cambridge University Press, 2016.

也就不能维系旧有的地区运行规则，原有的地区秩序难以继续存在，崛起国可以取而代之并建立起于己最为有利的地区秩序。但我们的讨论主要还是针对无战争的大背景下，崛起国的崛起对地区秩序演进的影响，并且我们更关注演进的持续性和过程性。所以战争这种改变地区秩序的激烈方式不在本书的讨论范围内。

以崛起国同地区主导国和地区秩序的关系作为主要视角，我们可以对地区秩序的演进过程进行更细致的描述和界定。尽管崛起国同地区国家的互动并不纯粹是以改变地区秩序为目标，但如果在一段时间的持续互动后，地区秩序仍然保持原有状态，地区主导国维持自身地位，崛起国被排斥在地区秩序之外，与该地区形成对立或龃龉的局面，从而不能实现崛起国在地区内的利益。此时，地区秩序维持现状，并没有发生演进。如果互动的结果导致单一中心的地区秩序衰落和瓦解，地区主导国不再具有权威，崛起国也不再面对"以寡敌众"的局面，此时，无论崛起国与地区相关国家重新建构的是共同体秩序还是以崛起国作为新主导国的等级秩序，[①] 原有地区秩序的不复存在都意味着"地区秩序的改变"，而"改变"与"演进"是界定地区秩序动态变化的不同概念。

比较而言，"改变"意味着地区秩序发生了质变，更强调结果意义，即地区秩序从一种类型变化为另一种类型，且这种改变更多是"中性"的，不涉及价值判断。而"演进"更强调过程性，表明地区秩序正在发生微小的、可积累的变化，变化持续进行，且"演进"更多是"正向"的、"良性"的变化。因此，我们在讨论地区秩序的演进时，强调地区秩序的原有内核仍能保持存在。所谓"演进"，意味着崛起国进入地区后，不断调整的地区秩序对崛起国、地区主导国和其他相关地区国家都有所助益。以此为据，我们可以将崛起国在"地区外崛起"所导致的地区秩序演进划分为如下三种可能性和方式。

第一种：崛起国以从属国的身份"融入"地区。

崛起国"融入"地区后，成为地区秩序的一部分，地区所辖范围扩

---

① 这一新的等级性地区秩序中，崛起国作为新的地区主导国，原有的等级秩序不再存在，即地区内的从属国和原地区主导国都从属于新的主导国，但不存在覆盖型的地区秩序。后文还将详细讨论覆盖型地区秩序。

大。由于崛起国自身的实力呈上升态势，其融入可以为地区发展带来动力和活力，且因为崛起国并没有挑战主导国的地区地位，反而使地区主导国保持甚至扩大了自身的权威，所以，崛起国融入地区秩序的阻力较小。但这种类型对地区主导国的要求较高，只有在主导国本身较为强大且相对于崛起国的实力优势较为明显时才可能发生。而且是否能够完成融入进程，还得看地区主导国的意愿，如果地区主导国并不接纳崛起国或者没有能力接纳崛起国，"融入"进程都很难启动甚至完成。此外，这种演进方式的持续性不足，如果崛起国和地区主导国之间的实力对比发生变化或者崛起国的"从属"意愿出现改变，都有可能导致地区秩序出现新的变化。由于"融入"对原有地区秩序的改变最小，我们可以把此种演进命名为"单增型演进"，地区秩序因崛起国的融入得以扩大范围并增强实力，是单纯性增长。

第二种：崛起国以新主导国的身份"吸纳"地区。

崛起国"吸纳"地区，使原有的地区秩序得以保持，但地区主导国和从属国都服从了新的主导国——崛起国。构建起的新地区秩序呈现单一中心的等级性特点，但因为其中包含了原有的地区秩序，所以是一种覆盖式地区秩序。这种演进也因此可以被命名为"覆盖型演进"。

在演进后的地区秩序中，崛起国作为新的主导国能够为地区的稳定和发展提供公共产品，所以，地区范围得以扩大，崛起国的地位和影响得到提升，而原地区主导国相应减轻了地区责任，从属国因为有了崛起国作为更大的追随对象也能够获得收益。尽管原地区主导国保持了本国在原地区范围内的主导性地位，但由于整个地区国家都追随了崛起国，所以原地区主导国的自身权威实际上仍然遭到削弱。因而，相较"单增型演进""覆盖型演进"对地区秩序的影响程度更大。

持续性不足的问题在覆盖型演进中同样存在，因为这一演进的发生对崛起国自身的实力提出了相当高的要求，崛起国必须具有相当大的优势和吸引力才能够让地区主导国追随自己。这种高要求已经意味着覆盖型演进在启动阶段就面临着较大的难度，即便演进进程得以启动，地区主导国一时追随了崛起国，也很难长期甘于做一个追随者，除非崛起国能够很快成长为全球霸主，否则地区主导国有可能采取制衡行动。而更重要的原因在于：崛起国如果已经获得了新的地区主导国地位，那么它恐怕很难有长久的耐心让地区内存在一个"小"的权威中心，除非地区主导国能够持续表现出从属者态度和采取追随行动，否则崛起国为维护本国的主导地位将会有强烈的动机解除地区主导国的"小权威"身份。有时，当崛起国怀有更大的全球目标，或者它已经成长为超级大国或全球霸主时，它可能有耐心让地区主导国在一个"小"范围内享有权威，因为全球霸主有可能需要地区主导国行使被其赋予的权威，以帮助全球霸主治理这个"小"的地区。①

第三种：崛起国与地区秩序实现了"部分共事"。②

能够"共事"与合作，表明崛起国已经被地区秩序中的各国接纳，并被认为同属于一个国际关系意义上的地区。崛起国和地区秩序保持了各自的原有身份和相对独立，相互尊重，不以对立的方式看待彼此。崛起国不以破坏地区秩序或损害地区主导国的利益为目标，地区主导国在维护地区秩序的同时，并不排斥崛起国参与地区事务，崛起国与地区相关国家能够开展合作，共同处理地区相关事宜。这种合作可以使崛起国和地区相关国家均有收益，但并不涉及地区秩序的方方面面，所以这是

---

① 然而，全球霸主通常也很难有这样的耐心。理论与历史都已经反复说明，像美国这样的全球性超级大国，很难允许世界上存在维持地区权威的地区主导国，因为这种允许很可能使地区主导国最终成长为挑战其全球霸主地位的挑战国。冷战后，美国对俄罗斯的持续打压以及对中国获得亚洲领导权的担心和干扰，都反映了这种心理，也表明覆盖型地区秩序难以持续存在。

② 所谓"共事"，意味着共同追求事业或一起进行工作，"部分共事"表明崛起国与地区相关国家仅共同进行了某项工作。以崛起国进入地区、参与地区事务的角度来说，"部分共事"已经达到了目的。从严格意义上讲，前两种类型的演进必然会在互动中发生崛起国和地区秩序"共事"的情况，但这里单独列出"部分共事"，意在强调互动双方的独立性和原有身份未变化的特点。然而，从崛起国的角度，"部分共事"仅仅是演进的起步阶段，对其最有利的变化应该是地区秩序被覆盖或者被瓦解，所以本书没有使用中国学界近年来普遍讨论的"共生"概念。地区秩序的演进与变化，本身就是一个长期性过程，所以在无战争状态下，崛起国必然需要在相当时期内与地区秩序"共存"和"共生"。因此，本书对地区秩序演进的研究，特别是本节对演进类型的划分实际上已经暗含了中国学界强调的"共生"思想。中国学界有关共生问题的研究包括但不限于如下文献：任晓：《论国际共生的价值基础——对外关系思想和制度研究之三》，《世界经济与政治》2016年第4期；《共生体系的存在和持久性——对熊李力、陈雪飞先生的回应》，《探索与争鸣》2014年第11期；《论东亚"共生体系"原理——对外关系思想和制度研究之一》，《世界经济与政治》2013年第7期；苏长和：《从关系到共生——中国大国外交理论的文化和制度阐释》，《世界经济与政治》2016年第1期；《以新普遍主义建构世界秩序——对共生问题的进一步思考》，《探索与争鸣》2014年第11期；《共生型国际体系的可能——在一个多极世界中如何构建新型大国关系》，《世界经济与政治》2013年第9期。

一种在实现了共存与共处基础上的"部分共事"。①

由于"部分共事"并未改变各方的原有身份，所以这种演进可以被命名为"嵌套型演进"，原地区秩序在部分事务或领域中依然存在，而崛起国已经参与的部分事务中也包含原地区秩序中的相关安排，所以演进过程是相互嵌套的。作为崛起国进入地区并与地区互动的方式，"部分共事"中对"部分"的设定，意味着演进在启动之时对崛起国的实力要求没有那么高，且因为是共同处理"部分"地区事务，地区主导国因而能够比较容易地接纳崛起国。所以，"嵌套型演进"的启动相对容易。

如果崛起国的实力增长到一定程度，能够吸引部分从属国或普通国家在追随地区主导国的同时也追随自己，那么从崛起国、地区主导国和从属国的三者关系来看，"部分共事"将有助于实现"共治"。② 而当"共治"出现时，地区主导国的地位和利益实际上遭到了一定程度的削弱，所以"共治"只能是"部分共事"发展到一定阶段的成果，而且这种成果的达成反过来也意味着地区结构开始在部分地区事务中发生变化，该地区在部分领域或部分事务中出现权力结构向"两个主导国"的方向演变，这是地区秩序演进的一个关键阶段。如果互动进一步推进，由"部分共事"发展为"完全共事"，那么在理论上就有可能出现"双重领导型地区秩序"，这一结果的最终出现取决于崛起国和地区主导国具有大致相当的实力或者在地区贡献和地区吸引力方面大致相当，可以同时作为地区的两个领导者。然而，如果崛起国和地区主导国在实力和影响力方面难以实现平衡，那么演进的最终结果只能是存在一个地区主导国，也就是说将出现"单增型演进"或"覆盖型演进"后形成的地区新秩序。因此，尽管"嵌套型演进"的最终结果具有不确定性，但其持续性显然较另外两种类型更胜一筹。

① 笔者曾在拙作中以两个大国的关系为例界定了"共存""共处""共事"和"共发展"等概念的联系与区别，参见顾炜《双重领导型地区秩序的构建逻辑》，《世界经济与政治》2017年第1期。

② 准确地说，"部分共事"因崛起国与主导国的共同行动应该更容易引导出双重领导，而非在不同领域的"差异化共治"，后者更取决于崛起国与主导国各自的比较优势。有关"差异化共治"的研究，参见杨原、曹玮《大国无战争、功能分异与两极体系下的大国共治》，《世界经济与政治》2015年第8期。

　　总之，上述三种模式为我们提供了地区秩序演进的理论模型。如果把理论演进同现实实践进行对照，我们可以看到，作为崛起国的中国在与以俄罗斯为地区主导国的欧亚地区秩序进行互动的过程中，欧亚地区秩序呈现出第三种演进模式。因此，如何结合理论和实践解释这种"嵌套型演进"的发生逻辑，是本书下一部分的主要内容。

二　解释地区秩序的演进：单向视角

　　解释欧亚地区秩序为何会呈现"嵌套型演进"这一问题，我们可以首先以一种单向视角来审视，即分别从崛起国和地区主导国两种不同的行为体身份来看待地区秩序的演进。我们一般把国家作为一个理性行为体加以研究，这表明国家在制定战略决策时，通常都会权衡本国的成本与收益，并追求能够以最小的成本获得最大的收益。而无论是成本还是收益，一般都不是单一要素构成的，既包含经济、领土、资源等物质性要素，也包含威望、地位、认同等非物质性要素。这是我们开展具体分析的基础。

（一）崛起国的单向视角

　　对崛起国而言，正如我们在上一节所谈到的，单增型演进对崛起国的实力要求最低，启动最为容易。更进一步说，哪怕没有实力上的增量，一个国家也有可能融入地区，所以崛起国实力的增长只是其融入地区的一个加分项，而非充分条件，且实力上的付出只是为融入地区所付出的一部分成本。若要推动地区秩序实现单增型演进，崛起国融入地区时所要付出的成本中，有相当大的一部分是"地位"这一非物质性要素，因为融入地区是以从属国的身份进行的，融入的结果是搭上了地区主导国的便车，享受地区主导国提供的公共产品，维持现有的单一中心秩序。

　　"从属国"的身份地位意味着崛起国要丧失一定的独立性和自主性，如果崛起国特别珍视其独立地位，那么非物质性成本就会明显高于物质性成本，是否付出这些成本以获得融入地区的收益就成为崛起国需要着重考虑的问题。如果崛起国的实力存量比较大，那么通常它会怀有比较高的崛起目标，也会更加珍视本国的独立自主，由此就很难将单增型演进作为推动地区秩序演进的方式，很难选择以自降身份的方式融入地区。冷战后的中国尽管国家崛起刚刚小有收获，但对自身独立自主外交的珍视使其不愿以从属国的身份融入欧亚地区秩序中，所以尽管单增型演进在操作层面相对容易，但无法成为中国的选择。

而覆盖型演进对冷战后初期的中国来说，同样不具备可行性。最关键的一点是覆盖型演进对崛起国的实力要求比较高。崛起国必须在软硬实力等多方面都胜过地区主导国时，才有可能使地区主导国追随自己，但冷战后的中国对地区从属国的吸引力都尚且不足，更不具备使俄罗斯追随自己的能力。如果崛起国埋头累积自身实力，只在实力增长到足以"覆盖"欧亚地区时才增加互动或进入地区秩序的话，那么崛起国将会"长时间处于自缚手脚的状态，有可能错失良好的发展机遇和塑造崛起环境的有利时机"。① 冷战后诞生的狭义的欧亚地区，与中国接壤，无论是为了维护周边安全还是促进经济发展，中国都需要同欧亚地区国家开展互动，所以也不可能坐等所谓的条件成熟。

由此，"嵌套型演进"成为可供中国选择的重要方式。在承认俄罗斯的地区主导国地位和尊重欧亚地区秩序的基本形态和主要规则的基础上，同欧亚地区国家开展互动，进行"部分共事"，是符合中国崛起利益的选择。

（二）地区主导国的单向视角

客观环境和主观条件在对崛起国中国施加限制的同时，也同样限制了地区主导国俄罗斯的选择空间。对地区主导国而言，排斥崛起国进入地区并不比接纳崛起国更加容易，因为地区本身的非封闭性使得域外国家容易采取各种方式谋求对地区施加影响。冷战后的欧亚地区尤其如此，各主要大国都试图扩大自身在欧亚地区的影响，更何况中国就是欧亚地区国家的邻国。另一方面，受实力不济的影响，俄罗斯有时甚至不愿意或者难以保证地区公共产品的供应，所以接纳某个崛起国进入地区似乎也不失为一种选择。

但任何地区主导国都尤其珍视本国地区核心的身份和地位。所以，单增型演进最符合地区主导国的偏好，因为崛起国融入地区，不仅可带来增长性的实际物质收益，如管辖范围扩大、从属国增多等，也可以提

---

① 顾炜：《地区等级体系与崛起国的介入战略——以中国介入后苏联空间为例》，《外交评论》2015 年第 4 期。

升本国的地区主导地位，成本损失或许只是增加一些地区公共产品的供应。但是现实总会提出许多问题，如果崛起国本身具有一定实力，特别是崛起国与地区主导国的实力大致相当时，地区秩序想要"吃掉"崛起国就变得相当困难。冷战后的俄罗斯及欧亚地区正是面临此种情况，以中国这样巨大的存量，当年的超级大国苏联都很难使中国"听命"进而接受从属国地位，更何况是退化后的俄罗斯，而且中国自身还在不断崛起，增量足够令人瞩目，增速也远远快于俄罗斯。所以，面对中国作为崛起国的现实，地区主导国俄罗斯很难选择"看上去美好"而实际无法执行的让中国"融入"的单增型演进。

"屈尊降贵"的"覆盖型演进"方式也同样难以被俄罗斯选择。且不说中国是否已经崛起到有能力吸纳欧亚地区的程度，单就俄罗斯的民族性格、国家发展目标、历史沿革等因素，就决定了俄罗斯很难追随某个国家，更何况是追随中国。苏联解体后初期，俄罗斯试图追随美国和西方，但很快发现不被接纳的现实，不得已又回到欧亚地区，巩固其欧亚地区主导国的身份地位。尽管俄罗斯自身困难重重，但总归仍然比欧亚地区的其他中小国家实力强大得多，其地区主导国的身份难以被撼动。所以，即便崛起国中国能够给欧亚地区带来实际收益，但"覆盖型演进"一旦发生，就不仅会损害俄罗斯自身的国际地位（因为它变成了中国的"从属国"），而且也将很快损害其地区主导国的地位。因此，抱有国家复兴和重拾大国身份目标的俄罗斯，不可能为了增进本国和地区其他国家的收益，以被崛起国"吸纳"的方式推动地区秩序的演进。

由此，具有持续性，且能够不改变既定身份，而是以"部分共事"谋求实际利益的地区秩序演进方式——"嵌套型演进"，就成为俄罗斯权衡利弊后为推进地区秩序演进做出的优先选择。当然，在主观上，俄罗斯或许根本就不愿意推动地区秩序的演进，如果地区秩序演进所带来的收益不能明显超过其成本付出，那么将显著降低俄罗斯推动秩序演进的意愿。因此，是否需要推动欧亚地区秩序演进本身就是一个需要思考的问题。

尽管我们从单向视角可以分别解释崛起国和地区主导国选择"嵌套型演进"方式的原因，但这一演进过程究竟是如何发生的，却需要我们用互动的视角来分析。从这一部分的讨论中，我们可以发现"嵌套型演进"更适合崛起国与地区主导国具有相近实力的情况，也就是说，当崛起国与地区主导国具有相对平衡的实力对比或两者的实力差距并不显著时，出于自身利益的需要，地区主导国将有意愿接纳崛起国进入地区，部分参与地区事务。在推动地区秩序演进时，我们尤其需要关注崛起国与地区主导国之间的互动。这并不是说从属国不重要，我们在分析过程中也会谈到从属国在互动中的表现，但就解释欧亚地区秩序演进的动力、过程、障碍和前景等问题时，中国与俄罗斯的互动是最为核心和关键的影响因素。

第三节　解释欧亚地区秩序　　演进的互动视角

中国与俄罗斯是欧亚大陆上最大的两个国家，这就决定了其国际身份具有多元性。作为世界性大国，中国与俄罗斯在冷战后开展的战略协作是维护国际和平与稳定的重要力量。在欧亚地区秩序中，俄罗斯是地区主导国，中国是崛起国，两国在地区层次上的互动推动了欧亚地区秩序的"嵌套型演进"。中俄两国启动战略协作的初衷兼具微观的国家利益和宏观的体系需要，却也在中观的地区层次上产生了积极效果。中俄战略协作是推动欧亚地区秩序演进的重要因素。

一　中俄战略协作及其持续性和多层次性

苏联的解体或许是整个 20 世纪里最令全世界意外的事件之一，很少有人能预料到曾经的超级大国以这样一种方式走向了终结。但苏联的解体却给数百年的中俄关系提供了新的发展机遇，自 1996 年中俄两国建立起"平等信任、面向 21 世纪的战略协作伙伴关系"以来，中俄关系发展不断取得新成就，尽管两国领导人心怀希冀，但他们当时或许并未曾预想到，中俄战略协作持续了二十余年。

我们将二十余年的中俄战略协作划分为三个阶段。第一阶段是 1996 年到 2001 年，从中俄建立面向 21 世纪的战略协作伙伴关系到两国签署睦邻友好合作条约，这是中俄战略协作的启动阶段。启动之初，中俄战略协作"即明确了双边、全球与地区三个层面协作的基本方向"，且三个层面的合作是"彼此交织""相互作用"的"一个发展过程的三个方面"。[1]
由此就确立了中俄战略协作具有多层次性的特点。第二阶段是2001年至
2011年，"睦邻友好合作条约"的签署奠定了新世纪中俄关系发展的总基
调，双方战略协作不断发展，经十年积累，2011年中俄将伙伴关系定位
提升为"全面战略协作伙伴关系"，表明了中俄战略协作取得积极成果。
第三阶段是2011年至今，尽管中俄两国所面临的国际形势不断变化，但
中俄全面战略协作仍然持续稳定地发展，并不断深化。

　　整体上看，中俄战略协作的持续性受到了多方面因素的影响，且多
层次性也促进了战略协作的稳定发展。因此，我们在讨论中俄战略协作
得以启动、维持和不断发展的原因时，需要从多个层次上寻找。

　　第一，国际体系结构没有发生重大变化是中俄战略协作持续发展的
重要因素。

　　冷战结束终结了两极体系，美国成为唯一的超级大国，尽管美国的
实力在冷战后的二十余年间经历过起伏，但美国始终是全球最强大的国
家并试图维持其一超独霸的地位。反对单极化，推动多极化和民主化，
是中俄两国对国际格局的共同主张。在中俄战略协作发展的每个阶段里，
中俄两国所面对的来自美国的战略压力并不完全一致。例如，战略协作
启动之时直至21世纪的前十年间，俄罗斯在西侧面对着来自美国和北约
的愈加明显的战略压力，但自2010年后，美国执行亚太再平衡政策，从
东面对中国的战略压力猛增，俄罗斯的压力得到一定缓解。但到2014年
乌克兰危机发生后，俄罗斯与美国的关系再度陷入低谷，战略压力又陡
增。尽管存在这些起伏，但美国挤压中俄两国战略空间的现实并没有发
生变化，中国的崛起尽管给国际体系带来重大影响，但体系结构并没有
发生根本变化，美国作为最强大的国家在战略上对中俄两国施压是体系
层次上促使中俄两国开展战略协作的最重要因素。

　　第二，国家利益的共同需要是中俄战略协作启动和持续发展的内生
动力。

　　仅凭外部压力，或许可以促成中俄启动战略协作，但很难保证其延

---

① 郑羽、柳丰华主编：《普京八年：俄罗斯复兴之路（2000～2008）》（外交卷），经济管
理出版社2008年版，第111页。

续性，且体系产生的压力在不同时期对中俄的强度存在差别，所以仅有外部因素促成的中俄战略协作不可能进行自我提升。从冷战后中俄战略协作的不同发展阶段来看，国家利益的共同需要，即内部因素是维系两国战略协作稳定和延续的关键。对中国与俄罗斯来说，追求国家崛起或复兴是最重要的国家利益，因此两国都需要稳定和平的周边环境。作为彼此的最大邻国，历史已经充分证明，中俄之间的紧张关系不利于双方各自的发展，两国漫长的边界线也需要和平稳定才能推动贸易的开展和人员的往来。两国各自在能源资源和人力资源上的优势也为双方的经济合作提供了广阔的发展空间。在外部压力持续存在的大背景下，中俄两国都不愿腹背受敌，因此也需要建立和发展战略协作，促进两国核心目标的实现。

第三，合作机制的构建和运行是中俄战略协作持续发展的制度保障。

中俄为开展战略协作在不同层次探索建立了许多合作机制。例如，两国高层领导在战略协作开始之初就建立了彼此间的热线电话联系，并开启了元首的经常性会晤，到21世纪后，元首会晤的频次逐渐增多，2008年后基本保持了每年4—5次的直接会晤。在政府层面，两国建立了总理定期会晤机制，在2004年开通了总理直通保密电话；双方启动了国家间战略磋商机制，在不同层级上建立了双边合作委员会或专职分委会，以围绕相关领域的重点问题进行直接沟通。两国军方也密切了相互之间的合作，联合军演、联合受训等都成为两国在安全领域开展的深度合作。在人文教育领域，中俄大学联盟、中俄智库联盟等成为双方开展合作的重要机制。这些机制都保证了双方能够及时就重要问题进行沟通协调。

第四，对既有合作的满意度是推动中俄战略协作持续发展的观念动力。

通常而言，当初期合作能够取得令双方满意的成果时，积极成果会激励双方继续开展合作，所以对既有合作的满意度越高，越能够推动合作的持续进行。在启动阶段，中俄双方围绕边界问题进行了有效谈判，合作的进展使双方愿意以条约的形式将合作成果固定下来，所以中俄缔结了睦邻友好合作条约，并成为战略协作进入快速发展阶段的里程碑。也正是21世纪头十年的多领域合作，双方才愿意共同将伙伴关系的定位提升为全面战略协作伙伴关系。所以，尽管中俄战略协作的成果并非在所有方面或所有领域都能够令双方满意，但对每一步合作的满意度以及不断提高的认可度，都使双方的战略协作走上良性运转的轨道，从而不断增强双方持续合作的意愿。

二　中俄互动与欧亚地区秩序的演进

中俄战略协作的建立和持续发展保证了中俄关系的稳定和高水平，但这并不必然带来地区秩序的演进，因为中俄关系的友好发展只可能作为地区秩序稳定的大背景。所以，完整的逻辑链条中，中间变量即传导性因素是中俄在地区层次上的战略协作。中俄多层次的战略协作持续稳定发展成为中俄关系稳固的基础，两国在此基础上有针对性地开展地区性战略协作，从而推动了欧亚地区秩序的演进。

（一）中俄开展地区性战略协作的原因

中国与俄罗斯互为对方邻国的身份，实际上暗含着两国在地区层次上存在竞争的必然性。例如，哈萨克斯坦等国所在的中亚地区，传统上与俄罗斯关系密切。当苏联解体赋予了中亚国家更多独立性后，中国作为邻近的大国也势必成为中亚国家对外合作的重点目标之一，所以中国在中亚地区扩大影响是双方彼此需要和互动增多的结果，但这势必会让俄罗斯有所担忧。但中俄两国并没有在中亚地区产生激烈的争夺小国的竞争，这显然受益于中俄两国开展的地区性战略协作。

结合地区层次的分析特点，我们认为中俄地区性战略协作得以进行和维持的原因包括如下一些方面。

第一，为体系层次的战略协作服务。中俄两国都是具有全球影响的大国，其国家目标也在全球层次上，因此，提升本国在整个世界中的实力地位远比保持狭隘的地区性地位要重要得多。所以，中俄在国际体系中的目标重于地区目标，相应地，地区性战略协作则是为体系层次的战略协作服务，中俄不会让地区矛盾影响两国在全球层次上的战略协作。

第二，构筑稳定地区环境的需要。正如前文所述，国家利益的共同需要是促使两国持续开展战略协作的内生动力。稳定的周边环境既是俄罗斯的战略需要，也符合中国的国家利益。尽管两国幅员辽阔，但谁都不愿意在东西两个方向上共同对敌，中俄战略协作有助于两国背靠背获得支持，在至少一方稳定的基础上，便于开展国内建设。因此，两国都有意维护地区层次的和平与稳定。

第三，相互尊重彼此的地区目标。中俄两国作为大国，在不同地区的目标和利益存在差异。例如，在欧亚地区，俄罗斯的主要目标是维护本国的主导地位和影响力，中国的主要目标是保持地区稳定并同各国开展合作；而在亚太地区，两国的追求也明显不同，中国的地区目标显然要比俄罗斯更宏大。两国地区性战略协调的基础是尊重彼此在不同地区的利益和目标，并依据此进行差异化的地区协作，这有效地减少了彼此之间的竞争。

第四，构建与发展地区机制。中俄地区性战略协作离不开地区机制的构建和发展，两国由共同需要出发创建地区机制，以机制为平台开展合作并设置共同的新议题。例如，上海合作组织作为地区机制，是两国出于安全需要同中亚国家共同建立的，之后以此为平台逐步拓展合作领域，使上海合作组织发展出安全、经济和人文三大支柱，不仅促进了地区机制的发展，也维系了中俄在地区层次的战略协作。而两国各自推动的地区合作机制或框架，如欧亚经济联盟和"一带一路"，两者开展对接建设，维护了中俄地区性战略协作的稳定。

（二）中俄地区性战略协作对欧亚地区秩序的影响

具体到欧亚地区，中俄地区性战略协作在三个方面开展互动，推动地区秩序发生"嵌套型演进"。

1. 寻找共同利益

共同利益的存在是中俄战略协作得以建立和持续发展的关键因素，应对体系压力、维护和平的周边环境都是中俄两国的共同利益。在欧亚地区，中俄两国最初的共同利益是维持边界稳定和地区和平，所以两国共同推动了"上海五国"机制的建立。21世纪伊始，既有的共同利益已经在相当程度上得以实现和保证，反恐、反分裂等成为地区各国共同面临的新问题，由此，维护国家安全、打击"三股势力"成为地区各国的共同利益，中俄战略协作发展并推动上海合作组织建立，地区安全秩序得以演进。颜色革命发生后，中俄两国开展战略协作，反对外部干涉也成为地区国家新的共同利益。21世纪的第二个十年，中国已经崛起为世界第二大国，有意愿分享崛起成果，带动地区共同发展；俄罗斯及欧亚地区各国不同程度地遇到困境或发展瓶颈，也有意开拓新的经济合作，双方找到了新的共同目标。由此，无论是"带盟对接"还是共建欧亚经济伙伴关系，中俄战略协作进入全面发展的新阶段，共同谋发展成为地区新的共同利益，也就开启了塑造欧亚地区新秩序的进程。

在这二十余年的历程中，从保持安全稳定到谋求共同发展都是中俄地区性战略协作对地区共同利益的界定。这既包含对既有共同利益的维护，也包括以共同议题塑造新的共同利益。而地区秩序的演进，在某种程度上也可以被视为是崛起国中国、地区主导国俄罗斯和地区其他中小国家的共同利益，也就是说，寻找共同利益解决了"欧亚地区秩序要不要演进"的问题。

2. 尊重差异化利益

中国作为崛起国和俄罗斯作为地区主导国的身份差别，已经决定了中俄两国在欧亚地区具有差异化的目标和利益。所以，尊重彼此差异、努力求同存异，成为中俄地区性战略协作的重要内容。

第一，中俄两国尊重彼此在同一地区的差异化利益。在欧亚地区，俄罗斯的主要利益是维护其对地区秩序的主导作用，如果中国不能尊重俄罗斯的利益和立场，将很容易激化两国在地区内部的矛盾。而中国在欧亚地区的最初目标也是保证本国的周边安全，之后才是为促进本国崛起同地区国家开展经济合作。在中国尊重俄罗斯利益的基础上，中国与俄罗斯的战略协作减少了中国在欧亚地区拓展影响时面对的阻力。也是在双方相互尊重的基础上，在有可能产生激烈竞争的节点，中俄得以达成"带盟对接"协议，使欧亚地区秩序启动更大步伐的演进。所以，认可差异化利益的存在并相互尊重，是中俄地区性战略协作的重要内容。

第二，中俄两国在不同地区进行了差异化协调。这是中俄地区性战略协作的另一项重要内容。例如，美国战略东移使中国在东亚地区的战略压力增加，为寻求拓展外交空间，中国提出了建设"一带一路"的倡议，加强本国在欧亚地区的合作成为其中的重要方面。乌克兰危机后，俄罗斯西侧的战略压力增大，需要加强同亚太地区国家的合作，更加强调"向东看"的发展思路。因此，中俄两国的地区性战略协作就表现为不同地区的差异化协调。中国参与俄罗斯的远东开发，为俄罗斯扩大在亚太地区的影响提供支持；俄罗斯认可并参与"一带一路"，与中国开展"带盟对接"，促进中国提升在欧亚地区的参与度。

两国从上述两个方面开展地区性战略协作，推动欧亚地区秩序实现标志性演进。也正是尊重差异化利益的做法，决定了欧亚地区秩序的演进方式只能是"嵌套型演进"。

3. 开展机制建设

开展机制建设，是中俄地区性战略协作的重要路径，也是欧亚地区秩序得以实现"嵌套型演进"的关键。开展机制建设主要从两个方面着手。

第一，创设共同参与的合作机制。中俄两国在欧亚地区秩序形成之初，本着共同的利益需要，推动地区国家建立了"上海五国"机制，以解决边界的安全和稳定问题。随着国力的发展和地区内外形势的变化，中俄两国在21世纪第二个十年开始后又各自提出了有关地区发展的不同倡议，两国的全面战略协作促使双方在地区层面必须进行战略协作，由此双方又共同倡议构建欧亚全面伙伴关系，并联合研究构建欧亚经济伙伴关系的可行性，这都是在创设共同参与的地区合作机制。由两国共同创设的地区机制，是两国为地区合作和地区发展提供的共同产品，这也为地区秩序的演进提供了渠道。

第二，共同推动地区机制的发展。"上海五国"机制在完成了实现边界安全和维护边界稳定的功能后，在中俄两国的共同推动下，提升机制化水平并发展为上海合作组织，不仅实现扩员，也实现了组织化。地区机制的发展有效维护了地区秩序的稳定，促进了地区规则的构建和执行，也增加了各国的地区认同，这些都为欧亚地区秩序的演进提供了组织保证。

寻找共同利益、尊重差异化利益和开展机制建设这三个方面，既是中俄地区性战略协作的主要内容，也是观察中俄战略协作如何推动欧亚地区秩序演进的重要维度。所以，本书接下来的内容将围绕这三个方面考察中俄战略协作如何推动了欧亚地区秩序的演进。

第 三 章

中俄战略协作的启动与欧亚地区
秩序的初期演进（1996—2000）

20 世纪 90 年代中期，在苏联解体造成的变动逐渐尘埃落定后，中国与俄罗斯也逐渐适应了地区和国际的新形势，并重新定位本国的身份目标。两国为实现国家利益，寻求彼此友好，启动了战略协作伙伴关系。在内外互动的影响下，欧亚地区秩序在初步建立之后就开始了初期演进。

第一节　中俄战略协作关系的启动

20 世纪末的最后几年，考虑到国内外形势的变化和自身的战略需要，中俄两国相互接近，在双边关系不断发展的基础上，启动了战略协作伙伴关系。

一　国际格局中的中国与俄罗斯

冷战的终结和苏联的解体给国际格局带来了巨大冲击。社会主义阵营分崩离析，使原有的两极体系土崩瓦解，意识形态的对抗趋于缓和，美国成了仅存的超级大国。在美国努力保持自身优势并继续塑造单极世界的同时，中国与俄罗斯这样的大国，则在重新找寻自己在国际格局中的位置，这不仅需要重新评估本国的国家利益，也需要以此为基础制定实现目标的政策，并采取相应的战略措施。

在新的国际格局中，中国首先是一个发展中国家，并且是最大的发展中国家。实现民族复兴和国家富强，是中国最重要的任务。而苏联解体后，中国又成了仅存的数个社会主义国家中最大的一个，能否走出一条独特的发展道路，成为摆在中国面前的重要课题，也备受全世界关注。同时，中国仍然保持着大国地位，作为安理会常任理事国之一，既需要在全球性事务中发挥重要作用，也需要成为维护地区和平与稳定的重要力量。

相比中国，俄罗斯的地位变化更为明显。尽管俄罗斯作为苏联的继承者，仍然是安理会常任理事国之一，并且依然掌握着庞大的核武器库，但"苏联解体造成了俄罗斯历史上最大的地缘政治变动"。① 俄罗斯的国家实力和大国地位已经与冷战时期不可同日而语，它不再是一个超级大国，也不再是某种发展道路的典型代表，其地位的退化也使其在国际上的声望严重下降。而下降更多的是俄罗斯的国家实力，解体和独立并没有解决此前面临的诸多难题，反而增加了许多新问题。如何解决自身的发展困境是冷战后俄罗斯的主要任务。

身份地位的相似和国家发展目标的接近使得中国与俄罗斯在国家利益方面具有诸多的共同点。

第一，国家崛起和复兴是中俄两国最主要的发展目标。无论是俄罗斯要恢复此前的荣光，还是中国对国家发展和民族复兴的不懈追求，中俄两国最核心的国家利益都是追求本国的不断发展。这不仅是两国最主要的目标，也是两国国家利益中的最大共同点。

第二，和平稳定的周边环境是中俄两国的共同需要。国家的建设发展离不开和平稳定的周边环境，这对中俄两国都尤其重要。作为对方的最大邻国，也就自然成为周边环境稳定的中坚力量，因此，中俄两国都非常明确地认识到：中俄双边关系需要走上和平发展的道路，只有两大国关系实现稳定，才有更扎实的基础实现整个周边环境的稳定。

第三，共同应对来自美国的战略压力。追求全球霸主地位的美国，不会允许欧亚大陆出现能够挑战其地位的崛起国家。② 所以，无论是正在崛起的中国，还是谋求复兴的俄罗斯，都是美国重点防范的对象。美国

---

① 丛鹏、张颖：《战略视角下的中俄关系》，时事出版社 2011 年版，第 54 页。

② ［美］约翰·米尔斯海默：《大国政治的悲剧》，王义桅、唐小松译，世纪出版集团 2003 年版，第 341—342 页。

对中俄两国的战略压力，尽管在不同领域、不同时期有不同程度的表现，但始终是两国共同面对的体系层面的巨大挑战。

整体上看，有效维护国家安全和推动公正合理的世界新秩序的建立，既是中俄两国面临的共同任务，也是双边关系进一步深化的内在动因。① 在共同任务目标的驱动下，中俄逐步建立起战略协作伙伴关系。

二　从建设性伙伴到战略协作伙伴

共同利益的存在成为中俄关系良性发展的坚实基础。在充分认识到对方在本国外交中的重要作用后，中俄两国的关系在冷战后得到快速发展。

（一）中俄建立"建设性伙伴关系"

尽管苏联解体造成的冲击还未被完全消化，但中俄两国很快显示出在新基础上发展双边关系的积极意愿。1992 年 1 月 31 日，李鹏总理在出席联合国安理会首脑会议时会见了俄罗斯总统叶利钦，这是苏联解体后中俄领导人的首次会晤。两国领导人确认将在 1989 年《中苏联合公报》和 1991 年《中俄会谈纪要》的基础上发展双边关系，李鹏总理重申了中国与俄罗斯发展睦邻友好关系的意愿，叶利钦也表示两国社会制度的不同和意识形态的分歧，不应妨碍两国的合作。② 3 月，俄罗斯外长科济列夫（А. Козырев）访问中国，双方互换了《中俄东段边界协定》批准书，并签署了贸易协定。此后，双方还实现了副总理级和部长级的互访。1992 年 12 月 17 日，叶利钦开启了他的首次访华行程。在抵达中国后，他明确表示"俄中两国应该建立我们相互关系的新纪元"。③ 两国领导人在会谈后签署了《关于中华人民共和国和俄罗斯联邦相互关系基础的联合声明》以及其他 24 项合作协定。自此，中俄两国完成了从中苏关系向中俄关系的平稳过渡，并宣布"相互视为友好国家"，④ 开启了双边关系的新阶段。

---

① 杨闯、高飞、冯玉军：《百年中俄关系》，世界知识出版社 2006 年版，第 334 页。

② 《人民日报》1992 年 2 月 1 日。

③ 《人民日报》1992 年 12 月 18 日。

④ 《关于中华人民共和国和俄罗斯联邦相互关系基础的联合声明》，《中华人民共和国国务院公报》1992 年第 32 期。

1993 年 1 月，科济列夫在评价叶利钦对中国的首次访问时指出，这是 "俄中关系的突破"。[①] 1993 年，两国国防部签署合作协议，声明互不首先使用核武器，极大地增强了两国之间的互信，也提升了各自的安全感。1994 年 1 月，科济列夫在访华期间转交了叶利钦总统的亲笔信，信中提议中俄两国建立面向 21 世纪的 "建设性伙伴关系"。5 月，俄罗斯总理切尔诺梅尔金访问中国，旨在推进中俄关系。6 月，中国外长钱其琛访问俄罗斯，转达了江泽民主席对叶利钦总统提出的关于 "建设性伙伴关系" 的建议的赞同。经过紧密周到的前期准备，1994 年 9 月，江泽民主席对俄罗斯进行正式访问，这是苏联解体后中国国家元首第一次正式访问俄罗斯。双方领导人在会谈后签署了《中俄联合声明》《中俄两国首脑关于互不首先使用核武器和互不将本国战略核武器瞄准对方的联合声明》和《中俄国界西段协定》等文件。由此，中俄 "建设性伙伴关系" 得以建立。

所谓 "建设性伙伴关系"，是指中俄两国在和平共处五项原则的基础上，建立起完全平等的睦邻友好互利合作关系，既不结盟，也不针对第三国。这一关系面向 21 世纪，将 "最大限度地发挥和利用中俄合作的巨大潜力，为促进两国国内改革和发展经济的重大任务，以及在亚太地区和全世界建立持久和平提供有利的条件"。[②] 这一论述表明中俄 "建设性伙伴关系" 在两国国内、亚太地区和全世界三个层次上具有任务目标，也体现了两国伙伴关系的全面性。

将 "建设性" 一词作为伙伴关系的定语，意味着双边关系存在极大的合作空间，其中有很多内容可以构建和发展，也意味着这种双边关系具有新型、积极和前景可期的特点。一方面，建设性伙伴关系是对此前中俄双边关系发展的准确总结。在由中苏关系转变为中俄关系后的最初两年多时间里，中俄两国探索建立了许多新的合作机制。例如，两国最高领导人之间建立起对话机制；1992 年 8 月，两国建立了经贸和科技合作混合委员会工作机制；1993 年，双方建立了国防部长定期会晤机制，加强军事和安全合作；1994 年 1 月，两国签署了外交部磋商议定书；等

---

① 《人民日报》1993 年 1 月 28 日。

② 《人民日报》1995 年 9 月 4 日。

等。这些合作机制涉及不同层级的政府部门，从两国最需要或最重要的合作领域建起，有助于推动双边合作的发展。

另一方面，建设性伙伴关系为此后中俄双边关系的发展设定了准确目标。即双边关系应当体现出积极的发展状态，在不同领域取得新的成果。1994年，中国海军舰艇编队首次到访俄罗斯。1995年被俄罗斯确定为发展中俄关系的"政治年"。1995年3月，俄罗斯外长科济列夫访问中国。5月，江泽民主席应邀出席在俄罗斯举行的纪念反法西斯战争胜利50周年庆典。同月，俄罗斯国防部长格拉乔夫率团访华；两国首都北京与莫斯科结为了友好城市，开启了地方合作的友城模式。6月，李鹏总理对俄罗斯进行正式访问，双方签署了涉及司法、基础设施建设、教育、信息和文化等多个领域的合作协定。8月，两国签署《中俄边防军合作协议》，在裁减边境军事力量的同时加强两军之间的相互合作。尽管叶利钦因病没能实现年内访华，但俄罗斯政府的相关负责人在访问中国时，推动了具体领域的双边合作。

（二）中俄建立面向21世纪的战略协作伙伴关系

独立之初的几年间，俄罗斯执行了全面倒向西方的外交政策，谋求实现其长久以来的"欧洲梦"。[①] 但现实逐渐击碎了俄罗斯的迷梦，在对西方的失望情绪日渐增多的同时，俄罗斯开始推行东西方平衡的全方位外交。1996年1月9日，叶利钦总统任命普里马科夫为新任外长，开启了俄罗斯外交政策调整的新进程。国家整体对外战略的调整势必会影响到其对部分国家和地区的外交政策。所以，在整体调整的同时，俄罗斯更加认识到中国在其外交中的重要作用，并更加积极地推进与中国的合作。

1996年4月初，中国全国人大常委会委员长乔石访问俄罗斯，叶利钦在会见乔石时说，"发展对华关系是俄罗斯对外政策中最优先的方向之一"[②]。20天后的4月24日至26日，叶利钦对中国进行了第二次国事访

---

① 叶利钦曾公开表示"俄罗斯自古以来和欧洲就是一体"，俄外长科济列夫也曾表示"只有西方民主国家才是俄罗斯的真朋友"。参见叶利钦《答俄罗斯〈共青团真理报〉记者问》，1992年5月27日；林军《俄罗斯外交史稿》，世界知识出版社2002年版，第481页。转引自高飞《政治文化变迁与中俄关系的演变》，世界知识出版社2008年版，第199页。

② 《人民日报》1996年4月2日。

问。在访问前夕接受媒体采访时，叶利钦表示，两个最大邻国相互关系的新进展不仅有助于实现俄罗斯和中国国内发展的任务，加强两国的国际地位，而且是世界和平与安全的重要因素。① 这种认识使叶利钦有意加快中俄关系的发展步伐。在来华访问的路上，叶利钦提出对即将签署的中俄联合声明进行修改，得到了中方的积极响应。因此，1996 年 4 月 25 日双方签署的联合声明中明确提出，中俄双方"决心发展平等信任、面向 21 世纪的战略协作伙伴关系"。② 这标志着中俄双方开启了战略协作。

与此前的"建设性伙伴关系"相比，"战略协作伙伴关系"的建立既有继承性，也有突破性。中俄"伙伴关系"的定位被继承和延续，打消了双方各自国内的疑虑和全世界的猜测。两个大国不打算彼此为敌，也不打算重走结盟的老路。因为"伙伴关系"的定位，就已经排除了"结盟"和"对抗"这两个双边关系发展的正负极点性选项。③ 不结盟，不仅是中国单方面做出的对外政策选择，④ 也表明中俄两国在是否结盟的问题上达成了共识，这是两国共同的政策选择。中俄双方深刻吸取了此前中苏同盟的经验教训，为了不重蹈覆辙而建立和发展一种新型国家关系——"伙伴关系"。这种新型关系，"只是双方的协作友好关系，而不是结盟关系"，⑤ 因为"伙伴关系"能够在保证独立自主的基础上使双边合作关系更具弹性。⑥ 不对抗，不仅意味着作为"伙伴"的中俄两国之间不进行对抗，也意味着中俄两国不是在联合对抗第三国，"更不对任何国家构成威胁"。⑦ 不针对第三国的限定，表明中俄两国的伙伴关系具有内向性特点，更着眼于两国自身的成长和双边关系的发展，而不是谋求联

---

① 《人民日报》1996 年 4 月 23 日。

② 《中俄联合声明》，1996 年 4 月 25 日，中国网（http：//www. china. com. cn/zhuanti2005/txt/2002 - 11/29/content_5239492. htm）。

③ 姜毅：《不靠谱的"中俄结盟"说》，《世界知识》2012 年第 5 期。

④ 凌胜利：《中国为什么不结盟？》《外交评论》2013 年第 6 期；李葆珍：《结盟—不结盟—伙伴关系：当代中国大国关系模式的嬗变》，《郑州大学学报（哲学社会科学版）》2009 年第 3 期；邱伟：《我国不结盟政策的发展历程及展望》，《学习月刊》2005 年第 10 期。

⑤ 江泽民：《为建立公正合理的国际新秩序而共同努力》，1997 年 4 月 24 日，中国网（http：//www. china. com. cn/guoqing/2012 - 09/10/content_26748240. htm）。

⑥ 门洪华、刘笑阳：《中国伙伴关系战略评估与展望》，《世界经济与政治》2015 年第 2 期。

⑦ 《人民日报》1997 年 4 月 24 日。

合对外。上述特点是"战略协作伙伴关系"对"建设性伙伴关系"的继承和延续。

而"战略协作伙伴关系"对"建设性伙伴关系"的发展和突破反映在"战略"和"协作"这两个限定词上。我们都非常理解"战略"与"战术"、①"对外战略"与"对外政策"之间的区别，所以，"战略"一词的使用意味着伙伴关系具有全局性、高层性、持续性和稳定性等特点。在主要大国对外建立的伙伴关系中，战略伙伴关系相较于一般的伙伴关系都更为重要，显示了双方对发展彼此关系的高度重视。② 在"战略伙伴"这样的高层次上，中俄两国不仅为实现共同目标开展合作，而且在利益、手段、措施等方面进行协调与配合。这种"战略协作"相较于"战略合作"更为紧密，更具有互动性。因此，"战略协作伙伴关系"建立在"平等信任"的坚实基础上，具有"面向21世纪"的时代新特点，不仅使中俄关系迈上了新台阶，也为中俄关系如何迈入新世纪指明了方向。

总之，"中俄战略协作伙伴关系是两国在相互信任和平等的基础上，以维护各自国家利益和建立公正合理的国际政治经济新秩序为目标，以不对抗、不结盟、不针对第三国为特征，政治上相互尊重、经济上相互补充、安全上相互信任、国际问题上相互协调的新型国家关系和合作模式。"③

三　中俄战略协作伙伴关系的充实与巩固

从建设性伙伴到战略协作伙伴的发展，意味着中俄关系有了质的提升。在巩固"质"的同时，中俄两国也继续开展建设性工作，充实战略协作中"量"的部分。"质"与"量"相互配合、共同促进，使中俄战略协作伙伴关系不断充实与巩固。

---

① 战略是宏观上指导全局的方略，以谋求长远目标，是一种总体谋划；战术是微观上指导局部的方略，追求的是近期目标，是一种具体谋划。

② 美国的伙伴关系体系中，等级最高的是战略伙伴关系，中国的伙伴关系体系中，等级最高的是全面战略协作伙伴关系。有关中美两国对外建立的伙伴关系的比较，参见陈永《中美倡导的伙伴关系比较研究：演变过程与概念界定》，《国际政治研究》2016年第5期。

③ 冯玉军：《对中俄战略协作伙伴关系的再思考》，《现代国际关系》1998年第8期。

第一，在政治领域，双方在多个层次开展密切合作。

两国高层互访增多，在各级别、各渠道之间开展经常性对话。1996年4月，中俄高层领导间建立热线电话联系，为及时沟通开辟渠道。1997年4月，江泽民访问俄罗斯，这是中俄元首的第四次正式会晤。江泽民在俄方举行的欢迎宴会上致辞说"我们满意地看到，中俄战略伙伴关系正沿着我们共同设想的目标稳步健康地向前发展"。① 1997年11月，叶利钦回访中国，这是两国元首自1992年以来的第五次会晤。两国领导人宣布中俄东段边界的实地勘界工作正式完成。到1998年为止，中俄完成了包括西部54公里和东部全部国界线勘界任务的98%，并在实地竖立了界碑。②

两国元首在正式会晤之外，还开拓了非正式会晤的交流新形式（见表3—1）。1998年11月，江泽民主席访问俄罗斯，两国元首举行首次非正式会晤，发表《中俄边界问题的联合声明》和《关于世纪之交中俄关系的联合声明》。这次会晤后，双方宣布两国已勘定的边界首次在实地得到明确标示，在亚洲大陆创立了新型的边境安全模式，即不仅要划定边界线，而且要在边境地区裁减军事力量，建立信任措施和增加军事透明度。③ 1999年12月，中俄两国首脑在北京举行第二次非正式会晤，签订《关于对界河中个别岛屿及其附近水域进行共同经济利用的协定》。从这两次非正式会晤的成果可以看到，非正式会晤与正式会晤一样，不仅推动具体问题的解决和进展，也加强了两国领导人之间的沟通交流。

表3—1 1996—2000年中俄元首会晤简况

时间	活动	主要内容
1996.4	叶利钦对中国国事访问	联合声明：建立战略协作伙伴关系
1997.4	江泽民访俄	《关于世界多极化和建立国际新秩序的联合声明》
1997.11	叶利钦访华	宣布中俄东段边界的实地勘界工作正式完成

① 《人民日报》1997年4月24日。
② 杨闯、高飞、冯玉军：《百年中俄关系》，世界知识出版社2006年版，第311页。
③ 同上书，第368页。

续表

时间	活动	主要内容
1998.11	江泽民访俄，首次非正式会晤	《关于中俄边界问题的联合声明》
1999.12	叶利钦访华，第二次非正式会晤	《关于对界河中个别岛屿及其附近水域进行共同经济利用的协定》
2000.7	普京访华	中俄《北京宣言》《关于反导问题的联合声明》

注：本表为笔者自制。

除国家元首这一最高层次外，两国在其他层次上也探索建立了新的交流机制。1996年9月，中国全国政协主席李瑞环对俄罗斯进行正式友好访问，这是全国政协主席第一次访问俄罗斯。10月，俄罗斯联邦委员会主席斯特罗耶夫率团访华，这也是俄联邦委员会主席首次访问中国。1996年12月，李鹏总理访问俄罗斯，两国正式启动中俄总理定期会晤机制；1997年6月，中俄总理第二次会晤，签署《中俄两国政府首脑定期会晤机制及其组织原则的协定》，明确了会晤机制的组织原则和操作方法；1998年2月，李鹏总理访问俄罗斯；1999年2月，朱镕基总理访问俄罗斯；2000年11月，中俄两国总理第五次会晤在北京举行。每次会晤中，双方都能够围绕具体问题交换意见，达成一致并签署了多项合作协议（见表3—2）。双方也重视在其他层次上开展合作。1997年4月，建立由两国社会各界代表组成的"中俄友好、和平与发展委员会"。1997年11月，双方签署了《关于两国地方政府间合作原则的协定》，明确了地方层次的合作规范，为地方合作的开展奠定基础。

表3—2　　　　　1996—2000年中俄总理五次定期会晤简况

时间	地点	出席者	主要成果
1996.12.27	莫斯科	李鹏 切尔诺梅尔金	决定成立政府首脑定期会晤委员会，银行、核电等合作协议
1997.6.27	北京	李鹏 切尔诺梅尔金	签订《中俄两国政府首脑定期会晤机制及其组织原则的协定》，经贸文化合作协定

续表

时间	地点	出席者	主要成果
1998. 2. 17	莫斯科	李鹏 切尔诺梅尔金	关于造船、政府债务、边境口岸、经贸合作等5项文件
1999. 2. 25	莫斯科	朱镕基 普里马科夫	签署了两国在经贸、科技、能源、交通等领域以及两国有关省州合作的11项协议
2000. 11. 3	北京	朱镕基 卡西亚诺夫	肯定中俄《北京宣言》，签署《中俄总理第五次定期会晤联合公报》

注：本表为笔者自制。

中俄两国在各自关注的问题上相互支持。中国认为车臣问题是俄罗斯的内部事务，俄罗斯不同台湾建立官方关系和进行官方往来，并始终承认西藏是中国不可分割的组成部分。① 1998 年，俄罗斯做出"四不"承诺，明确表示不支持任何形式的关于"台湾独立"的构想，不接受"两个中国""一中一台"的立场，反对接纳台湾加入联合国及其他只能由主权国家参加的国际组织，并重申不向台湾出售武器。② 在 1999 年 5 月 8 日中国驻南联盟大使馆被炸的当夜，叶利钦总统反应迅速，及时发表声明，谴责了北约的野蛮行径。俄外长伊万诺夫当天决定无限期推迟原定的对英国的工作访问，并同中国外交部部长唐家璇通了电话，双方表示要继续在科索沃问题上保持磋商与合作。5 月 11 日，俄罗斯专门派前总理切尔诺梅尔金为特使访问北京，与中国领导人商讨两国在科索沃问题上的合作。

而在重大的国际问题上，中俄两国协调立场，相互配合，并共同发声。1997 年 4 月，江泽民主席访俄，中俄两国签署了《关于世界多极化和建立国际新秩序的联合声明》。其间，江泽民主席在俄国家杜马发表了题为《为建立公正合理的国际新秩序而共同努力》的演讲。这份联合声

---

① 《中俄联合声明》，1996 年 4 月 25 日，中国网（http：//www. china. com. cn/zhuanti2005/txt/2002－11/29/content_5239492. htm）。

② 《关于中华人民共和国主席江泽民访问俄罗斯联邦并与叶利钦总统非正式会晤的联合新闻公报》，外交部网站（http：//www. fmprc. gov. cn/web/ziliao_674904/1179_674909/t5416. shtml）。

明和江主席的演讲表明中俄战略协作明确了全球层次的目标，即努力构建公正合理的国际新秩序。2000 年 7 月，普京访问中国期间，两国发表《中华人民共和国主席和俄罗斯联邦总统关于反导问题的联合声明》，旨在巩固全球和地区战略稳定。世纪之交，两国多次在联合国大会和国际裁军大会上共同提出反对破坏战略稳定的议案。

在世纪末的焦点问题上，中俄两国协同配合。1998 年 10 月 23 日，联合国安理会上西方国家草拟的含有支持北约对南联盟采取军事行动内容的决议草案因中俄两国的共同反对未获通过。10 月 24 日，安理会以 13 票赞成、中俄两国弃权的表决结果，通过了有关南联盟科索沃问题的新决议。1999 年 3 月 26 日，在北约开始对南斯拉夫实施空中打击后，俄罗斯、白俄罗斯和印度三国共同提交谴责北约的决议草案，最终以 3 票赞成、12 票反对的表决结果未获通过，中俄两国以及纳米比亚投了赞成票。1999 年 10 月，俄海军舰艇编队访华，两国海军举行了首次联合军事演习，这不仅是对海军实战能力的训练，更是对两国军事安全合作能力的提升和巩固。

第二，在经济领域，双方创设多种合作模式，在质与量两个层面上不断提升。

具体负责商讨双方经济合作的中俄混合委员会从副总理级升格为总理级，并下设经贸科技合作、能源合作和运输合作 3 个分委会，讨论相关领域的合作事宜。中俄 1992—1999 年的贸易额大约都维持在对方与主要大国贸易额排位中的中间位置，即在 8 大贸易伙伴中位于第四位左右。[①] 在俄罗斯进行转型并面临经济困难、中国经济仍处于攻坚克难的发展期的大背景下，这种表现中规中矩。1998 年，两国在烟台创立了"中俄高新技术产业化示范基地"，开展科技创新合作。1998 年 2 月，中俄达成地方结对开展经贸合作的协议。一年后，1999 年 3 月 25 日，中国第一个向俄罗斯及东欧市场发布商贸信息的网站开通。1999 年 9 月，绥芬河市正式建立中俄互市贸易区。

第三，在文化领域，双方开展了一些形式多样的交流活动。

1996 年 6 月 18 日，莫斯科大学亚非学院举行了俄罗斯首届汉语水平

---

① 王树春：《冷战后的中俄关系》，时事出版社 2005 年版，第 254—257 页。

测试。1997年10月，中国文化节在俄罗斯的9个城市举办，1998年4月，俄罗斯文化节在北京举办。1999年4月，两国文化部长在莫斯科签署了《中俄两国文化部合作议定书》和《中俄两国政府文化合作计划》。2000年12月，中俄教科文卫体合作委员会举行了第一次会议。

　　整体上看，中俄两国启动战略协作后的数年间，中俄关系得到快速发展，尤其是在政治领域，合作的内容不断充实，合作基础不断巩固。这主要是两国在评估各自的国际环境和国家利益需求的基础上做出的战略选择，其发展更多是内生性的。当然，我们也不可否认，至1999年北约轰炸南联盟和中国驻南使馆被炸后，外部压力成为推动中俄战略协作的重要因素，中俄战略协作具有了更为明显的反美趋向。[①] 但正如中俄两国在2000年7月发表的《北京宣言》中所指出的，中俄战略协作伙伴关系符合两国人民的根本利益。[②] 总之，中俄战略协作的启动和发展将不可避免地产生地区和国际影响，首当其冲的就是对欧亚地区秩序构成影响。

第二节　欧亚地区秩序的多元选项

　　在中俄关系开启新发展阶段之时，欧亚地区也开始经历新的深刻变化。地区秩序得以初步形成的同时，大国也在逐步适应从"地区"而非国家的视角看待欧亚地区。大国对欧亚地区的不断介入和参与，不仅为地区发展提供了多元选项，也成为塑造和改变地区秩序的重要因素。

一　大国提供的选项

　　欧亚地区由苏联解体而成为国际关系意义上的地区，使得所有国家都必须从新的视角出发制定和实施本国在该地区的外交政策。

（一）俄罗斯：地区"中心"

苏联解体使俄罗斯的领土面积从2200多万平方公里缩小到1700余万

---

① А. Ларин, Американский фактор в российско-китайском стратегическом партнерстве, Проблемы Дальнего востока, №6, 2000г.

② 《中华人民共和国和俄罗斯联邦宣言》，外交部网站（http://www.fmprc.gov.cn/web/gjhdq_676201/gj_676203/oz_678770/1206_679110/1207_679122/t6787.shtml）。

平方公里，人口也减少到 1.4 亿人，看起来像是割掉了巨大的"一块肉"。甚至有学者说，"1991 年后的俄罗斯联邦其实不能被视为一个民族国家。它更像是一个淌着血的帝国躯干，一个被其他加盟共和国遗弃的国家"。[①] 但从地区的角度看，少掉的 500 余万平方公里变成了 14 个新的国家，而俄罗斯依然有 1700 余万平方公里，不仅是世界上领土面积最大的国家，更在地区里占据绝对的优势。如果再考虑到俄罗斯继承了苏联的国际地位和庞大的核武器库，特别是哈白乌三国相继弃核使俄罗斯成了该地区唯一的核国家后，那么俄罗斯显然更有资本成为欧亚地区的"中心"。

不仅是"先天"具备成为中心的条件，而且在解决苏联解体造成的各种问题时，俄罗斯的"中心"地位也不断显现。第一，俄罗斯帮助部分国家组建军队、保卫边界和维护中央政府权威。苏联的突然解体导致出现了一个非常尴尬的局面，即很多原苏联加盟共和国在国防方面几乎一片"空白"。最严峻的地方是中亚，"多数中亚国家大约在十年左右不能在国家一级组建起民族军队"。[②] 所以各国即便获得了珍贵的独立，却也不得不倚靠俄罗斯。1992 年 6 月 10 日，俄罗斯与吉尔吉斯斯坦达成军事合作协议，吉方委托俄罗斯军队守卫本国的边界。在俄罗斯与土库曼斯坦签订的军事协议中，主要内容是在原苏联驻军的基础上建立两国联合指挥的民族军，俄军则帮助土库曼斯坦训练本国军队。而当 1995 年 4 月塔吉克斯坦军队打算向反对派发动反击时，仍然是由俄罗斯提供经济援助。

第二，俄罗斯成为地区内部冲突的调停者和地区和平的维护者。苏联解体使很多此前的国内矛盾转变为国家之间的问题，俄罗斯在这些地区内部冲突中主导了维和行动。1992 年年内，叶利钦与摩尔多瓦总统斯涅古尔在莫斯科就和平解决德涅斯特河沿岸地区武装冲突问题进行过多次磋商，两国决定向冲突地区派遣和平部队，建立隔离带，以维持当地

---

① Geoffrey Hosking, *Russia：People and Empire*, Cambridge, Mass. ：Harvard University Press, 1997, pp. 484 – 485.

② 冯绍雷：《制度变迁与对外关系——1992 年以来的俄罗斯》，上海人民出版社 1997 年版，第 412 页。

秩序。纳戈尔诺—卡拉巴赫地区在苏联解体后也一度爆发冲突，俄罗斯在其中努力发挥调解作用，1994 年 2 月，阿塞拜疆、亚美尼亚、俄罗斯三国的国防部长以及纳—卡地区的代表共同达成了在纳—卡地区完全停火的协议。

上述表现反映出俄罗斯成了地区秩序特别是安全秩序的维护者。而随着俄罗斯对美国等西方国家的失望情绪日渐增强，对外交政策进行大调整的俄罗斯，放弃了此前的"甩包袱"政策，① 开始更加重视本国在原苏联地区中的地位和作用。1995 年 9 月，俄罗斯在批准生效的《俄罗斯联邦同独联体成员国关系战略方针》中提出，"俄罗斯在独联体地区的主要目标是建立一个能在国际社会占有相应位置的政治、经济一体化的国家联盟，以巩固俄罗斯在原苏联地区的政治经济新体系中的领导地位"②。尽管此时的俄罗斯并没有使用"欧亚地区"这一概念，但这一目标的明确提出，表明俄罗斯有意借助既有的地区机制——独联体③来巩固其地区领导地位。

1996 年 1 月，普里马科夫取代科济列夫成为俄罗斯外长，俄罗斯外交政策开始进行一系列重要调整。其中最明显的变化是独联体地区成为俄罗斯外交政策的最优先方向。④ 也是在这个一月，在莫斯科召开了独联体国家首脑会议，叶利钦在会上当选为 1996 年度独联体国家元首理事会主席。这意味着俄罗斯在 1996 年获得了对独联体所有构成机构的指挥权限。⑤ 此后，凭借这一身份，俄罗斯努力在政治、军事和经济领域发挥独联体机制的有效功能。⑥

---

① A. B. Торкунов, Современные международные отношения, Москва, 1998г., C. 438.

② Стратегический курс России с государствами-участниками СНГ: Утв. Указом Президента РФ № 940 от 14 сент. 1995// Российская газета. 23 сент. 1995.

③ 独联体此时拥有 12 个成员国，覆盖了欧亚地区的所有国家，是最适宜帮助俄罗斯塑造和维持欧亚地区秩序的机制。

④ E. M. Примаков, Международные отношения накануне XXI века: проблемы, перспективы. На горизонте-многополюсный мир, Международная жизнь, №10, 1996г.

⑤ Сообщение о заседании Совета глав государств-участников Содружества Независимых Государств в Москве, 12 января 1996г. // Внешняя политика России: Сб. документов. 1996. М. : Междунар. Отношения, 2001. C. 22 – 25.

⑥ 《О национальной безопасности》Послание Президента Российской Федерации Федеральному Собранию // Дипломатический вестник. 1996. №7. C. 31.

除独联体外，俄罗斯还在欧亚地区推动建立和发展了俄白哈吉四国和俄白联盟等地区机制。1996 年 3 月，俄罗斯、白俄罗斯、哈萨克斯坦和吉尔吉斯斯坦四国首脑签署建立关税同盟的协定和《关于加深经济和人文领域一体化条约》（简称"四国条约"）。1996 年 4 月，俄罗斯同白俄罗斯签署建立共同体条约，一年后俄白共同体发展为俄白联盟。1997 年后，受亚洲金融危机的影响，俄罗斯经济再度动荡和下行，使俄罗斯减慢了推进经济一体化的步伐。只在 1999 年，将塔吉克斯坦纳入四国关税同盟，从而成立了俄白哈吉塔五国关税同盟，经济领域的其他合作进展并不突出。

但在俄罗斯最为擅长的军事安全领域，它仍然积极推动各国开展地区合作。首先，俄罗斯与有关国家围绕具体问题建立新的合作机制。1998 年 5 月，根据叶利钦的倡议，俄罗斯与乌兹别克斯坦、塔吉克斯坦决定建立"三国集团"，旨在维护中亚稳定和解决塔吉克斯坦的国内冲突。10 月，三国签署了全面合作声明，此举甚至被外界认为三国结成了"军事政治联盟"。① 其次，俄罗斯注意开展日常的军事合作。根据俄罗斯和塔吉克斯坦签署的条约，以作为独联体维和部队部署在塔吉克斯坦的俄罗斯第 201 摩托化步兵师为基础，建立起俄罗斯的军事基地，将军事合作日常化和固定化。最后，俄罗斯与有关国家举行了多种形式的军事演习。1998 年 7 月，俄罗斯、哈萨克斯坦和吉尔吉斯斯坦三国在哈萨克斯坦举行了代号为"友好 98"的军事演习。8 月，俄罗斯、白俄罗斯、哈萨克斯坦、亚美尼亚等国在俄罗斯的阿斯特拉罕州举行了代号为"98—战斗协作"的联合防空演习。9 月，俄罗斯同亚美尼亚在亚美尼亚境内举行了联合军事演习。1999 年 8 月，俄罗斯、白俄罗斯、哈萨克斯坦、亚美尼亚和吉尔吉斯斯坦五国在俄罗斯境内举行了名为"联合体 99"的联合防空演习。10 月底至 11 月初，俄罗斯、哈萨克斯坦、吉尔吉斯斯坦、塔吉克斯坦和乌兹别克斯坦五国在吉、乌境内举行了名为"独联体南部盾牌 99"的司令部联合演习。这些举措不仅有助于提高地区国家的军事能力和安全合作水平，也巩固和提升了俄罗斯在地区安全秩序中的地位。

综合以上我们可以看到，20 世纪的最后几年间，尽管俄罗斯的经济

---

① 孙壮志：《中亚五国对外关系》，当代世界出版社 1999 年版，第 62 页。

形势不容乐观，但它凭借独立之初奠定的"先天优势"，并有效发挥自身在军事安全领域的绝对优势，将自己塑造成欧亚地区的"中心"。欧亚地区也逐渐形成了以俄罗斯为中心的地区秩序，尽管这个"中心"有一点虚弱，但作为大国的俄罗斯为欧亚地区秩序的形成和发展提供了带有鲜明俄罗斯特点的方案：即俄罗斯作为地区领导者和"中心"，维护欧亚地区的安全与和平，带领欧亚地区国家谋求发展与繁荣。

（二）美国：介入与分化

苏联解体后到20世纪90年代中期的几年间，尽管出现了巨大的发展空间，但作为仅存的超级大国，美国并没有迅速和大规模地介入欧亚地区。一方面，冷战的胜利令美国满心欢喜，东欧的"改弦更张"正让它稍事休息之时，又很快迎来了苏联的解体。这种"喜上加喜"的状态令它一度忽略了新战略空间的出现。另一方面，失去苏联这个强敌的落寞又让他把全球层次的战略重心放在寻找新敌人上，俄罗斯已然成了"虚弱"的过去时，新出现的地区对美国来说距离"非常遥远"，[①] 且还有太多的遗留问题需要解决，显然无法对美国构成威胁。这种"轻视"的心理也延缓了美国乘胜前进的步伐。因此，正如一些学者明确指出的，无论是更小范围的中亚，还是整个欧亚地区，美国的战略是总体缺失的，[②] 又或者说美国过多以俄罗斯为中心，[③] 而忽略了其他国家，更未能从地区角度评估本国在欧亚地区的利益和目标。

然而，随着俄罗斯的外交政策发生调整，特别是愈加明显地表现出在欧亚地区重整旗鼓的意图后，美国开始提高警惕。在美国的战略思维中，"阻止相匹敌的竞争对手在全球不同地方的崛起"[④] 是重要的战略目标，所以要防止欧亚大陆出现能够挑战其地位的国家，俄罗斯追求再度崛起的野心必须被遏制。令美国警惕的不仅是俄罗斯，还包括欧亚地区

---

① Anatol Lieven, "The (Not So) Great Game", *The National Interest*, No. 49, 1999 – 2000, p. 69.

② 苏晓宇：《美国中亚军事战略的发展与前景》，中国社会科学出版社2016年版，第30—32页。

③ 曾向红：《遏制、整合与塑造：美国中亚政策二十年》，兰州大学出版社2014年版，第5—15页。

④ ［美］约翰·米尔斯海默：《大国政治的悲剧》，王义桅、唐小松译，世纪出版集团2003年版，第341—342页。

重新一体化的趋势。正如布热津斯基所言，"如果（棋盘的）中间地带拒绝向西方靠拢，而成为非常自信的单一的实体"，并控制南部或与其东部的国家结盟，那么，美国"在欧亚大陆的首要地位就将严重受损"。① 欧亚地区正是这棋盘上的中间地带，所以美国逐渐转变了对欧亚地区的立场和政策。

美国对欧亚地区进行了更为细致的划分，并结合各个次地区的特点采取了差别化的政策。苏联解体之初，美国对俄罗斯将高加索地区明确为其势力范围的做法采取了默认立场，② 也未积极介入地区冲突。但到1997 年，美国高调宣布高加索地区属于美国的利益范畴。1999 年，美国主持召开了第一次南高加索国家峰会。在中亚地区，1997 年，美国副国务卿塔尔博特发表了关于美国的中亚政策的著名演讲，他认为美国在中亚地区的重要利益之一是建立一个免受大国影响和竞争的地区。③ 从这一表述中可以看出，表面上美国提出不希望中亚成为大国竞争的地区，但美国实际上不希望该地区受任何一个大国的影响，这显然是反对俄罗斯扩大地区影响。此后，美国帮助哈萨克斯坦、吉尔吉斯斯坦和乌兹别克斯坦三国组建了中亚维和营。整个 20 世纪 90 年代后期，随着北约的逐步转型和启动东扩进程，哈、吉、土、乌等中亚国家逐渐成为北约的"和平伙伴关系国"。2000 年 3 月，美国国务卿奥尔布莱特向吉尔吉斯斯坦承诺提供 300 万美元的边界安全援助。④ 而对其他欧亚国家，美国利用双边和多边等多个渠道密切合作。1997 年 8 月，美国军舰对乌克兰进行了首次访问。随后，美国也参加了欧亚地区的多次军事演习。

美国对欧亚地区的介入，给欧亚国家提供了与美国开展双边合作的机会，他们认识到除俄罗斯外，美国也是可以追随的对象。并且不仅是超级大国美国，也包括欧洲的其他发达国家，都似乎比经济再度陷入困

---

① ［美］兹比格纽·布热津斯基：《大棋局：美国的首要地位及其地缘战略》，上海人民出版社 1998 年版，第 47 页。

② Andrew M. Essig, Managing Instability: America's Pursuit of An "Expansion" Policy in the Caspian Sea Region, Ph. D Dissertation, The Pennsylvania State University, 2001, p. 27.

③ Strobe Talbott, "A Farewell to Flashman: American Policy in the Caucasus and Central Asia", speech, July 21, 1997.

④ Ahmed Rashid, "The New Struggle in Central Asia: A Primer for Baffled", *World Policy Journal*, Vol. 17, No. 4, 2000 - 2001, p. 43.

境的俄罗斯更有吸引力。

大国提供的新选项在客观上推动了欧亚地区的分化。1997 年 10 月，格鲁吉亚总统谢瓦尔德纳泽表示将改变对外政策，开始实行同俄罗斯和欧洲平等发展关系的外交政策，因为欧洲是格鲁吉亚未来安全与富裕的保证。1998 年 10 月，阿塞拜疆向北约示好，表示愿意扩大同北约的联系，包括积极参与北约“和平伙伴计划”。① 1999 年 4 月，格鲁吉亚、阿塞拜疆和乌兹别克斯坦宣布退出独联体集体安全条约，使该条约的缔约国减少为 6 个，独联体在安全领域的影响力被严重削弱。4 月 24 日，在华盛顿举行的庆祝北约成立 50 周年的活动中，除俄罗斯外，所有独联体成员国都派出代表团参加；4 月 25 日，欧洲大西洋伙伴委员会峰会在华盛顿举行，独联体国家中除了俄罗斯和白俄罗斯外的其他 10 个国家均派代表团出席，其中除了吉尔吉斯斯坦和土库曼斯坦外，各国都是由国家元首率领的高级别代表团。所以，外部力量的介入影响了欧亚地区秩序，削弱了俄罗斯在地区内的主导地位。

（三）中国：适应与进展

当全世界都在努力消化苏联解体造成的冲击时，中国作为苏联的最大邻国，也同样适应着变化的新形势。中国的首要任务目标是同新独立国家在新的基础上建立外交关系。

苏联解体的当天，1991 年 12 月 25 日，中国外交部发言人表示，中国政府本着不干涉别国内政的原则，尊重各国人民自己的选择，并愿意继续履行与原苏联签署的各项条约、协定和有关文件所规定的义务，希望有关各共和国也继续履行原苏联与中国签署的各项条约、协定。② 12 月 27 日，中国政府正式承认 12 个新国家的独立，并准备进行有关建交事宜的谈判。1992 年 1 月，中国分别同乌兹别克斯坦、哈萨克斯坦、塔吉克斯坦、乌克兰、吉尔吉斯斯坦、土库曼斯坦、白俄罗斯、摩尔多瓦等国家建立外交关系。1992 年 4 月初，中国同阿塞拜疆、亚美尼亚建立外交关系。6 月 9 日，中国同格鲁吉亚建立外交关系。至此，中国同原苏联的

---

① 《俄罗斯联邦内政外交大事记（1990—2004 年）》，世界知识出版社 2006 年版，第 287、362 页。

② 《人民日报》1991 年 12 月 26 日。

所有加盟共和国均建立了新的外交关系，开启了双边关系发展的新阶段。

从 1992 年到 1994 年的三年时间里，中国与欧亚地区各国开展高层互访、签署了双边关系的联合声明等重要原则性文件。1992 年 2 月，哈萨克斯坦总理谢尔盖·捷列先科访华，两国签署《中哈联合公报》；3 月 12 日至 14 日，乌兹别克斯坦总统卡里莫夫率团访华，这是独联体国家中第一位来中国访问的国家元首；5 月，吉尔吉斯斯坦总统阿卡耶夫访华；11 月，中国与摩尔多瓦发表联合公报，奠定双边关系的基础。1993 年 1 月，中国与白俄罗斯发表联合声明；3 月，塔吉克斯坦国家元首访华，中塔签署《相互关系基本原则的联合声明》；6 月，格鲁吉亚国家元首、议会主席谢瓦尔德纳泽对中国进行正式访问；9 月，哈萨克斯坦总统纳扎尔巴耶夫访华，双方签署《中哈两国友好关系基础的联合声明》。1994 年 3 月，阿塞拜疆总统阿利耶夫对中国进行正式访问；4 月，李鹏总理先后访问乌兹别克斯坦、土库曼斯坦、吉尔吉斯斯坦和哈萨克斯坦，结合各国特点提出了相应的合作主张，并签署了各项合作协议；9 月，江泽民主席访问乌克兰，双方发表联合声明，宣布视彼此为友好国家；10 月，乌兹别克斯坦总统卡里莫夫第二次访问中国，双方签署《关于相互关系的基本原则与加强互利合作的声明》。

1995 年起，中国同欧亚地区国家提升关系合作水平，并结合自身需要和各自特点，有针对性地开展双边合作。例如，欧亚地区部分国家 20 世纪 90 年代在资金上存在困难，中国向有关国家提供了低息或无息贷款。1998 年 5 月，中国与哈萨克斯坦签署了中国向哈萨克斯坦提供人民币无偿援助的换文；1999 年 7 月，中国与哈萨克斯坦又签署了中国向哈提供 1 亿元政府贷款的协定。1999 年 6 月，中国也同土库曼斯坦签署了无偿援助换文。

20 世纪 90 年代后期，中国与欧亚地区国家继续加深合作。1995 年 1 月，中国与白俄罗斯发表关于进一步发展和加深合作的联合声明。1995 年 9 月，纳扎尔巴耶夫总统再度访华，双方在反对民族分裂的问题上立场接近，为进一步合作奠定了基础。1996 年 5 月，中国国家主席江泽民访问亚美尼亚，中国与亚美尼亚签署友好关系基础的联合公报。7 月，江泽民主席先后访问乌兹别克斯坦、吉尔吉斯斯坦和哈萨克斯坦，提升与上述国家的合作水平。9 月，塔吉克斯坦总统拉赫莫诺夫访华，中塔发表联合声明。当各国部分程度上解决了苏联解体的遗留问题后，中国与各国的合作围绕各自的特点进行。例如，1997年9月，李鹏总理访问哈萨克斯坦后，双方开始在石油天然气领域进行大型合作。

这些双边层次的合作进展为中国适应欧亚地区的新形势，从地区层次上开展合作奠定了基础。整体上看，苏联解体后的一段时间内，中国与整个世界一样，对欧亚地区的概念是模糊的，作为一个整体，欧亚地区与"独联体"和"原苏联"这两个概念相联系。但苏联已然解体，从双边层次上适应和发展与这些新国家的相互关系就成为最容易也最应当采取的政策路径。所以，中国着力推进双边关系的进展。

而每个国家在关系发展的优先性方面，实际上是存在一定差别的。俄罗斯是最大也是最重要的国家，所以中国需要最先理顺与俄罗斯的关系。五个中亚国家，或者是中国的邻国，或者距离较近，所以在双边关系发展方面也相对更为迫切。高加索地区和其他位于东欧平原上的原苏联国家，它们或者首选俄罗斯，或者首先向西侧的欧洲看，中国因为距离遥远且实力并不突出，也不是优先发展关系的对象。因此，互相选择和互动发展后，我们发现中国与欧亚地区国家的关系发展呈现出双边层次突出、中国周边国家发展更为迅速的特点。这种特点为欧亚地区秩序的演进埋下了伏笔。

二 没有大国的选项

在与大国发展双边合作、参与大国推动的地区机制之外，欧亚地区国家在独立后也开始努力探索新的合作发展之路。它们有时选择与地区外国家开展合作。例如，乌兹别克斯坦早在1992年2月就被由伊朗、土耳其和巴基斯坦发起成立的中西亚国家经济合作组织接纳为成员国；中亚四国（除塔吉克斯坦外）与伊朗、土耳其、巴基斯坦举行过7国首脑会议，商讨加强经济合作的相关问题。但更多时候，它们还是努力凭借自身力量，"抱团取暖"，探索建立没有大国参与的地区或次地区合作机制。

1992年4月，中亚五国领导人在比什凯克发表联合声明，表示要加强中亚五国的经济合作。1994年4月，为推动经济合作，哈萨克斯坦、吉尔吉斯斯坦和乌兹别克斯坦三国签订条约，组建"中亚经济联盟"；7月，三国签署"建立统一经济空间条约"。经济合作促进了各国友好关系的发展，1997年1月，哈、吉、乌三国元首在峰会期间签署三国《永久友好条约》。1998 年 3 月，塔吉克斯坦宣布正式加入中亚统一经济空间条约，同时将组织更名为"中亚经济共同体"，哈、吉、塔、乌四国总统还签署了中亚四国关于进一步加深地区一体化的声明。

另一个没有大国参与的地区组织是古阿姆。古阿姆的名字取自格鲁吉亚、乌克兰、阿塞拜疆和摩尔多瓦四国国名的俄文首字母（ГУАМ），1996 年，上述四国成立古阿姆集团。1999 年 4 月，古阿姆集团在北约 50 周年峰会期间发表《华盛顿宣言》，明确表达了与北约合作的意愿。同时，古阿姆集团也实现扩员，乌兹别克斯坦成为新的成员国。考虑到格鲁吉亚、乌兹别克斯坦和阿塞拜疆在 4 月已经先后宣布退出独联体集体安全条约，所以古阿姆的发展带有更为明显的"自立门户"意图，它们在不同程度上反对俄罗斯在地区内的主导地位。

比较来看，中亚经济共同体和古阿姆集团作为没有大国的选项，都是欧亚地区的中小国家在探索独立发展的可能性，也都反映出俄罗斯在欧亚地区的中心地位和吸引力的下降。中亚经济共同体更具有内向性，着力于在此地区开展地区机制建设和地区合作，它在摆脱俄罗斯的同时，也在摆脱其他大国，努力寻求和构建中亚地区的独立性。而古阿姆集团则具有更多的外向性特点，在反对俄罗斯的同时更主动地同其他大国开展合作。因此，古阿姆集团"既是衡量对俄罗斯统治的不满程度的指标，也是反映建立独立组织的可能性和局限性的尺度"①。

总之，不同行为体提供或尝试做出的选项，不仅使欧亚地区秩序初步建立，也为欧亚地区秩序的演进奠定了基础。各行为体之间的互动，影响了欧亚地区秩序的发展。

第三节　中俄合作与欧亚地区
秩序演进的开启

俄罗斯在欧亚地区秩序的初构过程中扮演了极其重要的角色，并成为粗具其型的欧亚地区秩序的"中心"。但它很快发现欧亚地区秩序存在

---

① ［英］巴里·布赞、［丹］奥利·维夫：《地区安全复合体与国际安全结构》，潘忠岐等译，上海人民出版社 2009 年版，第 396 页。

着多种选择,在众多可以被视作干扰性因素的选项中,俄罗斯选择与中国合作,推动新地区机制——"上海五国"机制的建立和发展。也正是中俄合作,开启了欧亚地区秩序演进的序幕。

一　中俄合作与"上海五国"机制

苏联解体后,中国与俄罗斯在面对共同的体系压力的同时,在国家发展方面也存在许多共同点,因此两国寻求在地区层面开展合作,塑造和维护和平稳定的周边环境,并推动地区多边合作机制的发展。

(一)中国西段国界问题

20世纪80年代中后期,随着戈尔巴乔夫全面推进国内改革和对外执行收缩政策,苏联与中国的双边关系得以缓和。为增进互信,减轻彼此在边界安全上的巨大压力,1990年4月24日,中苏两国政府签署《关于边境地区相互裁减军事力量和加强军事领域信任的指导原则的协定》。这一文件为此后国界问题的相关谈判提供了借鉴。

然而,谁也不曾料想,庞大的苏联在一年多后就土崩瓦解了。苏联解体给中国带来的首要挑战是直接增加了中国边境的复杂程度,不仅使中国多了3个邻国,而且使中国同苏联的西段边界被分成了四段。其中,中国与俄罗斯的边界长54公里,中国与哈萨克斯坦的边界长1770多公里,中国与吉尔吉斯斯坦的边界长1096公里,中国与塔吉克斯坦的边界为500多公里。虽然边界长度不一,但都需要通过谈判妥善解决边界问题,这既是中国的需要,也符合新独立国家的利益。

1992年3月至11月,中俄两国进行了三轮有关削减边境军事力量和加强军事信任的谈判,可谓不仅走在了中亚各国的前列,也为中国同中亚各国的相关谈判提供了示范。1992年5月,吉尔吉斯斯坦总统阿卡耶夫访华,表示愿意同中国继续就两国边界的有关问题举行会谈。在俄罗斯的引领下,1992年9月8日,俄、哈、吉、塔四国在明斯克签署了一项协议,协议的核心内容是四国组织联合代表团与中国进行边界谈判,并就边界地区相互削减武装力量、在军事方面加强信任等问题与中国进行联合谈判。由此,"五国两方"的边界谈判模式形成,从而继续此前已经开始的中苏边界谈判。

1992年12月,叶利钦访华期间,中俄双方签署了《两国政府间在彼此削减边界地区武装力量和加强军事领域信任问题上的相互谅解备忘录》，成为边界谈判取得的首个标志性成果，也引领和推动了相关谈判的进行。1993 年 2 月，"五国两方"的首次会谈举行。1994 年 4 月，李鹏总理访问哈萨克斯坦期间，双方签署了关于两国关系发展原则的联合声明和中哈国界协定，李鹏总理指出，这一文件的签署"使中哈边界永远成为一条和平、安宁、友好合作的纽带"。① 1994 年 9 月，中俄国界西段协定签署。1995 年 9 月，纳扎尔巴耶夫访华，两国互换国界协定批准书。1997 年 9 月，双方签订《中哈国界补充协定》（第一补充协定）。1998 年 7 月，中哈再签国界补充协定，即第二补充协定。由此，中哈全面解决边界问题。1997 年 7 月，江泽民主席访问吉尔吉斯斯坦，两国签署关于国界的协定，大致解决了边界问题。1999 年 9 月，中塔签署国界协定。由此，中国西段国界问题以和平的方式得到解决。

（二）"上海五国"机制的建立

在边界问题不断谈判并逐步达成一致的过程中，各国认识到确定边界、裁减驻军只是实现彼此国家安全的开始，更重要的是建立相互信任，并搭建起交流沟通的平台。

1996 年 4 月 26 日，叶利钦访华期间，在中俄两国开启战略协作伙伴关系的第二天，中国、俄罗斯、哈萨克斯坦、吉尔吉斯斯坦、塔吉克斯坦五国元首在上海签署《关于在边境地区加强军事领域信任的协定》。尽管协定由多国参加，但由于俄、哈、吉、塔四国是组织联合代表团与中国谈判，所以协定双方是中国（中方）和俄、哈、吉、塔四国（联方）。协定规定：双方（中方和联方）部署在边境地区的军事力量不用于进攻另一方，不举行针对另一方的军事活动，限制实兵演习的规模、地理范围和次数，相互通报边界线各自一侧 100 公里地理区域内的军事活动，相互邀请观察员观看边境地区实兵演习，在边境地区采取措施预防危险军事活动，促进边境地区军事力量和边防部队友好交往。② 这一协定的签署

---

① 《人民日报》1994 年 4 月 27 日。

② 《中华人民共和国和哈萨克斯坦共和国、吉尔吉斯共和国、俄罗斯联邦、塔吉克斯坦共和国关于在边境地区加强军事领域信任的协定》，中国人大网（http://www.npc.gov.cn/wxzl/gongbao/1996‐08/29/content_1480006.htm）。

表明各国在加强相互信任、追求安全与和平方面具有强烈意愿。峰会取得的积极成果令各国领导人满意，并决定将元首峰会这一交流形式固定下来，每年举办一次，由此宣告了"上海五国"机制的诞生。

1997年4月24日，"上海五国"机制的第二次元首峰会在莫斯科举行。中、俄、哈、吉、塔五国签署了《关于在边境地区相互裁减军事力量的协定》。协定规定：各国将边境地区军事力量裁减到与睦邻友好相适应的最低水平，使其只具有防御性；互不使用武力或以武力相威胁，不谋求单方面军事优势；部署在边境地区的军事力量互不进攻；裁减和限制部署在边界两侧各100公里纵深的各军兵种人员和武器数量；交换边境地区军事力量的有关资料；对协定执行情况进行监督等。① 协定的有效期至2020年12月31日止。这一长达20余年的协定，不仅保证了各国能够安全平稳地跨过世纪之交，也确保了各国在新世纪仍能继续相互信任和开展合作。

两份协定的签署，"不仅使历史上多年困扰各国的边境地区军事安全问题得到解决，而且为欧亚地区冷战后的地缘政治格局良性发展奠定了重要的政治原则和法律基础"，② 同时也标志着"上海五国"机制的正式建立。追溯源头，协定的达成恰好距离中苏两国政府签署《关于边境地区相互裁减军事力量和加强军事领域信任的指导原则的协定》过去了整整7年。这七年之间，地区和国际形势几乎发生了翻天覆地的变化，苏联不复存在，但中苏开启的消除对抗和增加信任的进程并没有中断，而是延续到中俄以及中国与其他新独立的中亚国家之间。"上海五国"机制的建立，得益于中俄两国开展的战略协作，不仅给中俄两国，也给参与机制建设的哈、吉、塔三国都带来了实际好处。不断增加的相互信任，以及裁减下来的军事力量，使各国能够腾出手来将主要精力集中于发展经济。受益于此的各国，就更愿意推动"上海五国"机制的建设和发展，加强彼此在多边框架下的合作。

---

① 《中华人民共和国和哈萨克斯坦共和国、吉尔吉斯共和国、俄罗斯联邦、塔吉克斯坦共和国关于在边境地区相互裁减军事力量的协定》，中国人大网（http：//www.npc.gov.cn/wxzl/gongbao/2000－12/07/content_5003798.htm）。

② 许涛、王明昌：《"上海进程"持续二十年的地缘政治意义》，《现代国际关系》2016年第4期。

（三）"上海五国"机制的发展

"上海五国"机制在 20 世纪末的数年间获得平稳发展。1998 年 7 月，中、俄、哈、吉、塔五国签署联合声明，表示愿意在上海协定和莫斯科协定的基础上扩大和加强多边合作，各国也决定将每年一次的会晤固定下来，成为领导人开展多边交流的重要平台。1999 年 8 月，五国元首会晤期间，中国与吉尔吉斯斯坦签署国界补充协定，中国与哈、吉两国签署《中、吉、哈三国国界交界点协定》，两份文件将边界谈判的积极成果固定下来。其间，中国国家主席江泽民强调，五国所倡导的不同于冷战思维的新型安全观及其成功的实践，在国际上树立了良好的范例。叶利钦强调五国相互协作正成为维护中亚地区稳定和发展的重要因素，俄罗斯在战略上与此利益攸关。[①] 作为峰会的总成果，五国元首发表了《比什凯克声明》，强调各方满意 1996 年以来五国合作取得的成果，对进一步扩大安全领域的合作和加深其他领域多边协作的前景充满信心。

2000 年 3 月，五国国防部长在哈萨克斯坦新首都阿斯塔纳举行了第一次五国国防部长会晤。会后发表的联合公报中明确提出，各方表示支持中亚国家在本地区建立无核区的倡议，在两个核大国的支持下，中亚地区建立无核区，无疑可以进一步增进各国的安全感并提升互信水平。各方在全面分析了中亚及周边地区的局势后表示，下决心继续巩固中亚安全，并加强防务部门的磋商与合作。由此，"上海五国"机制呈现出更加聚焦于中亚地区安全问题的特点。2000 年 7 月，"上海五国"机制杜尚别峰会上，各国领导人协商了推动地区多边合作的问题，并且表达了在 21 世纪继续开展合作的意愿。

"上海五国"机制的发展受到中俄两国战略协作的积极影响。2000 年 3 月举行的五国防部长会晤期间，中国国防部长迟浩田上将同俄罗斯国防部长谢尔盖耶夫元帅还进行了单独会见，显示出中俄双边战略协作对促进地区机制建设的积极效果。"中俄发展良好的合作关系，也有利于促进在国际上建立相互信任、相互尊重和平等互利的国家间关系，这完全符合冷战之后国际局势和国际关系发展的潮流和需要。"[②]

---

① 《人民日报》1999 年 8 月 26 日。

② 《人民日报》1997 年 3 月 26 日。

二　欧亚地区秩序演进的开启

本书所强调的欧亚地区秩序的特殊性，首先表现在欧亚地区秩序初步形成的同时，就开启了演进的过程。这在世界上其他地区是比较罕见的。甚至可以说，塑造和维持欧亚地区秩序的力量与改变欧亚地区秩序的力量同时存在，它们从欧亚地区诞生之日起，就开始了彼此之间的竞争。

（一）初构的欧亚地区秩序

大国的不断介入和小国各种需求的增多，使欧亚地区面对着多种选项，并呈现出分化发展的趋势。但整体上看，俄罗斯是初步形成的欧亚地区秩序的主要塑造者和维护者，也是这个地区秩序中的主导国家。欧亚地区秩序呈现"单一中心"的权力分布，俄罗斯是主导性的权力中心，既维护欧亚地区的安全与和平，也推动欧亚地区开展经济合作和再一体化。只是相较于其他单一中心的地区，欧亚地区的这个"中心"比较虚弱，处于从超级大国退化为大国的下降阶段，且面对着诸多的考验和问题。

俄罗斯的中心地位，既是此前上百年的历史积累特别是数十年苏联发展历史决定的结果，从苏联解体的第一天几乎就确立了；也是欧亚地区国家互动的结果，客观上，欧亚地区的许多问题确实需要俄罗斯解决，许多领域无法排除俄罗斯的强大影响，欧亚地区国家在主观上也确实不同程度地需要俄罗斯。尽管俄罗斯的态度有过摇摆，但它在主观上也日渐明白，自己需要成为欧亚地区的领导和中心。所以，待到俄罗斯成为欧亚地区唯一的核国家，于1995年在《俄罗斯联邦同独联体成员国关系战略方针》中明确提出自己的"领导地位"并开始推动独联体再一体化时，欧亚地区秩序可以说初步构成。

在初构阶段的欧亚地区秩序中，俄罗斯的中心地位是相对"完全"的，即俄罗斯在政治、经济、安全等各个领域都发挥着主导作用，而且俄罗斯所依靠的地区机制——独联体——拥有12个成员国，覆盖了整个欧亚地区，所以俄罗斯"完全"的中心地位也体现在地理范围上。例如，俄罗斯直接推动了地区合作新平台的建立。1999年10月1日，独联体成员国内务部长委员会会议在乌克兰召开，各方一致支持俄罗斯提出的关于联合打击恐怖主义的倡议，决定建立在独联体成员国打击有组织犯罪协调局领导下工作的临时反恐怖中心。2000年1月下旬，独联体国家外长会议、总理会议和元首会议先后在莫斯科召开。各国领导高度重视反对国际恐怖主义的问题，决定制定专项行动方案同恐怖主义做斗争，建立独联体统一反恐中心。6月20日，在莫斯科召开的独联体首脑会议上，各国签署了建立独联体反恐怖中心的协议，俄罗斯允诺承担中心所需的部分经费。① 12月1日，总部设在莫斯科的独联体反恐怖中心正式开始运作。同日，独联体国家首脑会议在白俄罗斯首都明斯克召开，批准了独联体反恐怖中心章程，并做出决定，延长了俄罗斯驻阿布哈兹维和部队的任期。即便是在1999年已经宣布退出独联体集体安全条约的国家，也承认俄罗斯对地区安全的重要作用。2000年1月15日，格鲁吉亚总统曾表示，没有俄罗斯的参与，无法保证高加索地区的稳定。②

地区机制的建立和运行也成为塑造和维持地区秩序的重要路径。2000年1月召开的独联体国家元首理事会会议上，各国一致选举普京为独联体国家元首理事会主席，并决定成立专家小组以完善建立自由贸易区的准备工作。③ 这次会议被认为具有转折意义，④ 不仅在于作为俄罗斯代总统的普京能够当选元首理事会主席，在实现俄罗斯政权平稳交接之后不久又顺利实现了地区领导地位的平稳交接，更在于俄罗斯的态度变得更加积极，在独联体系列会议召开期间，普京与各国总统还举行了双边会谈，努力推动独联体事务的发展。俄罗斯通过维持独联体的运行，来维护其主导的地区秩序。

（二）秩序演进的大幕开启

在我们承认俄罗斯"完全"的地区中心地位的同时，也必须看到欧亚地区的某些变化和发展趋势。

---

① 《俄罗斯联邦内政外交大事记（1990—2004年）》，世界知识出版社2006年版，第488页。

② 同上书，第448页。

③ Заседание Совета глав государств-участников СНГ // Дипломатический вестник. 2002. No2. C. 30 – 32.

④ ИМЭМО РАН, Тематический раздел тенденции в развитии СНГ: экономика и политика России и государств ближнего зарубежья. M. , 2000. C. 51.

第一，俄罗斯自身实力的继续下降，进一步削弱了它的中心地位。

我们在感慨俄罗斯经济的固有问题难以很快解决的同时，也不得不感慨运气的天平并没有倾向于俄罗斯。就在俄罗斯经济刚刚企稳、正准备带着独联体"再一体化"以"大展拳脚"之时，一场发源于东南亚的金融危机蔓延至俄罗斯，俄罗斯经济遭受重创。1998 年，俄罗斯的国内生产总值（GDP）从 1997 年的 4050 亿美元锐减至 2710 亿美元，1999 年更是跌至 1960 亿美元，①为苏联解体以来的最低点。普京在《千年之交的俄罗斯》一文中也描述了俄罗斯国内形势的严峻性：整个 20 世纪 90 年代，俄罗斯的国内生产总值几乎下降 50%，1998 年之后，人均国内生产总值降至 3500 美元，还不到"七大国"的平均水平的五分之一。设备老化、外国投资减少、产品开发不足等方面，都明显表现出俄罗斯已经退出了世界经济和社会发展高水平领先国家的行列。②国力的下降，令俄罗斯没有能力实现它的地区目标，自顾尚且不暇，又怎会有能力推动地区合作和地区发展。这是国力下降削弱俄罗斯中心地位的首要方式。

国力的下降也迫使俄罗斯不得不采取一种"壮士断腕"的方式来维护地区秩序。尽管它依然有雄心，但国力的不足限制了它的政策手段，俄罗斯不得已只能暂缓对大范围经济合作的支持，转而集中精力推动小范围的合作，以"拉小车"的方式维持核心盘的稳定。无论是俄白联盟还是俄白哈吉"四国条约"，都是俄罗斯迫于形势做出的"拉小车"举动。有限数目的国家参与，使俄罗斯能够只付出较小的成本就维护其在相关机制的中心地位。但对地区秩序来说，俄罗斯的这种"拉小车"行为无疑损害了它在整个欧亚地区的中心地位，那些没有被俄罗斯"带上车"的国家显然会有更多的不满情绪，这就为地区的分裂和其他大国的介入提供了更多的机会与空间。

而从欧亚地区其他中小国家的角度来看，作为"中心"的俄罗斯如此虚弱，难以抵御金融危机的表现无疑让它们心里敲起了鼓，俄罗斯在带领整个地区谋求经济发展方面显然能力不足。怀疑的心理，加

---

① 数据来源于世界银行 https：//data. worldbank. org. cn/。

② ［俄］普京：《千年之交的俄罗斯》，《普京文集——文章和讲话选集》，中国社会科学出版社 2002 年版，第 2—3 页。

上苏联解体时"被抛弃"和苏联时期"被压榨"的惨痛记忆，又进一步刺激了各国反对俄罗斯主导地位的意愿。所以，我们就不难理解，在世纪末的欧亚地区会出现"另谋生路"的中亚经济共同体和"自立门户"的古阿姆集团。这两个次地区机制的发展无疑也削弱了俄罗斯的中心地位。

第二，地区内部的分裂趋势不容回避。

苏联已然解体为15个国家，那么新独立的各个国家"各怀鬼胎"或"各打算盘"就是再正常不过的事情，即便它们曾经同属于一个国家，但现在既然已经分开，就必须要以本国利益至上作为行事的出发点。无论中小国家是抱团取暖还是自立门户，地区内部的不同声音越来越多，新的地区组织的成立和发展，都在不断挑战着俄罗斯的主导地位，也削弱着俄罗斯推动建立和发展的地区组织的权威性。例如，在成功实现古阿姆集团的扩员后，阿塞拜疆、格鲁吉亚和乌兹别克斯坦三国没有续签于1999年到期的独联体集体安全条约，这无疑打击了独联体的影响力，也是对俄罗斯中心地位的削弱。

而且这种分裂趋势，也预示着欧亚地区秩序必然将发生某种变化。地区的"碎片化"将推动地区秩序的改变，每一个碎片或许都将代表一种变化的方向，位于欧亚地区边缘的国家或许有机会选择同域外国家发展更紧密的联系，有些国家也许有机会或者借助外力将它们"抱团"成立的次地区组织发展壮大，当然也还会有国家"忠心"而紧密地追随俄罗斯。地区秩序最终会向哪个方向发展，将取决于这些碎片所代表的发展意愿和合作方式之间的角力。

第三，地区意识的缺乏导致地区秩序基础薄弱，并成为秩序演进的推手。

苏联解体后新独立的这些国家，有的甚至没有独立建国的经验，就更不可能从地区层面考虑自己的外交问题。所以，欧亚地区的地区意识十分缺乏。不仅作为"当局者"的欧亚地区国家，没有一个明确的地区概念，而且作为"旁观者"的中国等周边国家，也没有把欧亚地区作为一个独立的国际关系地区来看待。例如，中国与俄罗斯都是从整个亚洲的角度磋商相关问题。1994年1月，科济列夫访华时，两国磋商的是亚洲地区安全保障的问题。1996年4月，中俄两国发表的联合声明中也明确指出，"中俄两国愿致力于发展亚太地区在双边和多边基础上的对话与合作"。① 即便存在所谓的"独联体地区"概念，它也是与过去相联系，着重临时性解决问题，而非着眼于未来和长远的地区合作。因此，以俄罗斯为中心的地区秩序，因地区意识的缺乏，基础相当薄弱。

而新建立的地区机制，仍然注重解决现实问题，并没有显示出强烈的地区意识或塑造地区秩序的意图。例如，1996 年建立的"上海五国"机制，各国并未把它作为一个欧亚地区机制来看待。1996 年 4 月五国签署边境地区加强军事领域信任的协定后，各国元首在发表讲话时都强调了协定对亚太地区的影响。中国国家主席江泽民认为"签署这一协定，对亚太地区各国之间增进相互信任、发展睦邻友好关系也是一个很有意义的启示、探索和创举"；俄罗斯总统叶利钦认为，协定在亚太地区是独一无二的，对亚太地区的和平与稳定必将产生积极的影响；吉尔吉斯斯坦总统阿卡耶夫认为，协定不仅对亚太地区，对世界各国都将是一个先例和榜样。②

尽管"上海五国"机制作为亚太地区机制也无可厚非，但仔细分析，仍然可以发现其中的特点与问题。在中国看来，强调"上海五国"机制对亚太地区的影响更多是从中国自身安全的视角做出的评价，"上海五国"机制有助于保障中国西部国界的安全，也就有利于整个亚太地区的稳定。而从俄、哈、吉、塔四国的视角来看，"上海五国"机制有助于保障四国东部边界的稳定与安全，也就是有利于保障新诞生的欧亚地区的东部边界实现稳定与安全。因此，"上海五国"机制给欧亚地区秩序带来的改变是良性的，可以被视作一种"演进"的初期阶段。然而，由于 20 世纪末期的各国还没有强烈的欧亚地区意识，所以也并未认识到"上海五国"机制对地区秩序的积极意义。在这种当局者和旁观者"双迷"的情况下，原本就基础薄弱的欧亚地区秩序，更容易受到各种因素的影响而发生演进。

第四，其他大国的介入已经无法排除。

---

① 《中俄联合声明》，1996 年 4 月 25 日，中国网（http：//www. china. com. cn/zhuanti2005/txt/2002 – 11/29/content_5239492. htm）。

② 《人民日报》1996 年 4 月 27 日。

苏联解体不仅催生了欧亚地区，也为其他大国的介入开启了大门。无论是美国支持古阿姆集团，还是中国参与"上海五国"机制，俄罗斯已经不可能排除其他大国的参与，那么也就必须接受欧亚地区秩序因大国参与而受到影响。美国的介入实际上给俄罗斯制造了一种进退维谷的处境。俄罗斯塑造本国地区中心地位的行动恰恰是刺激美国重视并介入欧亚地区的主要因素，换句话说，以俄罗斯为中心的欧亚地区秩序在初步构建的过程中，"美国介入"这一改变地区秩序的影响因素也在逐步增强。随着美国在 20 世纪末有了更为明确的欧亚地区政策，加上俄罗斯自身的虚弱，欧亚地区秩序已经不可能排除美国的影响。

与美国相比，中国的介入似乎更加难以排除。这不是指能力意义上的，毕竟 20 世纪 90 年代的中国相较美国仍存在巨大的实力差距，即便苏联解体，俄罗斯也依然在很多领域具有领先于中国的优势。所以，如果想要排除中国的介入，俄罗斯还是具有一定的能力。但对欧亚地区的新独立国家来说，与中国的合作却是必需的，它们需要确保国界的安全，也需要集中精力发展经济；对中国来说，与欧亚地区国家的合作也是必需的，谋求崛起的中国需要确保边界的稳定与安全。由此，各方进行的边界谈判是从各自需要出发、相向而行开展的合作，之后建立的"上海五国"机制也是在肯定前期成果的同时，希望继续推进合作进程。从地区秩序的角度看，凭借"上海五国"机制，中国得以获得渠道和平台增进同地区国家的合作，也就增加了对欧亚地区的介入，并成为推动欧亚地区秩序演进的一种力量。

上述四个趋势相互影响并形成合力，使欧亚地区秩序在初构之时就已经开启了演进的大幕。

本章小结

苏联解体使国际关系意义上的欧亚地区得以诞生，但每一个与欧亚地区有关的国家都是"初学者"，俄罗斯等新独立国家需要在地区层面上重新学习如何彼此相处，中国等域外国家需要重新学习和适应欧亚地区的存在。作为大国的中国与俄罗斯，以较快的学习能力适应了新的地区和国际形势，在找到本国的定位并制定了相应的战略和政策后，中国与俄罗斯决定建立"建设性伙伴关系"。通过在新基础上开展"建设性"伙伴合作，中国与俄罗斯很快将双边关系推进到战略协作伙伴关系阶段，并开启了战略协作的进程。

与这一过程相伴随的是欧亚地区秩序的初步构成。俄罗斯是欧亚地区秩序的"中心"，在解决地区热点问题、维护地区安全与和平、推动地区合作和经济发展方面发挥着主导性作用。然而，俄罗斯的虚弱、域外大国的介入和地区中小国家的独立意愿等诸多因素相互交织，共同影响了地区秩序的维系和稳定。欧亚地区存在着地区中心虚弱、大国介入增多、地区意识薄弱、地区分裂趋势增强等发展趋势，这些都使欧亚地区秩序拉开了变化的序幕。

从国际秩序的角度看，20世纪末的数年间，中俄战略协作伙伴关系的发展更多是两国共同应对来自美国的战略压力，并致力于推动构建新的世界秩序。两国在1997年发表的《关于世界多极化和建立国际新秩序的联合声明》中表示，"双方将本着伙伴关系的精神努力推动世界多极化的发展和国际新秩序的建立"，而新秩序的基本特点是"和平稳定、公正合理"。① 在1998年发表的中俄联合声明中也明确指出，两国将忠实于和平、公正和合作的信念，并努力按这一信念行事，使21世纪能够建立真正的物质、政治、法律和其他保障，构筑一个能避免战争、压迫、破坏、暴力的世界秩序，为人类的全面发展创造条件。② 可见两国并未将地区秩序作为努力协作的目标。

但中俄两国从内向性的各自需要出发，推动建立和发展战略协作，在促进双边友好关系发展的同时，在多边层面推动了"上海五国"机制的建立和运行。"上海五国"机制最初只是各国为解决边界问题而建立的，但其不断发展的历程不仅为各国提供了新的合作平台，也为中国持续介入欧亚地区提供了路径。"上海五国"机制的积极意义，使其在众多影响欧亚地区秩序的因素中成为一种可以推动欧亚地区秩序发生演进的

① 《中华人民共和国和俄罗斯联邦关于世界多极化和建立国际新秩序的联合声明》，外交部网站（http://www.fmprc.gov.cn/web/ziliao_674904/1179_674909/t6801.shtml）。

② 《人民日报》1998年11月24日。

因素。而"上海五国"机制所特有的"欧亚地区国家＋中国"的模式，为地区秩序的演进方向提供了一种可能性。总之，中俄战略协作及"上海五国"机制的发展为欧亚地区秩序的演进奠定了基础。

第 四 章

中俄战略协作的发展与欧亚地区
秩序的分域演进（2001—2010）

进入崭新的 21 世纪，各国大都希望本国的外交能够随着新世纪的到来呈现出崭新面貌。这种想法促使各国对外交政策做出调整，在互动的过程中，中俄战略协作获得了新的发展，欧亚地区秩序也呈现出分领域演进的发展态势。

第一节　中俄战略协作的发展

面向 21 世纪的战略协作伙伴关系将中俄关系平稳地带入 21 世纪。中俄两国在肯定此前合作的基础上，签署了两国关系史上的重要文件《中俄睦邻友好合作条约》。在条约的指导下，中俄战略协作在多领域持续、平稳、快速发展。

一　中俄签署睦邻友好合作条约

进入 21 世纪，中国与俄罗斯的国内外形势都发生了一定程度的变化，两国各自的国家利益和战略需求也都做出了相应的调整。由此，我们需要重新评估中俄两国在彼此外交中的定位。

（一）中俄两国各自外交中的对方

20 世纪 90 年代，中国经济取得了较为可喜的发展成就。国内生产总值从 1991 年的 4240 亿美元逐年增长，到 2000 年已达到 11930 亿美元。[①] 在经济实际增长的同时，中国抵御风险的能力也得到提升，在成功实现了经济软着陆的同时，也抵御了东南亚金融危机的冲击。可以说，中国在实力崛起的道路上愈加步伐坚定，并不断取得新的成就。除硬实力外，软实力方面的提升也非常明显。中国在金融危机期间承诺人民币不贬值，赢得了东南亚国家的赞许。所以，中国是以良好的状态和积极的心态进入 21 世纪的。

与中国持续崛起相伴随的是日本、美国等国家的疑虑和担忧。1999 年 5 月 8 日，北约袭击了中国驻南斯拉夫大使馆，美国对中国施加的战略压力陡增。小布什总统执政后，美国对华政策日趋强硬，视中国为"战略竞争者"。2001 年 4 月 1 日的中美撞机事件，在反映这一变化趋势的同时，也表明中国所处的国际环境出现恶化的趋势。在这样的局面下，中国外交需要战略伙伴，共同应对外部压力，也需要稳定的周边环境，以保证经济建设和国内发展。由此，在此前良好合作打下的坚实基础上，中国更加重视与俄罗斯的战略协作。

而在俄罗斯方面，形势也发生了新的变化。在经历了近十年的下降和混乱后，伴随着车臣战争的暂告结束，普京成为新总统后，即开启了俄罗斯的改革步伐。普京在 2000 年的国情咨文中指出，建立强大而稳定的经济"是世界上受尊敬的强国的基础之基础"。[②] 普京推行改革措施的同时，国际石油价格高走，也为俄罗斯提供了相应的资金支持。"2000 年俄罗斯经济发展的速度是近 30 年来所从未有过的"，[③] 普京由此获得了继续改革和发展的信心。

俄罗斯的"目的不是改变世界，而是要找到自己在世界上的地位，为俄罗斯争取到应有的经济和政治地位"。[④] 普京也曾明确指出，俄罗斯不谋求某种特殊发展道路，但应谋求与其悠久历史、辽阔国土和富于创

---

① 数据来源于世界银行 https：//data．worldbank．org．cn/。

② 《普京文集——文章和讲话选集》，中国社会科学出版社 2002 年版，第 80 页。

③ ［俄］普京：《向俄罗斯联邦会议提交的 2001 年国情咨文》（2001 年 4 月 3 日，莫斯科），《普京文集——文章和讲话选集》，中国社会科学出版社 2002 年版，第 271—272 页。

④ 俄罗斯外交与国防政策委员会：《俄罗斯战略——总统的议事日程》，新华出版社 2003 年版，第 64 页。

造力的人民相符合的国际地位。① 但实现这一目标并提升俄罗斯的国际地位，除了经济走上正轨外，国际和地区环境也必须相对和缓，才能让它集中精力推动经济发展。然而，无论是 1999 年的科索沃战争，还是围绕《反导条约》和战略稳定等关键性议题，俄罗斯与美国等西方国家的关系并不融洽。俄罗斯在车臣战争中的军事行动也遭到美国的诸多非议。小布什总统上台后，来自美国的战略压力可谓有增无减。所以，继续维护和发展与中国的战略协作，成为俄罗斯外交工作的重要一环。

对彼此作用的高度重视，对此前合作的积极评价，促使中俄两国提升了对方在本国外交中的地位。由此，中俄双方达成了继续发展战略协作的共识。

（二）中俄签署睦邻友好合作条约

2001 年 7 月 15 日至 18 日，中国国家主席江泽民访问俄罗斯，这是进入 21 世纪后中国国家元首对俄罗斯的首次访问。7 月 16 日，两国元首签署《中俄睦邻友好合作条约》并发表《中俄元首莫斯科联合声明》。条约将中俄"世代友好、永不为敌"的目标和永远做"好邻居、好伙伴、好朋友"的理念固定下来，成为 21 世纪指导中俄关系的指南。

根据条约文本，双方提出要"长期全面地发展两国睦邻、友好、合作和平等信任的战略协作伙伴关系"。② 与 1996 年提出的"发展平等信任、面向 21 世纪的战略协作伙伴关系"相比，中俄两国对战略协作伙伴关系的新界定具有如下三个方面的特点。

首先，平等信任是中俄战略协作伙伴关系的核心原则。中俄两国的伙伴关系是建立在平等基础上的，无论两国各自处于怎样的发展状态，也无论两国之间的实力对比发生怎样的变化，中国与俄罗斯是身份平等的战略伙伴。以平等为基础，意味着两国相互尊重，照顾对方的利益与关切，既不盛气凌人，也不卑躬屈膝。在平等的基础上相互信任，是开展战略协作的重要前提，如果彼此各有算计，那么两国是无法开展战略

---

① Выступление Президента Российской Федерации В. В. Путина на приеме по случаю Дня России, 12 июня 2002 года, Москва, http: //2002. kremlin. ru/events/578. html.

② 《中俄签署睦邻友好合作条约》，外交部网站（http: //www. fmprc. gov. cn/web/gjhdq_676201/gj_676203/oz_678770/1206_679110/1207_679122/t11111. shtml）。

层次的协作的。因此，迈入 21 世纪后，中俄两国仍将"平等信任"予以保留，作为战略协作伙伴关系的坚实基础。

其次，"睦邻、友好、合作"是中俄战略协作伙伴关系的三层内涵。正如我们经常谈论的，对一个国家来说，邻居无法选择，但与邻居如何相处却是考验国家对外政策选择的重要方面。对邻居恶语相向，对方就会以同样的方式甚至更为恶劣的方式回报，而与邻居和睦相处，彼此融洽的关系，更有助于国家自身的建设发展。中俄互为彼此的最大邻国，选择和睦相处，这是第一层内涵——睦邻。第二层内涵——友好，是从静态角度描述中俄两国的关系状态。两国从中苏关系平稳过渡到中俄关系，再从建设性伙伴到战略协作伙伴的发展，使双边关系呈现持续友好的发展状态。第三层内涵——合作，是从动态角度对中俄关系的界定。两国在战略协作伙伴关系的框架下开展合作，也在合作进程中推动战略协作伙伴关系的发展和巩固。

最后，战略协作伙伴关系具有长期性，将长期全面地发展下去。战略协作圆满完成了带领中俄迈入 21 世纪的任务，两国在满意既有合作的同时，有意愿推动战略协作持续进行下去，因此在时间这个维度上，中俄提出要长期发展战略协作，这既表明两国对双边关系的发展前景充满信心，也表明两国有决心保持友好关系。而在空间这个维度上，中俄两国也明确了目标和方式，这就是努力在多个领域全面开展合作，丰富战略协作伙伴关系的内容。

双方领导人对《中俄睦邻友好合作条约》都做出过高度评价。

普京总统认为该条约是"基础的条约"，"确定了中国和俄罗斯作为友好国家在我们合作的基本方面彼此相互协作的原则"。① 他在 2002 年 5 月接受媒体采访时也曾指出，"俄罗斯和中国作为好邻居和平等的、长期紧密合作的伙伴进入了 21 世纪。我们的关系是一架调整好的大机器，它的零部件就是在各个领域不断扩大的联系和交流。这台'发动机'连续不断的工作实际上并不取决于外部因素的影响，因为它有自己的'能源'"。②

---

① 《普京文集——文章和讲话选集》，中国社会科学出版社 2002 年版，第 321 页。
② 《普京接受本报专访，高度评价俄中合作成果》，《人民日报》2002 年 6 月 1 日。

中国国家主席习近平在 2016 年召开的纪念《中俄睦邻友好合作条约》签署 15 周年的大会上指出，"《中俄睦邻友好合作条约》确立的宗旨和原则符合中俄两国和两国人民根本利益，契合和平与发展的时代主题，能够经得住任何国际风云变幻的考验，具有强大生命力，这也正是中俄全面战略协作伙伴关系持续健康稳定发展的根本保证和取之不竭的动力。"①

正是在《中俄睦邻友好合作条约》确立的原则和精神下，中俄两国在多领域开展战略协作。

二 中俄在多领域的战略协作

世纪之交的强大战略压力是中俄两国在 2001 年 7 月签署睦邻友好合作条约的重要原因之一。但两个月后，震惊世界的"9·11"事件发生，使美国调整了对外政策重心。鉴于"9·11"事件的系统性影响，美国对中俄两国采取了"怀柔政策"，使中俄战略协作的重心从全球层面向地区和双边领域转移。②

第一，中俄两国在政治、安全领域中巩固关系基础并加深合作程度。

首先，双方高层互访频繁，在发展双边关系方面立场趋同、共识显著。2002 年 12 月，普京对中国进行国事访问，并在北京大学发表演讲。2003 年 5 月，胡锦涛对俄罗斯进行国事访问。在莫斯科国际关系学院发表题为《世代睦邻友好，共同发展繁荣》的演讲时，胡锦涛主席提出了加强双边关系的工作方向，即：加强相互支持、深化政治互信；扩大互利合作，实现互惠双赢；拓展友好交往，加深传统友谊；密切沟通协作，促进和平发展。这为中俄双边关系的发展指明了方向。2004 年 10 月，俄罗斯总统普京对中国进行国事访问。双方发表的联合声明指出，"不管国际形势如何变化，深化中俄战略协作伙伴关系都是两国外交政策的优先方向"，"中俄关系经过十多年的发展，已达到前所未有

---

① 习近平：《共创中俄关系更加美好的明天——在〈中俄睦邻友好合作条约〉签署 15 周年纪念大会上的讲话》，新华网（http://www.xinhuanet.com/politics/2016 - 06/25/c_1119111894.htm）。

② 郑羽主编：《多极化背景下的中俄关系（2012~2015）》，经济管理出版社 2015 年版，第 8—9 页。

的高水平"①。访问期间，中俄元首共同批准了《〈中俄睦邻友好合作条约〉实施纲要（2005—2008 年)》。2008 年，梅德韦杰夫成为新一任俄罗斯总统。5 月正式就任后，梅德韦杰夫访问了中国，这是在独联体之外梅德韦杰夫总统访问的第一个国家，足见在"梅普组合"的新时期，俄罗斯依然高度重视发展与中国的关系。2008—2010 年，中俄两国元首保持了年均5—6 次的会晤频率。2008 年11 月，两国元首批准了《〈中俄睦邻友好合作条约〉实施纲要（2009—2012 年)》。

其次，两国之间的边界问题彻底解决，进一步增强了各自的安全感，也加深了彼此的相互信任。2004 年10 月14 日，《中俄国界东段补充协定》签订。2005 年6 月2 日，中国和俄罗斯在符拉迪沃斯托克互换《中华人民共和国和俄罗斯联邦关于中俄国界东段的补充协定》批准书，这标志着两国彻底解决了所有历史遗留的边界问题。中国外交部发言人曾对此评价说："我们共同的目标就是通过双方的努力使中俄边界真正成为一条和平的边界、合作的边界、友好的边界。"②

最后，中俄不断完善双边合作机制，尤其在军事领域的合作不断密切。2002 年8 月，中俄两军在边境地区进行通信联络演练。2003 年5 月，成立中俄移民问题联合工作小组，加强对移民问题的解决和管理。2004 年10 月，中俄宣布建立国家安全磋商机制，2005 年2 月，中俄举行了首轮安全磋商，启动了两国安全合作的新阶段。2005 年8 月，中俄在中国境内举行了历史上首次联合军事演习"和平使命—2005"。两年后，中国军队携带重型装备赴俄罗斯参加联合反恐军事演习。联合演习不仅锻炼了参演部队，密切了军事关系，更重要的是加强了互信。经过多次军事合作后，2008 年3 月，中俄两国国防部正式建立直通电话。2009 年10 月，双方签署《关于相互通报弹道导弹和航天运载火箭发射的协定》。这些合作都显示了双边关系的高水平发展。

第二，中俄两国在经济、文教领域丰富合作的内容和形式。

---

① 《中俄联合声明》，外交部网站（http://www.fmprc.gov.cn/web/gjhdq_676201/gj_676203/oz_678770/1206_679110/1207_679122/t164522.shtml)。

② 《材料：中俄和平解决所有边界问题》，环球网（http://opinion.huanqiu.com/1152/2012-06/2791501.html)。

首先，中俄创新人文科技领域的合作模式，互办主题年活动。2002年7月，两国将旅游合作小组提升为旅游合作分委会，与教育、文化、卫生、体育等合作分委会并列，也在电影、媒体等领域设立了工作小组。2003年决定在莫斯科建设中俄友谊科技园，加强了在科技创新领域的工作。2004年被两国元首确定为"中俄青年友谊年"。2006年，在中国举办了"俄罗斯年"活动，无疑促进了中国人对当代俄罗斯的了解。[①] 2007年，在俄罗斯举办了"中国年"活动。2008年2月，俄罗斯第一个以外国国家名称命名的电视频道"中国"频道正式开播。之后，在吸取了互办国家年经验的基础上，中俄两国在2009—2010年启动了互办语言年的活动。2009年在中国举办"俄语年"，2010年在俄罗斯举办"汉语年"，加强了各自语言在对方国家的传播，掀起了学习对方国家语言的热潮，促进了中俄两国的人文交流。

其次，经济合作在多个具体领域取得进展。中俄两国在总理定期会晤机制框架下建立银行合作分委会，主办金融合作论坛，加强金融业界的交流。2004年，双方决定每年召开中俄投资促进会，加强经贸投资领域的合作。2004年10月，中俄签署《关于俄罗斯加入世界贸易组织的市场准入协议》，中国作为世界贸易组织成员，在俄罗斯入世问题上支持俄罗斯。2006年3月，双方签署《中国人民银行与俄罗斯联邦金融监测局关于反洗钱和反恐融资合作与信息交流协议》。2008年7月颁布的《俄罗斯联邦对外政策构想》中明确指出，加强中俄在所有领域的战略协作，是地区乃至世界稳定的基本要素之一。双边关系的主要任务是提高经济合作的内容和质量，使其与高水平的政治关系相匹配。[②] 2008年7月，双方商定启动了副总理级能源对话机制。2009年年初，中俄签署"石油换贷款"协议，总额达到250亿美元。其中包括建设"东西伯利亚—太平洋石油管道"的"中国支线"和成立合资公司中俄东方石化（天津）有限公司。2009年6月17日，中俄总理定期会晤委员会海关合作分委会成

---

① 《中俄"国家年"与中俄关系——李永全研究员访谈》，《国外理论动态》2007年第5期。

② Концепция внешней политики Российской Федерации, 12 июля 2008, http://archive. kremlin. ru/text/docs/2008/07/204108. shtml.

立，9 月在北京举行了第一次会议，2009 年 10 月普京总理访华期间，两国海关签署了《关于规范通关监管秩序的合作备忘录》，着力加强海关执法合作，解决不法清关、灰色清关等问题。2010 年 11 月 1 日，俄罗斯通过建成的"泰舍特—斯科沃罗季诺"石油管道开始向中国供应商品油。2010 年 12 月 15 日，俄罗斯卢布对人民币正式在俄罗斯挂牌交易。

第三，中俄两国在地区和全球层次上加强对热点问题的协作和联合应对。

2002 年 12 月，两国发表联合声明，高度评价了中俄反恐工作组的工作。中俄两国在反恐领域的合作为上海合作组织建立地区反恐怖机构提供了基础和经验。2005 年 7 月，中俄两国签署《中俄关于 21 世纪国际秩序的联合声明》，其中明确提出，"不能无视主权国家社会发展的客观进程，不能从外部强加社会政治制度模式"①。这是两国对 2003 年以来发生在欧亚地区的颜色革命的共同回应。

在欧亚地区之外的热点事件中，如阿富汗战争、伊拉克战争、朝鲜核问题、伊朗核问题上，中俄两国都进行了战略协作。2002 年和 2008 年，中俄两国在日内瓦裁军谈判会议上先后提交了有关防止太空武器化和外空军备竞赛的草案文件。2008 年梅德韦杰夫访问中国期间，中俄发表了《关于重大国际问题的联合声明》和联合公报。

2009 年 6 月，胡锦涛主席访问俄罗斯时，中俄双方全面总结了双边关系 60 年的发展经验，梅德韦杰夫总统称赞俄中关系"堪称典范"。②2010 年 9 月 27 日，中俄签署《中俄关于全面深化中俄战略协作伙伴关系联合声明》。这些都表明中俄两国不仅对此前的双边合作给予积极评价，也愿意继续深化战略协作。

第二节　欧亚地区安全秩序的演进

欧亚地区秩序在 21 世纪的第一个十年里呈现分领域演进的发展态

---

① 《中俄关于 21 世纪国际秩序的联合声明（全文）》，外交部网站（http：//www. fm-prc. gov. cn/web/ziliao_674904/1179_674909/t201988. shtml）。

② 《俄总统在中俄建交 60 周年庆祝大会上讲话（全文）》，环球网（http：//world. huanqiu. com/roll/2009 – 06/491127. html）。

势，这既受到俄罗斯政策的直接影响，也同三个地区组织的建立和发展密切相关。集体安全条约进行组织化升级，与新成立的上海合作组织一起共同维护着欧亚地区的安全。它们在解决地区安全问题的同时，也推动了地区安全秩序的演进。

一 欧亚地区安全的主要问题

地区安全秩序得以稳定和维持的主要原因在于它可以解决地区安全面临的问题，并维护各国的安全与整个地区的和平。但地区安全的复杂性意味着地区安全面临着多种类型的问题，各国为解决安全问题进行的互动影响了欧亚地区秩序。

（一）地区各国共同面对的安全问题

20 世纪 90 年代，欧亚地区的安全问题主要是由苏联解体引发的，包括边界争议、领土纠纷、个别国家无法建立国防军等。但临近世纪之交，欧亚地区面临的安全问题已经发生了变化。恐怖主义、分裂主义、极端主义"三股势力"成为欧亚地区各国共同面对的安全问题。毒品走私、武器扩散、非法移民等跨国有组织范围活动，也在欧亚地区呈现上升发展的态势。包括"乌兹别克斯坦伊斯兰运动（乌伊运）"、车臣非法武装、"东突厥斯坦伊斯兰运动"等在内的欧亚地区恐怖主义组织，彼此之间建立联系，甚至相互配合开展恐怖活动。严重的暴力袭击事件在令各国深感头疼的同时，也使各国意识到开展合作以集体的方式应对相关问题的重要性。2001 年 9 月 28 日，独联体各国政府首脑在莫斯科举行会晤并发表联合声明，认为国际恐怖主义已经成为对世界安全和稳定的首要威胁之一，需要采取具体步骤和切实措施，制定出能够有效反恐的长期国际合作战略和机制。[①] 不仅地区国家有意愿围绕反恐开展合作，域外国家如美国、中国等也参与到欧亚地区反对恐怖主义的行动中。

然而，尽管美国在阿富汗的军事行动给恐怖主义组织以沉重打击，但"散而不垮，伏而不服"[②] 几乎成为恐怖主义势力和跨国犯罪组织的常

---

① Заявление глав правительств государств-участников Содружества Независимых Государств, 28 сентября 2001 г. // Дипломатический вестник. 2001. №10. C. 62 – 63.

② 《"联合—2003"及其意义》，《现代国际关系》2003 年第 9 期。

态。很多国际恐怖组织或跨国犯罪集团时常呈现此起彼伏的侵扰态势。当各国都以为局势平稳之时，一场恐怖活动又会给地区安全带来冲击，让各国稍许放松的神经再次紧绷。2002年年底，车臣恐怖分子制造了莫斯科人质危机、车臣政府大楼遇袭；2003年，莫斯科图什诺机场发生爆炸案；2004年发生在俄罗斯的别斯兰人质事件等让俄罗斯倍感压力。欧亚地区的最大国家俄罗斯尚且难以完全遏制恐怖活动，其他地区中小国家在应对"三股势力"方面就需要付出更大的努力。

"三股势力"在欧亚地区的活跃受到了诸多因素的影响。一方面，苏联解体的连锁效应使"三股势力"获得了发展的空间。苏联解体像打开了潘多拉魔盒，以前被深度掩盖的诉求或被严格控制的问题暴露出来，某些地方的混乱局面容易给"三股势力"以可乘之机。新独立的欧亚地区国家不同程度地面临着经济困境，百姓生活艰难，在谋生的过程中可能会受到恐怖分子的鼓舞而加入恐怖组织，且新独立国家的主要精力放在塑造国家性方面，忽视了对部分问题的及时处理，这些都使恐怖组织的势力得到壮大。另一方面，欧亚地区的地理位置特殊，其南边与西亚、阿富汗等地区和国家接壤，容易受到宗教激进主义的影响，从而被"三股势力"侵袭；美国等域外大国也未能很快在欧亚地区建立权威，并压制"三股势力"的发展；作为地区中心的俄罗斯本就忙于应对国内的恐怖主义活动，无力也无暇在地区层面有更大的作为。所以，"三股势力"在20世纪末的欧亚地区呈现快速发展的趋势，各国在地区层面开展合作，共同应对"三股势力"的挑战就成为欧亚地区安全秩序需要完成的主要任务。

（二）地区部分国家面对的安全问题

在共性之外，必然要存在特殊性。欧亚地区的部分国家在21世纪到来之后不久，发现它们面对着"颜色革命"的浪潮。尽管"颜色革命"在各个国家的表现形式并不相同，各国对"颜色革命"的认识也存在程度上的差别，但我们必须承认，这是欧亚地区安全的特殊问题，不仅关系到相关国家的政权稳定，更关系到各国的外交政策，并进而影响了地区秩序。

这一问题的产生是三方互动的结果。"9·11"事件后，美国发动了阿富汗战争，以反恐的名义试图驻军中亚，并和中亚国家开展联合行动共同打击恐怖主义。美国以此为契机，在欧亚地区的南部和东南部打开了缺口，增加了对欧亚地区的介入。俄罗斯为了推动俄美关系的发展，也为了借机消除恐怖主义的威胁，默许了美国的军事介入，也就助推了美国在欧亚地区影响的扩大。此消彼长之间，欧亚地区国家不仅在对外合作方面获得了更多选择，其国内不同政治团体也受到了来自不同力量的支持，由此，"颜色革命"在欧亚地区的一些国家中爆发，不仅改变了欧亚地区的政治生态，也影响了地区的安全和稳定。

2003 年 11 月，格鲁吉亚局势出现动荡，反对派举行集会示威，抗议议会选举中存在舞弊行为，总统谢瓦尔德纳泽宣布辞职。2004 年 1 月，反对派领导人米哈伊尔·萨卡什维利（Mikhail Saakashvili）赢得总统大选。因为人们手持玫瑰参加集会，"玫瑰革命"由此得名并在格鲁吉亚获得成功。2004 年 11 月起，围绕乌克兰总统大选，各方再次较量，受到西方支持的反对派领导人尤先科（Viktor Yushchenko）最终成为乌克兰新一任总统，这场"橙色革命"宣告结束。2005 年 3 月，吉尔吉斯斯坦发生"郁金香革命"，阿卡耶夫（Askar Akayev）总统辞职，巴基耶夫（Kurmanbek Bakiyev）成为代总统，并在 7 月的大选中当选为新总统。2005 年 5 月，乌兹别克斯坦发生安集延骚乱事件，尽管最终未能改变卡里莫夫（Islom Karimov）的执政地位，但也对其政治稳定造成不利影响。

这一系列事件被统称为"颜色革命"，像不断倾倒的多米诺骨牌或者持续流行的"传染病"一样，在欧亚地区呈现出多点连续爆发的特点。"颜色革命"的发生，使相关国家的国内政治局势出现动荡，政权安全受到威胁，部分国家的政权发生更迭，也由此调整了对外政策，在俄罗斯与西方国家之前寻求新的平衡。格鲁吉亚、乌克兰等国的"西向"倾向更加明显，吉尔吉斯斯坦保持了政策连续性没有改行"亲美疏俄"的政策，乌兹别克斯坦则改行亲俄政策申请加入欧亚经济共同体，尽管结果不同，但这些事件的连续发生反映了俄罗斯与西方国家在欧亚地区的争夺日趋激烈。

尽管并非所有国家都远离了俄罗斯，但"颜色革命"还是削弱了俄罗斯在欧亚地区的主导地位，各国的政策调整不仅加剧了欧亚地区的分化和分裂，也影响了欧亚地区的安全和稳定。"颜色革命"因为只在部分国家中发生而具有特殊性，但欧亚地区的很多国家都面临着相似的威胁，它们的外交政策也存在矛盾选择，所以"颜色革命"也是影响欧亚地区安全秩序的重要因素之一。

（三）地区内部国家之间的安全问题

地区安全的内容不仅包含地区能够抵御外部影响以保证整体性安全，也包含地区内部各个国家之间关系的和平与安全，甚至地区的内部安全要更加重要，因为地理邻近会成倍地放大不安全感。然而，21世纪的第一个十年间，欧亚地区却在内部安全上出现了俄格冲突这一重大事件，为地区安全蒙上了阴影。

苏联解体后，格鲁吉亚一直是后苏联空间中具有较强离心倾向和独立意识的国家，其与俄罗斯的关系围绕军事基地、阿布哈兹冲突等问题一直矛盾不断。1999年格鲁吉亚没有续签独联体集体安全条约，已经显示了它对俄罗斯主导的地区合作机制的立场。2003年年底，格鲁吉亚发生玫瑰革命后，新上台的萨卡什维利总统更是明确改行亲欧政策，使格鲁吉亚同俄罗斯的关系不断下滑。早在俄罗斯军队撤出格鲁吉亚的过程中，就曾险些擦枪走火。2004年7月7日，俄罗斯的一个军事运输车队在向格鲁吉亚境内的南奥塞梯地区运送包括机载导弹在内的军火时，被格鲁吉亚内务部队强行带出南奥塞梯地区并予以扣押，双方险些交火。俄罗斯和格鲁吉亚均指责对方违规，并争执不下。[1] 形势紧张时，俄罗斯还曾进行过撤离行动。2006年9月29日，俄罗斯曾用两架"伊尔－76"客机从格鲁吉亚撤离俄罗斯工作人员和家属。[2]

2008年，俄罗斯与格鲁吉亚围绕阿布哈兹和南奥塞梯的争论日趋激烈。阿布哈兹和南奥塞梯是格鲁吉亚境内的两个内部行政区，它们独立意识强烈，与俄罗斯关系密切，甚至谋求加入俄罗斯。2008年4月，俄罗斯与阿布哈兹和南奥塞梯正式建立经济联系，愤怒的格鲁吉亚要求俄罗斯撤出在阿布哈兹冲突区的维和部队。5月，俄格两国互相指责对方在阿布哈兹进行军事部署。[3] 7月，格鲁吉亚总统萨卡什维利表示，俄罗斯对格鲁吉亚领土完整的侵犯是冷战结束后欧洲面临的最大挑战。[4] 8月8

---

[1]　《俄罗斯联邦内政外交大事记（1990—2004年）》，世界知识出版社2006年版，第688页。

[2]　俄罗斯大事记（2006年7—9月），《俄罗斯研究》2006年第4期。

[3]　俄罗斯大事记（2008年5—6月），《俄罗斯研究》2008年第4期。

[4]　俄罗斯大事记（2008年7—8月），《俄罗斯研究》2008年第5期。

日，格鲁吉亚政府军进攻南奥塞梯共和国，当天下午，梅德韦杰夫总统命令驻当地的俄罗斯维和部队进行反击，俄格冲突爆发。俄罗斯凭借强大的军事力量，很快取得了战场上的优势地位。8 月 12 日，俄罗斯宣布停止在格鲁吉亚的军事行动。

至此，这场历时五天的俄格冲突以俄罗斯达到目的和格鲁吉亚军队的失败结束。回顾苏联解体后的历史进程可以看到，这场又被称作"五日战争"的俄格冲突，其发生的原因并不像它所持续的时间那样短暂，而是历史积累所致，苏联解体使北奥塞梯和南奥塞梯分别留在了俄罗斯和格鲁吉亚这两个国家境内，俄格两国围绕相关问题的矛盾由来已久。而俄罗斯之所以要动用武力还击，不仅是所谓的保护在南奥塞梯境内的俄公民和俄维和部队的安全，[①] 更重要的是教训欧亚地区内具有强烈的"另谋生路"意愿的格鲁吉亚。使用武力这根大棒，是俄罗斯维护本国地区中心地位的一种方式，但这种激化地区内部矛盾的做法影响了整个欧亚地区的安全，对欧亚地区秩序也造成了恶劣影响。

二 集体安全条约组织与欧亚地区安全秩序

为解决欧亚地区面临的主要安全问题，也为维护本国在地区安全中的重要作用，俄罗斯推动集体安全条约进行组织化升级，并推动改革以提高效率。欧亚地区的安全秩序由集体安全条约组织维持，并呈现出不同于此前的新特点。

（一）俄罗斯与集体安全条约组织

1992 年 5 月，俄罗斯、哈萨克斯坦、乌兹别克斯坦、塔吉克斯坦、吉尔吉斯斯坦、亚美尼亚等 6 个独联体国家的领导人签署了独联体集体安全条约，作为独联体框架下开展安全合作的主要机制。之后，白俄罗斯、格鲁吉亚和阿塞拜疆于 1993 年先后加入集体安全条约，使其扩大为 9 个成员国，增强了影响力和覆盖面。1995 年，《集体安全构想实施计划》和《深化军事合作的主要方向》等文件的通过，使欧亚地区将建立

---

① 俄罗斯在解释俄格冲突的原因时，使用了"保护的责任"等人权问题的相关概念。对此的分析可参见顾炜《"保护的责任"：俄罗斯的立场》，《国际政治研究》2014 年第 3 期；顾炜《俄罗斯人权观念的变化对其介入危机方式的影响》，《俄罗斯研究》2016 年第 1 期。

地区集体安全体系作为发展目标。集体安全条约也成为以俄罗斯为中心的欧亚地区秩序的重要组成部分。但是，在阿塞拜疆、格鲁吉亚和乌兹别克斯坦三国于1999年宣布退出独联体集体安全条约后，集体安全条约面临着严峻挑战。不仅因为其成员国从9个锐减到6个，更因为俄罗斯主导的地区安全体系面临着如何适应新形势的问题。

2000年5月，俄罗斯、白俄罗斯、哈萨克斯坦、吉尔吉斯斯坦、塔吉克斯坦和亚美尼亚六国总统在明斯克峰会上探讨了如何提高集体安全条约效率的问题，最终签署了"关于提高集体安全条约效率和修改条约使其适应当前地缘政治现实的备忘录"，[①] 并决定成立安全会议秘书委员会。这次会议被认为在集体安全条约的组织结构发展史上具有重大意义，因为这是集体安全条约"第一次在独联体机制之外单独举行会议和采取行动"，"标志着该条约成为成员国军事、政治一体化的实际核心与基本架构"。[②] 6月，各国签署成员国军事技术合作的主要原则协议。2000年10月召开的比什凯克峰会上，六国表示将合作打击恐怖主义、极端主义和分离主义等"三股势力"，决定建立集体安全地区体系。2001年5月，在亚美尼亚召开的峰会上，六国批准《关于集体安全中亚地区联合快速反应部队的规定》，决定成立联合快速反应部队。2001年8月，中亚联合快速反应部队宣告成立，加上此前组建的俄白联合部队和俄亚联合部队，集体安全条约建立起一个粗具其形的地区集体安全体系。

2002年5月，在俄罗斯的直接推动下，集体安全条约进行了组织化升级，正式成立"集体安全条约组织"（ОДКБ），成员国为俄罗斯、白俄罗斯、哈萨克斯坦、吉尔吉斯斯坦、塔吉克斯坦和亚美尼亚六个国家。作为地区性国际组织，集体安全条约组织旨在加强成员国之间的军事政治合作，促进集体安全体系的建立。普京对此明确指出，"发展我们合作的最佳道路是把条约改造成国际地区组织"，[③] 俄罗斯的推动无疑是集体

---

① Заявление глав государств-участников ДКБ; Совместное заседание министров // Дипломатический вестник. 2000. №6, с. 31.

② 柳丰华：《"梅普组合"的外交战略》，中国社会科学出版社2012年版，第55页。

③ ［俄］普京：《在独联体集体安全条约成员国元首举行的记者招待会上的声明和答记者问》（2002年5月14日），《普京文集——文章和讲话选集》，中国社会科学出版社2002年版，第632页。

安全条约得以组织化升级的重要条件。2002 年 10 月，《集体安全条约组织章程》和《集体安全条约法律地位协定》两份文件在基希纳乌峰会上签署，进一步完善了集体安全条约组织的法律基础，也补充和提升了它的组织性特点。

2002 年，普京曾提出一个"稳定弧"概念，认为组成"稳定弧"的是世界主导国家，包括俄罗斯、中国、西欧国家和美国。① 而俄罗斯主导建立的各种组织也是"稳定弧"的重要组成部分。2002 年 9 月，集体安全条约组织秘书长瓦列里·尼古拉延科（Валерий Николаенко）表示，集体安全条约组织愿与北约及其他国际组织建立从亚洲到大西洋的"稳定弧"，集体安全条约组织成为地区性国际组织后更具有政治性，应成为"稳定弧"中的一环。② 因此，俄罗斯有意愿积极推动集体安全条约组织的发展。

2003 年 3 月 20 日，集体安全条约成员国安全会议秘书委员会第六次会议就伊拉克局势发表声明，各国赞成俄罗斯关于伊拉克问题要在联合国框架内政治解决的立场，一致同意要切实加强安全领域合作，维护本地区的安宁和稳定。③ 2003 年 4 月，集体安全条约组织完成了工作机构设立、批准理事会章程等组织工作，也决定建立集体安全条约组织联合司令部，切实加强了该组织的工作效率和凝聚力。2004 年，集体安全条约组织成为联合国大会观察员。各国以联合军事演习等方式开展安全合作。如"边界—2005""战斗友谊—2005""边界—2006"等都是集体安全条约组织框架下的联合军演。2006 年，集体安全条约组织通过了多份指导未来发展的文件。例如，《2006—2010 年全面巩固国际合作、建立和发展集体安全条约组织框架下集体安全体系的主要措施计划》《2010 年前及未来集体安全条约组织联合军事建设计划》《集体安全条约组织成员国关于

---

① ［俄］普京：《答中国〈人民日报〉记者问》（2002 年 6 月 4 日），《普京文集——文章和讲话选集》，中国社会科学出版社 2002 年版，第 675—676 页。

② 《俄罗斯联邦内政外交大事记（1990—2004 年）》，世界知识出版社 2006 年版，第 607 页。

③ Заявление участников шестого заседания Комитета секретарей советов безопасности государств-участников Договора о коллективной безопасности, 20 марта 2003г. // Дипломатический вестник. 2003. №4. С. 55.

进一步完善和提高该组织活动效率的宣言》等。2009 年宣布成立独联体快速反应部队。

在多边工作推进的同时，俄罗斯也加强了双边军事合作，作为集体安全条约组织框架下地区安全体系的组成部分。2003 年 10 月，俄罗斯在吉尔吉斯斯坦建立坎特空军基地。2004 年 10 月，俄罗斯将位于塔吉克斯坦的 201 摩托化步兵师改组为俄罗斯第四军事基地。由于俄罗斯在安集延事件中支持了乌兹别克斯坦政府，卡里莫夫总统申请恢复乌兹别克斯坦的成员国资格。2006 年 6 月，集体安全理事会明斯克会议通过了恢复乌兹别克斯坦成员国资格的决议，显示了双边安全合作对地区多边安全组织的推动作用。2008 年 8 月俄格冲突后，集体安全条约组织通过了支持俄罗斯的决议，再次显示了俄罗斯在集体安全条约组织中的强大影响力。

集体安全条约组织的建立和发展，不仅反映了俄罗斯在其中的重要作用，也反映了欧亚地区安全秩序的基本特点。

（二）欧亚地区安全秩序的基本特点

21 世纪的第一个十年里，欧亚地区秩序呈现如下基本特点。

第一，俄罗斯在双边和地区层面显示和发挥了它的地区中心作用。

俄罗斯的立场直接决定了地区安全机制的建立和发展。集体安全条约的组织化升级，是在俄罗斯的积极推动下完成的。如果没有俄罗斯的正面立场，上海合作组织不可能建立，中国也不可能在其中发挥作用。联合快速反应部队的构建是"中亚联合快速反应部队 + 俄白联合部队 + 俄亚联合部队"的模式，俄罗斯在双边和多边部队的构建过程中都发挥着核心作用。

俄罗斯也有能力在一定程度上排除外部力量在欧亚地区的影响。美国以反恐的名义借阿富汗战争之机将军事力量投入到中亚地区，但随着时间的推移和形势的变化，俄罗斯和中亚部分国家都意识到美军的介入虽然打击了恐怖主义势力，但却带来了"颜色革命"的威胁。正是在俄罗斯的推动下，无论是上海合作组织这样的地区多边组织，还是类似乌兹别克斯坦这样的单个国家，都发出了美国军队需要按规定期限撤出的要求。尽管已经不可能完全排除外部力量的影响，但俄罗斯的行动收到了相应的效果，也反映出它能够维护并运用自己的中心地位。

在一些具体的反恐行动中，俄罗斯也发挥了核心的领导作用，并由此巩固了自己在地区安全秩序中的中心地位。俄罗斯得以发挥中心作用的原因是多方面的。首先，欧亚地区各国都不同程度地面临着恐怖主义、分离主义的侵害，迫切需要进行打击恐怖主义的行动；其次，各国单独应对恐怖主义的能力存在不足，需要开展合作共同反恐；最后，俄罗斯具有地区内最强的经济和军事实力，能够承担相应的经费开支和提供人员物资。因此，不仅各国有意拥戴俄罗斯成为反恐行动的领导力量，而且俄罗斯也有意通过反恐合作塑造和巩固自己的中心地位。

第二，集体安全条约组织是维护地区安全秩序的核心机制，但无法解决全部的安全问题。

尽管独联体集体安全条约在1999年因为3个国家没有续签而大受影响，但俄罗斯在21世纪的积极推动，特别是将集体安全条约提质增效为新的集体安全条约组织后，该组织就成为维护欧亚地区安全秩序的核心机制。当然，其他机制和组织也在维护地区安全方面发挥了一定的作用。独联体并没有被完全抛弃，例如2003年6—8月，独联体"战斗协作—2003"演习在俄罗斯、哈萨克斯坦、乌兹别克斯坦举行。乌兹别克斯坦在2003年时并不是集体安全条约组织的成员，但它仍然参加了独联体框架下的军事合作。上海合作组织在合作打击"三股势力"方面发挥了相应的作用。

但这些机制并不能解决欧亚地区安全的所有问题。集体安全条约组织在应对"三股势力"等安全威胁时，可以起到震慑作用；与上海合作组织联手，也可以将美国军队赶出中亚，但对"颜色革命"引发的骚乱手段有限；尤其是在面对欧亚地区内部国家之间的安全问题时，却难以发挥影响。集体安全条约组织的成员有限性，使其没有能力处理地区内部各国之间的矛盾。俄罗斯作为地区机制的主要构建者和维护者，它自己也在削弱机制的公信力和有效性。俄格冲突后，集体安全条约组织做出了支持俄罗斯的决议，这使各国担心"随着自身的强大，俄罗斯开始像原来那样更趋向于用军事手段维护自身利益"[①]。

所以，相较于20世纪90年代，俄罗斯在安全领域的中心地位在整体

---

① ［芬］阿尔伯·雍杜宁：《俄罗斯帝国的复苏》，倪晓京译，国防大学出版社2012年版，第121页。

上是得到强化的。尽管集体安全条约组织的成员国数目有限，但该组织的组织性和效率性明显提升，快速反应部队等集体安全体系的建立以及在实际安全合作中的作用都巩固了俄罗斯的主导地位。而俄罗斯在俄格冲突中挥舞的大棒，在让欧亚地区国家产生怀疑和忌惮心理的同时，也确实发挥了震慑作用，显示了俄罗斯仍然在欧亚地区安全领域中扮演着独一无二甚至是"说一不二"的角色。

但也必须指出，在俄罗斯的中心地位得以维护和强化的同时，欧亚地区的分化也进一步加剧。集体安全条约组织在内部设置了高加索、中亚和东欧三个次地区管理机构，尽管提升了行动效率，但却强化了地区差异。不仅导致了俄罗斯的超强地位与集体安全体系的建立之间存在结构性矛盾，[①] 而且不同地区对俄罗斯主导地位的接受和认可度存在差异。在集体安全条约组织的覆盖面本就有限的情况下，地区差异的强化进一步加剧了欧亚地区的分裂，每个次地区各有侧重，每个国家也有各自的算盘。[②] 以格鲁吉亚为代表的"反俄国家"因俄格冲突已经不再有被重新拉回的可能；以乌兹别克斯坦为代表的一些"中间国家"虽然在安全领域仍然参与俄罗斯主导的地区机制，但其离心倾向已经愈加明显。所以，欧亚地区安全秩序已经从整个地区秩序中分离出来，显示出单独变化的趋势，并加剧了整个地区秩序的分化。

三　上海合作组织与欧亚地区安全秩序

集体安全条约组织在成员国数量和功能上的有限性，就意味着欧亚地区安全的维护需要其他的地区机制。但这些机制的建立和发展，又必然会给欧亚地区安全秩序带来变化。

（一）上海合作组织的建立

1996 年建立的"上海五国"机制帮助各国妥善解决了边界问题，在提升各国安全感的同时增加了彼此之间的理解和信任，各国也通过这一平台开展了安全合作。这些进展不仅使各国受益，也吸引了欧亚地区的

---

① 王彦：《独联体集团安全条约组织安全合作模式分析》，《外交评论》2007 年第 5 期。

② В. Мухин, Договор о коллективной безопасности обретает конкретные очертания, *Независимая газета*, 19. 10. 2000.

其他国家。2001年年初，乌兹别克斯坦向中国和俄罗斯外交部提出了正式加入"上海五国"的要求。2001年6月15日，中国、俄罗斯、哈萨克斯坦、吉尔吉斯斯坦、塔吉克斯坦、乌兹别克斯坦6国在上海举行会议，发表《上海合作组织成立宣言》。六国元首认为"上海五国"机制成立5年来在促进各成员国之间睦邻互信与友好关系、巩固地区安全与稳定、促进共同发展方面发挥了积极作用。自此，上海合作组织宣告成立。

上海合作组织的成立从两个方面显示了其意义和价值。

一方面，从机制转变为正式组织，反映了各国对在上海合作组织框架下开展合作的决心和信心。这一转变有助于上海合作组织的不断发展。首先，相较于国际机制，国际组织更具有组织性、稳定性。各国的合作不再是临时性地解决边界问题，而是要长期性地开展合作。2002年6月7日，上海合作组织六国元首签署《上海合作组织宪章》。2003年9月19日，《上海合作组织宪章》正式生效，成为上海合作组织的"宪法"性文件。上海合作组织的架构不断完善，为组织的稳定发展奠定了坚实基础。其次，上海合作组织作为正式组织，是对欧亚地区安全机制的有效补充。2001年7月，中俄两国元首就曾积极肯定上海合作组织的价值，认为"上海合作组织的建立以及乌兹别克斯坦以创始成员国身份参加，是为巩固中亚地区乃至整个亚太地区安全与稳定，发展该地区睦邻、信任与合作关系而采取的重大步骤"。①

另一方面，上海合作组织在合作议题上发挥了聚焦与引领的作用。"上海合作组织是当国际社会有责任对安全面临挑战做出回答而正在积聚力量的条件下成立的"。② 上海合作组织明确将共同打击恐怖主义、分裂主义和极端主义作为组织的主要任务，这种聚焦性的合作议题不仅明确了上海合作组织的目标，有利于各成员国开展针对性合作，也有助于减少自身的发展阻力，并同其他地区组织开展互补性合作。

上海合作组织成立两个多月后，2001年9月11日，震惊世界的

---

① 《中俄元首莫斯科联合声明》，国务院公报2001年第25号（http://www.gov.cn/gong-bao/content/2001/content_60960.htm）。

② ［俄］普京：《在与上海合作组织国家元首会晤时的讲话》（2002年6月7日，圣彼得堡），《普京文集——文章和讲话选集》，中国社会科学出版社2002年版，第680—681页。

"9·11"恐怖袭击事件在美国发生，造成了严重的人员伤亡和财产损失，更重要的是给人们的心理造成了严重创伤。此后，美国将反对恐怖主义作为本国的外交政策重心之一，在全球掀起反恐战争的浪潮，并发动了对阿富汗的军事打击，以消灭盘踞在阿富汗境内的恐怖组织。直到此时，西方国家特别是美国，才意识到反对恐怖主义的重要性，也才发现中国与俄罗斯推动建立的上海合作组织在反对恐怖主义方面已经开展了卓有成效的合作。

因此，应当指出，上海合作组织在合作议题方面发挥了引领全球的作用。这种引领作用的发挥并不是一种巧合，而是地区国家面对不断发展的新形势及时做出判断，并果断开展合作的结果。早在1998年，"上海五国"就敏锐地认识到恐怖主义、民族分裂和宗教极端主义是本地区各国面临的共同挑战。在多次磋商的基础上，各方逐渐达成共识，并在2001年上海合作组织成立之时就明确提出了反对恐怖主义的共同目标，并签署文件构筑了合作打击恐怖主义的法律基础。2005年7月，上海合作组织出台《上合组织成员国合作打击恐怖主义、分裂主义和极端主义构想》；2009年6月，《上合组织反恐怖主义公约》《上合组织成员国反恐专业人员培训协定》等文件签署。这些文件的出台，表明上海合作组织在反恐领域有系统、有步骤地加强合作。

正如普京在10余年后所说的，"时间充分证明，我们当初将'上海五国'转变为正式合作机制的选择是正确的"[1]。中俄联合将"上海五国"机制升格为地区性国际组织，"不仅使它担负起维护地区安全与稳定的使命，而且赋予它以建立民主、公正、合理的国际政治经济新秩序的先导的意义"[2]。

(二) 上海合作组织对欧亚地区安全的影响

上海合作组织成立后，在安全领域开展了多项合作，在维护欧亚地区的和平与安全的同时，也影响了欧亚地区的安全秩序。

1. 上海合作组织在安全领域的合作实践

第一，上海合作组织通过完善自身的组织架构和机制建设开展安全

---

① 普京：《俄罗斯与中国：合作新天地》，《人民日报》2012年6月5日。

② 柳丰华：《"梅普组合"的外交战略》，中国社会科学出版社2012年版，第77页。

合作。2002 年 6 月，上海合作组织圣彼得堡峰会上，六国元首签署了《上海合作组织成员国关于地区反恐怖机构的协定》，决定建立上海合作组织地区反恐怖机构，并宣布上海合作组织为非集团或封闭式联盟。地区反恐怖机构作为上海合作组织的常设机构，其主要职能是促进成员国在打击恐怖主义、分裂主义和极端主义的过程中开展协调和合作。2004 年 1 月 1 日，上海合作组织秘书处和反恐中心开始运作。2004 年 6 月，《上合组织地区反恐怖机构资料库的协定》出台，并正式举行了上海合作组织地区反恐怖机构的成立仪式。经过数年的发展，上海合作组织先后建立起国家元首、政府首脑、外交部部长、国防部长、紧急救灾部门领导人、总检察长等不同职能部门官员之间的定期会晤机制，加强了自身的机制建设。

第二，上海合作组织通过开展联合军事演习，提高行动力。2003 年 5 月，上海合作组织圣彼得堡峰会期间，各国国防部长签署备忘录，决定举行首次反恐演习。2003 年 8 月 6 日至 12 日，"联合—2003"军事演习在哈萨克斯坦和中国境内举行，这是上海合作组织框架内举行的首次多边联合反恐军事演习。演习不仅锻炼和提升了各国的军事反恐能力，也加强了各国的协作意识，表明上海合作组织有能力组织实际行动。包括西方媒体在内的多国媒体，高度关注了这次军事演习。美国有线电视新闻网（CNN）认为"这次演习是全球反恐行动的组成部分"，美联社和加拿大媒体都认为这次演习赋予上海合作组织更多的实质性内容，显示了上海合作组织的行动能力。[1] 在上海合作组织框架内，成员国在 21 世纪的头十年间，举行了数次"和平使命"系列联合反恐演习。2007 年 8 月，"和平使命—2007"上海合作组织成员国联合反恐军演在中俄两国境内举行。这次军演首次涵盖了所有成员国，兵种数目和演习场距都创历年之最。

第三，上海合作组织与其他地区组织和外界加强合作。2001 年 9 月 14 日，上海合作组织政府总理首次会晤在阿拉木图举行，六国政府首脑发表联合声明，谴责发生在美国的恐怖袭击，并表示上海合作组织愿意与国际社会合作，共同应对恐怖主义的挑战。2002 年 2 月 19 日，独联体

---

[1] 转引自《"联合—2003"及其意义》，《现代国际关系》2003 年第 9 期。

集体安全条约成员国在莫斯科举行专家级会议，认为独联体集体安全条约和上海合作组织应为巩固阿富汗和中亚地区稳定和安全发挥重要作用。[①] 这一评价实际上是肯定了上海合作组织与独联体集体安全条约在维护地区安全方面都具有重要意义。2007 年 10 月 5 日，上海合作组织与集体安全条约组织在杜尚别签署合作备忘录，确定双方将在情报、反对恐怖主义、打击有组织犯罪和毒品贸易等领域开展合作。2008 年 8 月，集体安全条约组织副秘书长列席了上海合作组织成员国峰会。

2006 年 6 月 15 日，上海合作组织成立 5 周年之际，各国元首在上海举行的峰会上签署了《上海合作组织五周年宣言》等重要文件。2007 年 8 月，上海合作组织各成员国签署《上海合作组织成员国长期睦邻友好合作条约》，将中俄此前确定的"世代友好、永不为敌"的精神延伸至整个地区组织，成为引领各国合作的重要原则。上海合作组织的不断发展和合作实践影响了地区安全秩序。

2. 上海合作组织对地区安全秩序的作用

上海合作组织对推动它成立的中国和俄罗斯来说，其作用是基础性的和积极的。一方面，俄罗斯需要上海合作组织。正如左凤荣所指出的，与独联体国家的关系是俄罗斯外交的第一环，同中国及其他周边国家的关系是俄罗斯外交的第二环，上海合作组织是在两环之间架起的一座桥梁，适应了冷战后反对霸权和强权、打击恐怖主义的需要，有助于推进国际格局的多极化。[②]

另一方面，作为第一个以中国城市命名的国际组织，上海合作组织的成立不仅体现了中国外交跃上新的发展台阶，更重要的是给中国同欧亚地区国家的安全合作提供了一个具有组织性、系统性和稳定性特点的渠道。例如 2003 年 8 月举行的"联合—2003"军事演习，除乌兹别克斯坦外的中、俄、哈、吉、塔 5 国武装力量参加，这是中国军队首次参加多边联合反恐演习，也是中国第一次邀请外国军队入境参加军事演习。

[①] 《俄罗斯联邦内政外交大事记（1990—2004 年）》，世界知识出版社 2006 年版，第 587 页。

[②] 左凤荣：《重振俄罗斯——普京的对外战略与外交政策》，商务印书馆 2008 年版，第 78—79 页。

在上海合作组织框架内，在双边层面，中国与吉尔吉斯斯坦举行了"协作—2001"联合反恐军事演习、与塔吉克斯坦举行了"协作—2006"联合军演，不仅加强了中国与欧亚地区国家的联合反恐合作，更为中国继续进入欧亚地区提供了机会。

上海合作组织在地区层次的作用体现在多个方面。第一，实现了中俄之间的持续合作。两个大国的安全与和平，对欧亚大陆的稳定至关重要，上海合作组织为两大国提供了合作的平台，不仅有助于双方关系的发展，更有利于在地区层次上开展战略协作。第二，有效防止中亚地区出现动荡和混乱。中亚地区作为苏联解体后诞生的国际关系意义上的新地区，原本就容易出现动荡。消化解体的负面影响、减少主要大国之间的竞争、应对"三股势力"的考验等，都是上海合作组织的重要作用。第三，影响了地区国家的安全观念。上海合作组织的成立"体现了中俄国家安全观念的变化"，从新的视角理解安全，安全应当是多边性的、合作性的、综合性的，并应当通过机制和制度建设来保证安全感的获得。①而上海合作组织的发展又使这种新的安全观念不断扩大影响，推动地区国家转变观念。第四，在联合方面发挥了一定作用。除了加强内部合作外，地区组织的重要功能之一是在应对外部影响方面加强各国的协作。2005年7月，在阿斯塔纳举行的上海合作组织元首峰会期间，乌兹别克斯坦和俄罗斯共同提出了有关美军驻军期限的问题，最终与会国家达成共识，不仅写入《上海合作组织元首宣言》，更在2005年11月迫使美国从乌兹别克斯坦完成撤军。这是上海合作组织在集体防止外部影响方面的一个突出成果。第五，为"欧亚地区"的扩大提供了可能性和路径。一方面，中国作为上海合作组织的正式成员，得以积极参与到欧亚地区安全秩序的维护中，中国不仅为欧亚地区赋予了更多的亚洲色彩，也实际成为秩序的维护者和塑造者。另一方面，上海合作组织建立了对话伙伴国和观察员国制度，吸引了更多的国家参与地区安全合作，这不仅扩大了上海合作组织的影响，成为上海合作组织扩大的基础，也为"欧亚地区"本身的扩大提供了路径。

整体上看，建立之初的十年间，上海合作组织在欧亚地区安全领域

---

① 高飞：《政治文化变迁与中俄关系的演变》，世界知识出版社2008年版，第221页。

发挥了应有的作用，也取得了一定的成绩，但其影响作用并非是组织一建立就立即发挥出来的，而是逐渐积累并不断取得进步的过程。一个很明显的表现是"9·11"事件后，上海合作组织在中亚和阿富汗反恐中并没有发挥出期待中的作用，中亚各国更多还是与美国采取了双边合作方式的共同反恐。只是随着组织自身的发展，例如秘书处和反恐中心等机制的逐渐完备，上海合作组织的作用才得以不断显现。

但正是由于上海合作组织的存在，欧亚地区安全秩序逐渐呈现出明显的嵌套型架构。集体安全条约组织为基础，上海合作组织作为补充和延展，两者之间在成员方面存在交集，在功能上互有异同。中国通过上海合作组织与欧亚地区国家加强安全合作，使地区安全与地区稳定获得更大的保障，所以上海合作组织对欧亚地区安全秩序的影响是积极的，它所带来的变化可以被视作"演进"。总之，上海合作组织的建立和发展，不仅维护了欧亚地区的安全与和平，也促进了欧亚地区安全秩序的演进。

第三节　欧亚地区经济秩序的演进

21世纪伊始，欧亚地区秩序的演进就开始出现经济领域和安全领域的分野，且不同领域的演进并不同步，演进的动力、方式和特点也存在差别。为解决经济领域中的各种问题，各国在不断互动的过程中推动了欧亚地区经济秩序的演进，并体现在欧亚经济共同体和上海合作组织两个地区机制的发展上。

一　欧亚地区经济的主要问题

20世纪最后一次金融危机和21世纪的第一次金融危机，将欧亚地区各国经济的主要问题暴露无遗。1998年金融危机将欧亚各国在独立后刚有起色的经济再度推入谷底，暴露了根基不实的脆弱性；而2008年金融危机则像一盆冷水从头浇下，不仅降了温度与热情，更暴露了表面繁荣掩盖下的虚弱。基于历史和现实的多重因素影响，欧亚地区各国面临着大致相似的经济问题，在解决问题的道路选择上也面临着类似的矛盾困境。

（一）地区各国面对的共同经济问题

苏联解体并没有终止各国遇到的经济困境，困难不仅延续到独立后的日子里，而且因为解体所导致的国家体量的变化，使得各国在应对困难的手段方面捉襟见肘。无论是庞大如俄罗斯，还是弱小如吉尔吉斯斯坦，在经历了近十年的独立发展后，各国发现它们依然面对着一些共同的经济问题。

第一，落后于世界整体发展水平。

冷战后，欧亚地区各国虽然获得了独立，但经济困境一直未能改善，1998 年金融危机再次重创了各国。与此同时，世界上其他地区特别是与欧亚地区相邻的各个地区几乎都获得了较快发展。例如，欧洲一体化进程不断推进，欧元得以启动；中国经济持续增长，取得令世界瞩目的成绩；东亚地区虽然也经受了金融危机的考验，但自由贸易区建设依然稳步推进，经济活力也得以保持；曾经的对手美国，在巨大的经济体量基础上，也实现了近 10 年的快速发展。由此看来，20 世纪 90 年代可谓是"失去的十年"，欧亚地区经济落后于世界整体发展水平。

第二，转型依然未能完成。

尽管各国启动了多项改革措施，推动本国的经济转型，但苏联时期计划经济体制下的分工所导致的畸形的经济结构，难以很快扭转。21 世纪初的数年间，尽管经济的持续稳步增长令各国欣喜，但仔细观察就会发现这种经济增长建立在油价高位运行的大背景下。俄罗斯就明显受益于资源价格的上扬。但这种仅靠单一资源或者纯粹外部性的增长显然难以持续，一旦油价波动，各国的经济必然首当其冲地遭到重创。由此，经济结构不改变、不实现均衡性发展，那么欧亚地区国家的转型就难以彻底完成。

第三，各国经济的脆弱性依然严重。

进入 21 世纪以来，尽管欧亚地区各国的经济都不同程度地实现增长，但各国经济的脆弱性依然突出。以俄罗斯为例（见下表 4—1），2001 年到 2008 年，俄罗斯的国内生产总值（GDP）和人均国内生产总值均呈快速发展趋势，但 2008 年席卷全球的金融危机给俄罗斯经济造成严重打击，2009 年的国内生产总值就缩水近 25%。这种变化在欧亚地区普遍存在。

表4—1　　　　　　　　2000—2011年俄罗斯经济的基本表现

年份	GDP（十亿美元）	人均GDP（美元）	占全球GDP份额（%）
2000	259	1765	0.79
2001	306	2093	0.94
2002	345	2371	1.01
2003	430	2968	1.13
2004	591	4095	1.38
2005	764	5308	1.64
2006	990	6889	1.96
2007	1300	9050	2.29
2008	1661	11561	2.67
2009	1223	8511	2.07
2010	1525	10618	2.37
2011	1899	13239	2.67

注：本表数据来源于世界银行 https://data.worldbank.org.cn/。

（二）地区内外的矛盾选择

为解决经济问题，各国结合自身特点和国家利益需要做出不同的对外战略选择，归结起来有五种选项。

第一种战略选择是"自立门户"。

所谓"自立门户"，意味着该国不仅保持自身在经济领域中的独立性，而且能够组建某种机制框架成为"户主"。因此，能做出这种战略选择的欧亚地区国家恐怕只有俄罗斯。首先，俄罗斯有能力保证本国的经济独立，这不仅是因为其庞大的国家体量和先天的资源禀赋，也因为它继承了苏联的核心而获得了巨大的相对优势。其次，俄罗斯有能力成为"户主"，推动成立地区机制以加强经济合作，也就是说俄罗斯因巨大的实力优势能够为他国提供地区公共产品。最后，俄罗斯不得不选择"自立门户"。20世纪90年代的经历已经充分证明，俄罗斯过于庞大，无法加入某种其成员国都比它体量小的地区机制；俄罗斯又过于雄心，使其在主观上不可能委身于某种无法对其平等相待的地区机制中。因此，俄罗斯"不打算单方面依赖任何国际力量中心",① 它只能选择它自己,并成为某些地区机制的"中心"。

第二种战略选择是"自我孤立"。

除第一种战略选择外,其他四种战略选择都属于欧亚地区的众多中小国家。所谓的"自我孤立"与第一种"自立门户"一样,都是选择自己,不同之处在于"自立门户"有当"户主"的意愿,而"自我孤立"只是想要保持独立性。虽然这样的国家也会与外界发生联系,但它们宁愿自己处理经济问题,也不愿意加入某种机制或集团,或者与某个大国开展紧密合作。由此,土库曼斯坦这样的中立国的战略选择可以被界定为"自我孤立"。

第三种战略选择是追随俄罗斯,可被形象地称为"追随旧主"。

在经济遇到困境时,出于习惯、地理邻近产生的便宜、彼此熟悉而获得的信任等原因,中小国家会做出追随俄罗斯的战略选择。它们或者参加俄罗斯推动的地区经济合作机制,例如加入欧亚经济共同体,以多边合作的方式促进本国经济的发展;或者与俄罗斯开展双边合作,以获得贷款、直接投资和经济援助等方式取得立竿见影的提振经济的效果。由于中小国家此前与俄罗斯同属于苏联,所以我们把这种战略选择定义为"追随旧主"。获得经济发展这一收益的同时,意味着中小国家必然在某些方面付出了成本,例如承认俄罗斯的"中心"地位、经济独立性受到部分损害等。

有时,中小国家追随俄罗斯的选择并非是出于完全的自愿。它们或许没有其他选择,因为地处欧亚地区腹地,与其他大国的双边合作因地理遥远而鞭长莫及,参与某种地区多边机制又因为距离遥远而难以加入。它们或许又不得不选择俄罗斯,因为它们在某些领域难以完全独立,俄罗斯掌控着它们的某些经济命脉。例如,部分国家的能源在相当大程度上依赖从俄罗斯进口。亚美尼亚、乌克兰、白俄罗斯等国,无论它们与俄罗斯的关系经历怎样的亲疏变化,从俄罗斯进口能源都是其经济发展的重要基础。所以,"追随旧主"有收益的同时,需要付出成本,而无论是否完全自愿,这都是一种可供选择的对外战略。

---

① 转引自林军《俄罗斯外交史稿》,世界知识出版社 2002 年版,第 496 页。

第四种战略选择是"另随新主"。

对欧亚地区的中小国家来说，追随俄罗斯这个有时"霸道"但已经"虚弱"的"旧主"多少都有点不情不愿，毕竟苏联解体带来的独立如此珍贵，更何况迎来了新世纪，走一条新路似乎更具有吸引力。所以，欧亚地区的部分国家在21世纪到来之后选择了"另随新主"的道路。

但"另随新主"也并非一路坦途。首先，并非所有欧亚地区国家都有"另随新主"的可能，或者说它们"另随新主"的机会和条件并不均等，那些位于欧亚地区边缘地带的国家，条件更为成熟，也更有机会选择新的发展方向。其次，所谓"一个巴掌拍不响"，欧亚地区国家即便有意愿，如果其邻近地区没有开展经济合作的多边机制或者没有实力强劲的大国经济体，换句话说，就是在邻近地区没有"新主"存在的话，"另随新主"在客观上也不可能发生。最后，在主观层面，哪怕确实存在"新主"，但如果"新主"没有能力或没有意愿与欧亚地区国家开展密切经济合作的话，①"另随新主"也无法成为欧亚地区中小国家的战略选择。总之，"另随新主"只能成为部分欧亚地区国家发展经济合作的战略选择。

第五种战略选择是"抱团取暖"。

如果既不想选择俄罗斯，也不想选择其他大国或域外机制，欧亚地区的中小国家还有第三条道路可以走，这就是"抱团取暖"，相互依靠，以集体的力量开展经济合作。1994年哈萨克斯坦、吉尔吉斯斯坦和乌兹别克斯坦三国组建的"中亚经济联盟"，就显示了各国抛开大国而进行集体合作的意愿。然而，"抱团取暖"同样面临着各种问题。一方面，"热源"究竟从哪里来，又如何持续供应，在各国经济都面临着不同程度困境的条件下，这两个问题会被严重放大。另一方面，大国，特别是俄罗斯，始终紧绷着防止"被抛弃"的神经，并有很强烈的意愿减少中小国家的"抱团取暖"。例如，没有俄罗斯参与的中亚合作组织，在2002年

---

① 例如，中国在体量上可以作为中亚国家的"新主"，但20世纪90年代，中国在能力和意愿上都不足以成为中亚经济发展倚靠的中心；欧盟和北约虽然有意东扩，但东扩进程很难一蹴而就，所以即便格鲁吉亚和乌克兰等国有积极意愿加入，但这一过程也将是缓慢的，并且将引发多种问题，正如2013年乌克兰危机所显示的。所以，大国要成为中小国家可以追随的"新主"，在能力和意愿方面都不能过于缺乏。

由中亚经济共同体改组成立，但其后的发展并没有太多亮点。2004 年俄罗斯加入后，2006 年中亚合作组织即与俄罗斯主导的欧亚经济共同体合并。所以，"抱团取暖"同样只是"看上去很美"。

由此看来，尽管欧亚地区国家在解决经济问题方面有许多选项可以选择，但实际上每种选择都并非易事。特别是对欧亚地区的中小国家来说，地区内外各具诱惑，地区内外也都是矛盾选择。

二　欧亚经济共同体与欧亚地区经济秩序

对俄罗斯来说，既然独联体已经不可避免地呈现分裂态势，那么抓住那些愿意跟随俄罗斯的国家就成为维持地区秩序稳定的关键。俄罗斯在经济领域推动成立的欧亚经济共同体，正是维持地区经济秩序和促进地区经济合作的重要平台。

（一）俄罗斯与欧亚经济共同体

2000 年 5 月，在白俄罗斯首都明斯克举行了俄罗斯、白俄罗斯、哈萨克斯坦、吉尔吉斯斯坦和塔吉克斯坦五国领导人会议，决定在 1999 年成立的五国关税同盟的基础上建立新的国际经济组织。2000 年 10 月，俄、白、哈、吉、塔五国领导人签署条约，决定成立欧亚经济共同体（ЕврАзЭС），作为推动地区经济一体化的重要组织。2001 年 5 月 31 日，五国元首在明斯克举行峰会，宣布欧亚经济共同体正式成立。

此后，欧亚经济共同体每年都会通过召开政府首脑会议和元首峰会的方式推进各国之间的协商与合作。2002 年 2 月，欧亚经济共同体成员国政府首脑会议讨论经济合作和关税同盟建设问题。2003 年，欧亚经济共同体通过了《2003—2006 年及未来欧亚经济共同体发展的优先方向文件》，计划于 2006 年前建成真正意义上的海关联盟。2004 年的主要议题涉及能源合作和金融合作。

除具体的合作议程外，欧亚经济共同体还显示出对欧亚地区其他国家的吸引力。2002 年 5 月，乌克兰和摩尔多瓦成为欧亚经济共同体的观察员国。2003 年 5 月，亚美尼亚成为观察员国。2005—2006 年，可谓欧亚经济共同体发展的顶峰。不仅中亚合作组织与欧亚经济共同体实现合并，乌兹别克斯坦也完成了加入欧亚经济共同体的程序。由此，欧亚经济共同体拥有了 6 个成员国，成为欧亚地区最有影响的经济合作组织。

整体上看，在欧亚经济共同体的发展过程中，俄罗斯扮演了重要角色。例如，2002 年 5 月，在莫斯科举行的元首峰会上，各国达成的基本共识是以俄罗斯申请加入世界贸易组织的条件为基础开展成员国加入世界贸易组织的谈判。① 可见，俄罗斯制定的规则或政策已经成为欧亚经济共同体各成员国对外政策或集体行动的参考。又如，2006 年乌兹别克斯坦加入欧亚经济共同体，其主要原因之一也是俄罗斯在乌国内骚乱中支持了乌政府。所以说，欧亚经济共同体的发展得益于俄罗斯的推动，俄罗斯也通过欧亚经济共同体维持它在欧亚地区经济秩序中的中心地位。

当然，俄罗斯的雄心远不止在经济方面。在欧亚经济共同体成立之时，普京就曾明确指出，经济领域的一体化会对人文领域产生直接影响，"我们有根据期望，我们采取这些行动所产生的人文结果将是积极的"②。这番表态反映出俄罗斯希望借由经济一体化推进人文领域的更深层次的一体化，以维护对本国有利的地区秩序，并且普京本人也相信欧亚经济共同体是有前途的。③

然而，好景并未持续多久。2007 年，在看到 6 个成员国统一步伐前进的重重障碍后，俄罗斯有意优先推动与白俄罗斯和哈萨克斯坦建立关税同盟，并在欧亚经济共同体跨国委员会杜尚别会议上开始推进务实工作。这一加快推进的举措，尽管取得了一定效果，但也因异速发展为欧亚经济共同体埋下了分裂的种子。2008 年俄格冲突发生，在欧亚地区产生了复杂影响，格鲁吉亚、乌克兰等国继续远离俄罗斯，白俄罗斯、哈萨克斯坦等国也心存疑虑，中间派的代表乌兹别克斯坦则于 2008 年 11 月宣布退出欧亚经济共同体，这无疑是对欧亚经济共同体影响力的重创。

由此，我们可以看到，俄罗斯不仅是欧亚经济共同体的创立者和主要推动者，也成为欧亚经济共同体的破坏者。正所谓"成也萧何、败也

---

① Сообщение о заседании Межгосударственного Совета Евразийского экономического сообщества в Москве, 13 мая 2002г. // Дипломатический вестник. 2002. №6. С. 73 – 74.

② ［俄］普京：《在独联体跨国关税同盟成员国首脑共同举行的新闻发布会上答记者问》(2000 年 10 月 10 日)，《普京文集——文章和讲话选集》，中国社会科学出版社 2002 年版，第 169 页。

③ ［俄］普京：《欧亚经济共同体是有前途的——在欧亚经济共同体各国元首联合举行的记者招待会上答记者问》(2001 年 4 月 3 日，莫斯科)，《普京文集——文章和讲话选集》，中国社会科学出版社 2002 年版，第 629—631 页。

萧何"，欧亚地区的经济秩序在俄罗斯的影响下发生了新的变化，并呈现出与 20 世纪不同的特点。

（二）欧亚地区经济秩序的基本特点

21 世纪的第一个十年间，欧亚地区经济秩序呈现三个基本特点。

第一，俄罗斯依然发挥着中心作用，但这一中心是能力有限的，它的影响范围也是缩小的。

俄罗斯作为中心国家，在 21 世纪开始后继续主导和推动了多个次地区合作机制的发展。俄白联盟是成员最少的次地区合作机制，2002 年 1 月 20 日，普京在白俄罗斯首都明斯克说，建立联盟国家的方针是俄白两国关系的战略方向，呼吁加快俄白两国一体化进程。① 但两国在天然气领域出现的分歧使合作明显放缓。2003 年 2 月，在普京的积极推动下，俄罗斯、白俄罗斯、哈萨克斯坦和乌克兰四国元首在莫斯科会晤，并发表联合声明，表示愿意为建立统一经济空间而共同努力。但随着"颜色革命"的发生，乌克兰外交政策的调整，俄白哈乌统一经济空间也逐渐销声匿迹。

最有生命力的是欧亚经济共同体，其成员国包括俄罗斯、白俄罗斯、哈萨克斯坦、吉尔吉斯斯坦和塔吉克斯坦五个国家，乌克兰、亚美尼亚、摩尔多瓦也是观察员国，乌兹别克斯坦在 2006—2008 年也曾是成员国。所以，欧亚经济共同体是维护欧亚地区经济秩序的主要力量。但相较于独联体，欧亚经济共同体的范围和影响都已经明显缩小了。

除"颜色革命"外，金融危机也是影响俄罗斯中心地位的重要因素。2008 年金融危机重创俄罗斯后，俄罗斯明显减低了对欧亚经济共同体的支持力度，受能力所限，只好优先支持俄、白、哈三国建立关税同盟。这间接损害了地区经济合作。

除外部因素外，俄罗斯也经常"自毁长城"，损害自己的中心地位。这一方面是指俄格冲突这样的激烈事件。2005 年乌兹别克斯坦退出了古阿姆集团，随后在 2006 年加入欧亚经济共同体，这本来是俄罗斯维护地区经济秩序所取得积极成就。然而一场俄格冲突后，乌兹别克斯坦退出欧亚经济共同体，无疑是对欧亚地区经济秩序的损害。另一方面，俄罗

---

① 郑羽主编：《新普京时代（2000—2012）》，经济管理出版社 2012 年版，第 274 页。

斯"自毁长城"也包括日常的经济交往中的政策与行为。例如，俄罗斯时常运用能源杠杆，提高天然气等能源的供应价格，或者迫使相关国家改行亲俄政策，或者寻求实际获益。这实际上增加了欧亚地区国家摆脱俄罗斯影响的意愿，即便是同俄罗斯紧密联系的白俄罗斯，在"斗气风波"中也十足恼火，2006 年 1 月 12 日，白俄罗斯总统卢卡申科在记者招待会上宣布，白俄罗斯永远不会成为俄罗斯联邦的一部分，彻底排除了加入俄罗斯的可能性。[1] 有评论甚至认为，俄罗斯的提价供应政策直接将白俄罗斯推入西方的"怀抱"。[2]

第二，欧亚地区国家面对的外部吸引力日渐增加，地区经济秩序的碎片化更加明显。

在欧亚地区以独联体为依托的较大范围地区经济合作和以俄白联盟、欧亚经济共同体、俄白哈乌统一经济空间为代表的次地区经济合作都进展寥寥的同时，欧亚地区以外的世界主要国家和地区的经济发展仍然成绩显著。2004 年，欧盟迈出了历史上最大的一次东扩步伐，10 个中东欧国家成为欧盟的新成员国。其中不少国家在入盟后获得快速发展。并且如波兰、波罗的海三国等国家还同欧亚地区国家直接接壤，这显然极大地增强了欧盟对欧亚地区国家的吸引力。而在东侧，中国的经济发展成就更加耀眼。2001 年中国加入世界贸易组织，2010 年国内生产总值超越日本，跃居世界第二位，同样对欧亚地区国家产生了巨大的吸引力。

且不说格鲁吉亚、乌克兰等国由此更加积极地与欧盟开展合作，甚至谋求加入欧盟，即便是紧随俄罗斯的白俄罗斯、亚美尼亚等国，也没有放弃与地区外部的合作。例如，同俄罗斯紧密合作的哈萨克斯坦，也有多项选择的意愿。2004 年，哈萨克斯坦加入了北约的"行动潜力构想计划"，并在 2006 年月北约签订了"单独伙伴关系计划"。2008 年 12 月，欧盟峰会批准了"东部伙伴关系计划"，旨在加强与乌克兰、白俄罗斯、摩尔多瓦、阿塞拜疆、格鲁吉亚和亚美尼亚六国的合作。即便欧亚地区

---

①　俄罗斯大事记（2006 年 1—3 月），《俄罗斯研究》2006 年第 2 期。

②　А. Проханов,《Беларусь, ты права!》, Завтра, №. 03（687）, 17 января 2007 г., ht-tp://zavtra.ru/blogs/2007 - 01 - 1711.

国家没有真正加入欧盟或其他一体化机制，在俄罗斯主导作用降低和外部吸引力增强的双重影响下，欧亚地区经济秩序在21世纪的碎片化也比20世纪90年代更为明显。

第三，欧亚地区经济秩序的独立性不足，容易受到安全秩序演进的影响。

经济议题原本就比安全议题的重要性更弱，加上俄罗斯在经济和军事实力上的不平衡，导致欧亚地区经济秩序的独立性明显不足。例如，俄罗斯支持了乌兹别克斯坦应对"颜色革命"，乌兹别克斯坦就提出加入欧亚经济共同体，也就是说维护安全秩序的努力使经济秩序也得以维护。又如，乌克兰发生橙色革命，俄罗斯没能维持安全秩序，也就损害了经济秩序的维持，乌克兰退出了统一经济空间的谈判进程，俄罗斯不得已只能推动俄、白、哈三国的经济合作。再如，俄格冲突在相当程度上也可以被理解为俄罗斯维护地区安全秩序的努力，但却因此损害了地区经济秩序，格鲁吉亚退出独联体、乌兹别克斯坦退出欧亚经济共同体。

由此，我们在比较的意义上可以发现，俄罗斯在欧亚地区经济秩序中的中心地位要弱于它在欧亚地区安全秩序中的中心地位。这一方面是因为安全议题更为关键，外部力量的介入难度更大，欧亚地区国家另做选择的空间更小；另一方面也是因为俄罗斯在经济上存在短板，在军事安全领域的优势更为明显，所以它在维护本国在欧亚地区安全秩序中的中心地位时，更有能力和手段，其效果也更为显著。

三　上海合作组织与欧亚地区经济秩序

上海合作组织从机制升级为地区性国际组织，其合作领域的"外溢"似乎是不可避免的，因为各国有意在新的议题领域中开展合作。① 所以，在成立之时，上海合作组织就明确其宗旨之一是"鼓励各成员国在政治、经贸、科技、文化、教育、能源、交通、环保及其他领域的有效合作"②。

---

① 何卫刚：《国际机制理论与上海合作组织》，《俄罗斯中亚东欧研究》2003年第5期。
② 《"上海合作组织"成立宣言》，外交部网站（http://www.fmprc.gov.cn/web/ziliao_674904/1179_674909/t4636.shtml）。

鉴于欧亚地区已经存在相当多的经济合作机制或议程,所以从欧亚地区经济的发展需要来看,上海合作组织可以被理解为"欧亚国家 + 中国"的结构,也就是解决与中国开展经济合作的问题。

(一) 中国与欧亚地区的经济发展

进入 21 世纪,欧亚地区国家已经基本缓解了苏联解体带来的经济阵痛,也在双边层面经过几年时间的相互磨合与中国构筑起开展经济合作的基础。上海合作组织的建立,使中国同欧亚地区国家特别是俄罗斯和中亚国家的合作有了新的组织化平台,所以,在双边经济联系的基础上拓展在地区多边层次上的经济合作,成为中国与欧亚地区国家的共同需要。

一方面,中国是欧亚地区国家对外经济合作的重要选择之一。在欧亚地区,无论是大国俄罗斯,还是吉尔吉斯斯坦、白俄罗斯等中小国家,中国都是它们在对外经济合作中的选择对象。中国不断崛起的自身实力,庞大的消费市场,在劳动力方面的优势等,都吸引欧亚地区国家同中国开展合作。特别是那些与中国接壤的中亚国家,更是欧亚地区各国中在与中国发展经济方面具有优越条件的国家。各国在双边层次或在上海合作组织框架下与中国开展经济合作,都体现了中国对欧亚地区各国的吸引力。

另一方面,不断崛起的中国也需要同欧亚地区开展经济合作。这不仅是因为政治关系的良好和地区的相对和平为经济发展提供了有利条件,也是因为欧亚地区国家各具特点,或者具有中国经济发展需要的能源和资源,或者在某些技术方面具有领先优势。所以,中国也非常重视与欧亚地区国家的合作。

然而,尽管中国与欧亚地区国家彼此需要,但各方在地区多边层面的合作成绩并不突出。在一些细分领域的具体问题上,中国与欧亚地区国家取得了一定的成果。例如,2004 年 10 月,欧亚反洗钱与反恐融资小组(EAG)在莫斯科成立,中国、俄罗斯、白俄罗斯、哈萨克斯坦、吉尔吉斯斯坦和塔吉克斯坦等六国为创始成员国。但显然,这个小组是"欧亚经济共同体 + 中国"的模式,俄罗斯的主导作用以及中俄合作的影响是十分显著的。上海合作组织作为主要的合作机制,给中国提供了同俄罗斯和中亚国家开展合作的渠道,但在整个欧亚地区,上海合作组织的覆盖范围有限，也限制了多边层面的合作规模和合作成效。整体上看，中国同欧亚地区国家的经济合作虽然取得了很大进步，但相比中国与其他地区经济合作所取得的成就——例如中国与东南亚国家建立了中国—东盟自由贸易区，显然不在一个量级。

究其原因，首先在于欧亚地区的庞大和复杂。对于白俄罗斯、乌克兰等欧亚地区位于东欧平原上的国家，中国显然距离相对遥远，开展双边合作尚且需要克服地理制造的困难，多边合作的开展就更加缺乏动力。而位于内陆的中亚国家，则因地理接壤而易于同中国开展经济合作。其次，部分欧亚地区国家的优先方向不在中国，它们对中国的信心也不足。相当一部分欧亚国家对外经济合作的重心或者是地区外部的欧盟，或者是地区内部的俄罗斯，前者吸引力巨大，后者则受益于惯性使然。中国虽然发展速度惊人，但不是优先选择的合作对象。再次，作为地区中心的俄罗斯，其立场和政策对欧亚地区其他国家具有重要影响，且中俄经济合作尚且存在一些问题，中国同欧亚地区其他国家的经济合作可能就更加弱势。在回顾中俄关系 60 年的历史经验时，拉佐夫指出，中俄政治关系水平远高于中国与其他大国的政治关系，但中俄经贸合作水平却大大低于中国与其他大国的合作。[1] 这种"政热经冷"的局面长期未能根本扭转，也就传导到地区内部，影响了中国同欧亚地区的整体经济合作水平。最后，21 世纪第一个 10 年间，中国对外经济合作的重心也不在欧亚地区，而在东亚地区。东亚地区与中国的联系更为紧密、文化相似性更多、经济活跃度更高，这都有利于中国同东亚国家开展经济合作。中国虽然有意在欧亚地区推动经济合作，但重心没有迁移至此，就很难取得积极或显著的成果。

尽管中国与整个欧亚地区在经济领域的合作未能取得更为显著的成果，但上海合作组织框架下的经济合作还是取得了一定的进展，并对欧亚地区经济秩序构成影响。

（二）上海合作组织对欧亚地区经济的影响

就组织自身的发展而言，开展经济合作是安全合作取得积极成果的

---

[1] 拉佐夫：《对俄中关系 60 年历史经验的若干思索》，《俄罗斯中亚东欧研究》2009 年第 6 期。

"外溢"效应。上海合作组织将经济领域中的合作视为与安全合作同等重要的任务是具有历史意义的转变和深化。① 在上海合作组织框架下，各成员国在能源、贸易、金融、投资等领域开展了一些多边经济合作。

2001 年 9 月 14 日，上海合作组织成员国首次政府总理会晤在阿拉木图举行，六国签署了《关于开展区域经济合作基本目标和方向及启动贸易和投资便利化进程的备忘录》。2002 年，上海合作组织建立经贸部长和交通部长会议机制，启动在能源、交通和经贸领域中的合作。2003 年 9 月，上海合作组织总理会议上通过了《上海合作组织成员国多边经贸合作纲要》，对地区经济合作的原则和机制进行了规定。2004 年 9 月又通过了《关于〈上海合作组织成员国多边经贸合作纲要〉落实实施计划》。2004 年 9 月 23 日，上海合作组织经济合作网站开通，为各方面提供信息发布、活动交流的平台。

上海合作组织陆续建立了上海合作组织发展基金、实业家委员会、银行间联合体、燃料—能源综合体和现代信息与通信技术专业工作组等合作机构或交流平台，结合各国需要，在金融、能源、矿产等领域开展积极合作。例如，2005 年 10 月成立了上海合作组织银行联合体，2006 年各国就在联合体框架内签署了 7.5 亿美元的协议和项目。

上海合作组织在应对金融危机方面反应迅速。2008 年 10 月召开的成员国总理会议上，研究了上合组织的反危机应对举措。2009 年年初，召开专家组会议研究建立"上合发展基金"的问题。2009 年 10 月，各成员国通过了《关于加强多边经济合作、应对全球金融危机、保障经济持续发展的共同倡议》。中国和俄罗斯分别向上合组织其他成员国提供了危机应对资金。上海合作组织还注重与其他地区经济合作机制之间的交流和合作。2006 年 5 月 8 日，上海合作组织与欧亚经济共同体在北京签署合作备忘录，就经济合作的相关问题交流沟通。

尽管在经济领域取得了一些进展，但整体上看，上海合作组织成立的第一个十年间，它对欧亚地区经济和经济秩序的影响是有限的。这与它在安全领域取得的成果不在一个量级。哈萨克斯坦总统纳扎尔巴耶夫认为"经济合作是上海合作组织的薄弱环节，很多计划与项目不能完全

---

① 潘光主编：《稳步前进的上合组织》，时事出版社 2014 年版，第 58 页。

实现，也没有带来应有的效益。"①

除了前文已经谈到的影响中国与欧亚地区发展经济合作的若干原因外，俄罗斯的立场与政策发挥了关键影响。俄罗斯国内一直有声音担忧中俄实力对比的变化，因为"历史上第一次，中国可能比它的北方邻国变得更加强大，如果这种可能性成为现实，中国将对虚弱的俄罗斯形成地缘压力"②。这种压力来自实力不断崛起的中国将可能比俄罗斯对欧亚地区国家更有吸引力，从而动摇欧亚地区经济秩序的基础。

对俄罗斯来说，欧亚经济共同体已经能够帮助其完成与欧亚地区国家开展经济合作的任务，没有必要借助上海合作组织来实现经济合作的目标。而与中国的经济合作，通过双边层次已经可以满足需求，没有必要在多边层次上投入过多，况且在上海合作组织框架下的多边合作中，俄罗斯与中国相比恐怕在吸引力上处于下风。俄罗斯显然不愿意失去在地区经济秩序中仅有的中心地位。而且2008年俄格冲突和金融危机后，俄罗斯发现它在安全秩序中的地位依然巩固，但在经济秩序中的地位持续虚弱，由此，俄罗斯就更不愿意在地区层面上使中国等域外大国更多地进入欧亚地区。这一态度就表现为不愿意支持上海合作组织框架内的经济合作。

在这个意义上说，俄罗斯也面临着地区内外的矛盾选择，这并不是它自己留在地区内还是参与地区外的选择题，而是是否要更多地开放地区和是否允许地区外大国更多进入地区的问题。矛盾的选项在于：不允许和不开放，欧亚地区的经济发展存在相当程度的困难，它作为地区中心就需要承担更多的地区责任，对它自己或许是一种拖累；但允许大国进入和开放地区，就将损害俄罗斯的中心地位，继而动摇整个地区秩序的根基。这种心理也反映了俄罗斯在经济领域中的不自信，与它在安全领域中的自信形成了鲜明对比。这也就从一个侧面解释了上海合作组织推动的安全合作能够取得积极成果而经济合作成果有限的主要原因。

---

① Н. А. Назарбаев, Десять лет будущего. // Российская газета. 03 июня 2011г.

② Е. П. Божанов, Современный мир, Москва: Известия, 2004, С. 143.

本章小结

2001 年签订的《中俄睦邻友好合作条约》使中俄战略协作进入快速发展并不断成熟的阶段。而"走向成熟的中俄战略协作伙伴关系不仅有助于两国关系的发展稳定，而且还有助于在区域及全球层面上构筑一种公正、合理和民主的国际秩序"①。因此，中俄战略协作的发展有助于欧亚地区秩序的演进。

俄罗斯在 21 世纪推动成立欧亚经济共同体和集体安全条约组织，直接推动了欧亚地区秩序的分领域演进。俄罗斯在不同领域努力发挥自己的影响，其地区中心地位在相应的地区机制中也得到提升和巩固，但地区机制所辖范围的缩小使俄罗斯不得不接受欧亚地区的碎片化。2008 年俄罗斯成立了专门的独联体署，有意推动整个地区的相关合作事宜，尽管这是俄罗斯有意加强对整个欧亚地区掌控的尝试，但实力的掣肘实际上使俄罗斯不得不接受整个欧亚地区的秩序日渐松散的现实。2008 年 12 月举行的独联体元首非正式会晤，只有俄罗斯、哈萨克斯坦、亚美尼亚、吉尔吉斯斯坦和塔吉克斯坦等五国元首参加，不及独联体成员国数目的一半。这不仅折射出独联体自身存在问题，也反映了地区的碎片化和全地区集体行动的困境。俄罗斯国家实力的短板和不平衡发展，导致欧亚地区秩序在安全和经济两个领域呈现出不同的发展态势，上海合作组织作为其中的机制之一，与其他地区机制一起对欧亚地区秩序的变化发挥影响。

上海合作组织建立后，将合作内容从此前的聚焦于边界安全扩展为安全、经济、人文等多个领域。正如普京在 2006 年所指出的，上海合作组织"为欧亚大陆树立了平等伙伴关系的典范"，而"这种伙伴关系的战略目的在于，加强地区安全和稳定，推进经济进程，并在保留各国民族文化特点的基础上推进一体化进程"②。上海合作组织在多领域的合作也

---

① 高飞：《政治文化变迁与中俄关系的演变》，世界知识出版社 2008 年版，第 225 页。

② 普京：《上海合作组织——成功的国际合作新模式》，2006 年 6 月 13 日普京为上海合作组织第六次峰会撰文（http://www.china.com.cn/chinese/HIAW/1241131.htm）。

一定程度上实现了普京提出的战略目的。在安全领域，上海合作组织围绕打击"三股势力"开展的安全合作，提升了各成员国的安全合作水平，有利于整个欧亚地区的安全与稳定，是对集体安全条约组织的有力补充。① 在经济领域，上海合作组织在能源、经贸、金融等具体领域开展了经济合作，特别是有利于欧亚地区国家与中国开展经济合作。2009 年，为应对金融危机，中国承诺提供 100 亿美元信贷，支持上海合作组织框架内的双边和多边项目合作，这既是中国对欧亚地区经济稳定和发展的贡献，也是中国借助上合组织渠道扩大自身影响的鲜明体现。同时，上海合作组织与欧亚经济共同体相配合，② 对欧亚地区经济的发展有促进作用。所以，上海合作组织对欧亚地区秩序的影响在整体上是积极的，适应了地区发展的新形势，也符合地区内各个国家的需要。欧亚地区秩序因由上海合作组织发生的变化可以被视为"演进"。

此外，上海合作组织还加强了自身的机制建设，包括设立秘书处和地区反恐怖中心等，都为上海合作组织的发展提供了制度保障。这种自身建设还包括拓展合作的地理空间这一内容。2004 年 6 月和 2005 年 7 月，蒙古、印度、伊朗和巴基斯坦等国成为观察员国，不仅扩大了上海合作组织的影响力，也为上海合作组织各成员国与上述国家开展合作提供了新的多边渠道。2008 年，上海合作组织正式启动对话伙伴机制。从长远角度看，观察员国和对话伙伴国的设立为上海合作组织的扩员提供了制度路径，也为欧亚地区在地理范围上的扩展奠定了基础，地区秩序也因此获得向某个方向的演进可能。

整体上看，上海合作组织在其成立后的十年时间里，其发展进程基本符合了俄罗斯的预期，即上海合作组织"既能够保持稳定发展，同时又可以被控制在一定进程内"，其"发展速度既不能慢也不能过快，合作

---

① 有关上海合作组织与集体安全条约组织的关系等问题的研究，可参见杨恕、张会丽《评上海合作组织与独联体集体安全条约组织之间的关系》，《俄罗斯中亚东欧研究》2012 年第 1 期；王树春、朱震《上合组织与集安组织为何合作大于竞争？》，《国际政治科学》2010 年第 2 期；Юлия Никитина, Перспективы эволюции ОДКБ и ШОС в сфере безопасности. // Обозреватель. 2008 No2.

② 有关上海合作组织与欧亚经济共同体的关系等问题的研究，可参见王树春、万青松《上海合作组织与欧亚经济共同体的关系探析》，《世界经济与政治》2012 年第 3 期。

内容应不影响俄罗斯的地位和利益"。① 尽管俄罗斯仍然能够通过中俄战略协作掌控地区秩序发展的节奏，但欧亚地区秩序的演进以及俄罗斯地位和利益所受到的影响确实已经难以阻挡。地区的非封闭性意味着俄罗斯已经不可能独立掌控欧亚地区秩序的发展走向，在"大国之间的各种竞争"和"地区国家的不同心思"这两个因素的共同影响下，欧亚地区秩序面临着新的演进。

---

① 郑羽、柳丰华主编：《普京八年：俄罗斯复兴之路（2000～2008）》（外交卷），经济管理出版社 2008 年版，第 365 页。

第 五 章

中俄全面战略协作与共同塑造
欧亚地区新秩序（2011—2017）

21 世纪的第二个十年开始之时，中国与俄罗斯将伙伴关系升级为全面战略协作伙伴关系。尽管两国根据形势的新变化提出了各自不同的地区合作方案，但中俄全面战略协作的开展作为地区稳定与发展的基石，促使两国携手并进，共同塑造欧亚地区新秩序。

第一节　中俄全面战略协作的启动与发展

十余年战略协作的开展，令中国与俄罗斯都从中受益，所以即便两国各自的发展建设取得了不同成就、呈现出不同的发展速度和状态，两国也深刻认识到继续开展战略协作的重要意义。这是中俄两国启动全面战略协作的重要原因。

一　中俄启动全面战略协作的背景

21 世纪的最初十年，是中国和俄罗斯取得快速发展的十年，不仅被西方经济师定义为"金砖四国"的重要成员，也经受住 2008 年金融危机的考验。然而，差别化的发展路径使两国取得了不同的成就，并在 21 世纪的第二个十年开始之时面临着同中有异的国内外环境。

（一）中国崛起及其地区和国际影响

自改革开放以来，中国经济建设不断取得新的成就。在成功抵御了 1997 年亚洲金融危机的负面影响后，进入 21 世纪的中国经济再次进入发展的快车道。2001年加入世界贸易组织为中国打开了更广阔的发展空间，2008年顺利度过了金融危机的严峻考验，2010年与东盟国家建成中国—东盟自由贸易区，提升了对外经济合作的质量，中国经济一步步稳定向前。在世界经济论坛2011年新领军者年会（夏季达沃斯论坛）的开幕式上，中国总理温家宝在致辞中表示，在21世纪的头十年间，中国经济年均增长10.5%，国内生产总值由世界第6位上升到第2位，对外贸易总额上升到第2位。① 这些成就表明中国正在不断崛起，不仅提高了中国人民的生活水平，更给地区形势和国际格局带来重要影响。

在不同的地区，中国崛起所引发的反应并不相同。对中国周边的各个地区来说，如何看待中国崛起一时成为每个国家对外关系中的重要课题，正反两方面的声音都存在。部分国家乐见中国的崛起，认为同崛起的中国发展关系、进行经贸合作对本国的发展是良好机遇；部分国家警惕中国的崛起，认为崛起的中国可能威胁到本国在相关地区的影响力；也有部分国家认为崛起的中国有可能采取霸权行为，危害本国的安全和发展。

比较而言，中国的崛起在其西侧的欧亚地区受到了相对正面和积极的评价，很多国家都认为这是地区国家间密切合作、谋求共同发展的重要机遇。但在中国东侧的东亚、东南亚、南亚等地区，中国崛起引发了较为复杂的反应。一方面，很多东南亚国家在经济上更加依赖于中国的庞大市场，愿意同中国加强合作；但另一方面，它们却又同时存在对中国称霸地区的担忧。以日本、印度为代表的国家则对中国崛起持有更加负面的看法，警惕崛起的中国可能挤压它们的战略空间。在远离中国的世界其他地区，更多国家在瞩目中国崛起的同时，期待着同中国更多地开展经济合作。

然而，中国崛起最重要的影响还是在国际层面。作为冷战后仅存的超级大国，美国明确感受到中国崛起给其带来的战略压力。2009年出台的美国国家情报战略文件认为，伊朗、朝鲜、中国和俄罗斯是可能对美

---

① 《温家宝：新世纪的头十年中国取得了辉煌成就》，中国网（http://www. china. com. cn/economic/txt/2011 – 09/14/content_23410095. htm）。

国构成安全威胁的国家，但中国是构成一系列全球性挑战的重要因素。① 也就是说，相比其他国家，中国对美国的挑战更具全面性和系统性。由此，从 2010 年下半年开始，美国奥巴马政府逐步进行战略东移，抛出"亚太再平衡"战略，意在给中国施加压力。

因此，在 21 世纪的第二个十年开始之时，尽管取得了重要的发展成就，但中国面临的地区和国际形势却更加复杂，国际环境出现了更多不利于中国发展的变化。中国需要破局，并扭转不利的外交局面，为更进一步的崛起塑造良好的外部环境。

（二）俄罗斯的复兴与隐忧

与中国相类似，21 世纪的最初十年几乎可以说是俄罗斯在苏联解体后经历的"黄金十年"。在成功遏制了 20 世纪末的分裂趋势后，俄罗斯迎来了普京时代。凭借一系列改革举措，以及高油价带来的可观经济收益和相对稳定的国际环境，俄罗斯的国家实力得以恢复和提升，并跻身新兴经济体之列，与中国一样成了西方国家口中的"金砖国家"。也正是凭借这一复兴态势，俄罗斯得以较快地走出 2008 年金融危机带来的不利局面，取得了近十年的稳定复兴。

然而，复兴的背后却暗含着诸多隐忧。首先，经济增长过度依赖石油价格的高位运行，经济结构并没有真正改善。俄罗斯在继承苏联的国际身份的同时，也延续了苏联经济结构中的各种问题。依赖重工业和依赖能源的畸形经济结构，扭转起来并非易事，而高油价所带来的短期收益又使对经济结构的改革缺乏决心、动力和积极性。于是，俄罗斯近十年的经济增长其实更多是建立在外部因素上，它实际上既不稳定，也无法持续。一旦油价大跌，极有可能带来严重影响，并放大经济结构的长期问题（这已被 2014 年年末的形势发展所印证②）。所以，梅德韦杰夫总统倡导全面现代化的发展目标，③ 并把"向东看"以及同亚太国家的合作

---

① The National Intelligence Strategy, http: //fas. org/irp/dni/nis2009. pdf, August 2009.

② 2014 年年末，受国际油价下跌和外部制裁的双重影响，俄罗斯卢布在近两个月内大幅贬值一倍有余，在重创俄罗斯经济的同时，也给普通百姓的生活造成极大的困难。

③ Медведев Д. Россия, вперёд! http: //www. kremlin. ru/news/5413.

作为经济发展的新突破口，以求对俄罗斯经济产生刺激作用。[①] 推动发展与中国的关系显然是"向东看"的重要组成部分。

其次，俄罗斯在比较意义上的进步并不突出。尽管十年的复兴对俄罗斯来说是难得的进步和突出的成就，但放眼整个世界，很多国家也同样取得了积极的成就。对俄罗斯来说，十年的复兴起到了维护俄罗斯大国地位的作用，但这一进展不仅与它自身制定的目标还有距离，即无法支撑俄罗斯发挥其期待的大国影响，也无法使其真正参与顶级的大国竞争，俄罗斯的"被忽视"成了日渐明显和普遍的现象。即使是 2009 年俄美关系重启，也在相当程度上并非是俄罗斯自身的发展赢得了美国的重视，而是美国为应对中国的挑战而转变了对俄罗斯作用的判断。所以，在横向比较的相对意义上，俄罗斯的复兴是弱势的和有限的。

再次，"王车易位"尽管保证了政策的连续性，但暗含了官僚阶层僵化的问题。普京从总统到总理的易位，给西方指责俄罗斯缺乏真正民主提供了口实，但更重要的隐忧在于俄罗斯似乎又重回老路。它原本就习惯于强势领导，普京难以离开的现实不仅意味着俄罗斯威权政治的特点得到强化，也让外界担忧对内威权的俄罗斯可能对外重启"帝国"模式。2008 年的俄格冲突也在一定程度上增大了外界对俄罗斯的担忧和批评。而 2008 年金融危机给俄罗斯造成的损害，也受到了政策固化和应对不力等因素的影响。这些问题对俄罗斯的持续发展来说，都是不容回避的隐忧。

综合以上我们可以看到，中国与俄罗斯尽管面临着各自不同的问题，但两国之间依然存在着许多共同利益，这成为彼此需要继续发展合作的重要原因。

二　中俄全面战略协作的启动

中俄战略协作历经十余年的发展，令双方都从中获益。从战略协作自身的发展逻辑来看，既有合作在得到双方的肯定和满意时，合作水平将得到维持或提升。中俄双方对彼此合作的满意，使两国愿意提升战略

---

① Попапов М. Куда идёт экономическая интеграция в Восточной азии? // Мировая экономика и международные Отношения, 2006, №9.

协作水平。而现实情势的需要，也是两国提升战略协作水平的重要原因。

（一）中俄启动全面战略协作

自 2001 年中俄两国签署睦邻友好合作条约以来，中俄关系持续稳定发展。2011 年 6 月，适逢条约签署十周年，中国国家主席胡锦涛访问俄罗斯。6 月 16 日，中俄两国发表了《关于〈中俄睦邻友好合作条约〉签署 10 周年的联合声明》，明确提出中俄"双方将继续遵循条约确立的原则和精神，致力于发展平等信任、相互支持、共同繁荣、世代友好的全面战略协作伙伴关系"[①]。由此，中俄关系进入全面战略协作伙伴关系阶段。

此前，中俄两国将战略协作伙伴关系的性质界定为"睦邻、友好、合作和平等信任"[②]，全面战略协作伙伴关系则在这一基础上扩展为"平等信任、相互支持、共同繁荣、世代友好"。这绝不仅仅是字数的增加，表述的改变体现了双方对全面战略协作伙伴关系的发展规划和愿景期许。全面战略协作伙伴关系建立在"平等信任"的基础上，以"相互支持"为核心方式，将"共同繁荣"作为双方共同努力的目标，"世代友好"则表明双方对彼此关系持久发展的期待和追求。而将"全面"一词加入到伙伴关系的定语中则是中俄战略协作此次重要发展的核心点。

第一，"全面"一词准确概括了中俄战略协作的全面性特点。一方面，中俄战略协作涉及的领域全面。历史的积累与现实的发展使中俄关系的内容几乎涵盖了两个国家之间关系的所有领域。无论是至关重要的军事安全政治领域，还是关乎国计民生的经济金融能源领域，以及科技、人文、生态等领域，中俄两国都开展了务实合作。另一方面，中俄战略协作涉及的层次全面。大到维护国际秩序稳定和应对国际金融危机，小到地方合作和青年交流，中俄两国的战略协作遍及全球、地区、国家、地方、个人等多个层次。双方在元首、总理、议长等国家领导人之间建立了年度互访机制，在政府不同部门之间开展了战略安全磋商、外交磋

---

① 《中国国家主席胡锦涛和俄罗斯总统梅德韦杰夫关于〈中俄睦邻友好合作条约〉签署 10 周年联合声明（全文）》，外交部网站（http://www.fmprc.gov.cn/web/gjhdq_676201/gj_676203/oz_678770/1206_679110/1207_679122/t831559.shtml）。

② 《中俄签署睦邻友好合作条约》，外交部网站（http://www.fmprc.gov.cn/web/gjhdq_676201/gj_676203/oz_678770/1206_679110/1207_679122/t11111.shtml）。

商等，中俄友好、和平与发展委员会也努力在民间开展中俄友好交流活动，这些不同类型的官民合作交流机制促进了中俄关系和战略协作的发展。尽管不同层次上的协作水平和合作程度存在差别，但我们无法忽略中俄战略协作的全面性。

第二，"全面"一词准确表征了中俄双方对战略协作的高度重视。自中国开始对外实施伙伴关系战略以来，[①] 中国在双边层次上建立了各种不同类型的伙伴关系。[②] 中俄战略协作伙伴关系因为"战略协作"这一定位，一直处于中国对外建立的双边伙伴关系中的最高层次。而在所有伙伴关系中，使用"全面"一词界定的伙伴关系通常都更加重要，并表明了双方对彼此关系的重视，例如，"全面战略合作伙伴关系"比"战略合作伙伴关系"更为紧密，"全面战略伙伴关系"通常比"战略伙伴关系"更加重要。所以，"全面"一词已经表征了伙伴关系的重要程度，将其放在"战略协作"前面，不仅是对中俄伙伴关系的继续升级，[③] 也是对中俄伙伴关系重要性的双重强调。这不仅体现了中国对俄罗斯的重视，也反映了中俄关系的良好发展状态。而在俄罗斯的对外关系名称中，使用"全面"一词界定的国家也并不多。所以，"全面"一词的明确界定再次肯定了中俄两国开展战略协作和发展彼此关系的决心和信心。

第三，"全面"一词适应了中俄两国的战略需要。正如前文所述，在21世纪第二个十年开始时，尽管中俄两国面临的内外环境存在差别，但提升中俄战略协作水平符合两国的国家利益，是双方共同的战略需要。从应对外部压力的需要看，中国面对的来自美国的战略压力更大，在全

---

① 有关中国伙伴关系战略的研究，参见门洪华、刘笑阳《中国伙伴关系战略评估与展望》，《世界经济与政治》2015年第2期；唐健《伙伴战略与伙伴关系：理论框架、效用评估和未来趋势》，《国际关系研究》2016年第1期。

② 有关中国对外建立的伙伴关系类型的总结和研究，参见刘博文、方长平《周边伙伴关系网络与中国周边安全环境》，《当代亚太》2016年第3期；陈晓晨《中国对外"伙伴关系"大盘点》（http://opinion.hexun.com/2016 – 04 – 21/183441484.html）。2017年12月9日，王毅外长在致辞中明确指出，中国已经同100多个国家建立了伙伴关系（参见王毅《在2017年国际形势与中国外交研讨会开幕式上的演讲》，http://www.fmprc.gov.cn/web/ziliao_674904/zyjh_674906/t1518042.shtml）。相信，随着中国对外交往的扩大和深入，与中国建立伙伴关系的国家数目仍将继续增长。

③ 有关中国伙伴关系升级的研究，可参见孙学峰、丁鲁《伙伴国类型与中国伙伴关系升级》，《世界经济与政治》2017年第2期。

球战略层面更加需要俄罗斯的支持。俄美关系尽管在 2009 年得到重启，但其进展速度之缓及成效之微，使俄罗斯在失望之余更不敢有所放松，仍然需要巩固同中国的战略协作。从自身需要来看，无论是维护周边环境的稳定和开展地区层面的合作，还是促进自身经济发展和增强国家实力，中俄两国都"意识到了自己对继续发展俄中长期的战略伙伴关系负有共同责任"，① 需要彼此相互支持。

（二）中俄全面战略协作的发展

全面战略协作伙伴关系的确立，既是对此前十余年中俄关系发展的阶段性总结，也为此后中俄关系在新阶段的快速发展奠定了基础，提供了动力。

在政治领域，双方保持了密切的高层交往。2011 年，中国国家主席胡锦涛访问俄罗斯。2012 年 6 月普京访问中国，两国发表《关于进一步深化平等信任的中俄全面战略协作伙伴关系的联合声明》。2013 年，中国新任国家主席习近平将出访的第一站定为俄罗斯，并且是在 3 月下旬中国全国人大会议闭幕后就开始了对俄罗斯的访问行程，足见中国国家元首对发展中俄关系的高度重视。此次访问期间，两国发表了《中俄关于合作共赢、深化全面战略协作伙伴关系的联合声明》。在完成了"2009—2012 年实施纲要"的基础上，2013 年双方批准实施《〈中华人民共和国和俄罗斯联邦睦邻友好合作条约〉实施纲要（2013—2016 年）》。在很多重要的多边组织、多边会议等场合，中俄双方领导人或与会高级别官员在多边活动之外，都会单独举行双边会见。两国领导人的直接会晤年平均可以达到 4—5 次，这充分显示了中俄全面战略协作的高水平发展。

在关乎各自重要利益的问题上，中俄之间相互支持。2011 年 6 月，中俄发表《关于当前国际形势和重大国际问题的联合声明》，就重要的国际问题联合发声。对俄方关切的问题，中国一直明确表明态度。例如，中国支持俄罗斯在 2011 年年底前加入世界贸易组织。② 在中国关切的台

---

① 普京：《俄罗斯与中国：合作新天地》，《人民日报》2012 年 6 月 5 日。

② 《中国和俄罗斯关于当前国际形势和重大国际问题的联合声明（全文）》，外交部网站（http://www.fmprc.gov.cn/web/gjhdq_676201/gj_676203/oz_678770/1206_679110/1207_679122/t831556.shtml）。

湾、西藏等问题上，俄罗斯也经常明确表达支持立场。双方的相互支持不仅最明显地反映在双边联合声明中，也表现为双方在国际舞台上的相互协作。例如，2010年"阿拉伯之春"发生后，中东局势持续动荡。中俄两国作为安理会常任理事国，努力维护中东地区的和平稳定，在一些关键议案的表决中进行战略协作，或者共同提出对解决问题和稳定局势具有建设性作用的议案，充分显示了中俄全面战略协作的国际价值。又如，2013年10月召开的第八届东亚峰会上，中俄两国正式提议构建亚太地区安全与合作架构。

在经济领域，普京曾明确表示，"中国经济增长绝不是威胁，而是带有巨大实业合作潜力的挑战，这也是一种机遇"，俄罗斯的经济"帆船"应抓住吹来的"中国风"。① 2011年，中俄双边贸易额达到793亿美元。2012年为882亿美元，2013年接近900亿美元，中国稳居俄罗斯对外贸易伙伴的首位。② 两国在2013年将双边贸易发展的中期目标定为2015年达到1000亿美元，2020年达到2000亿美元，③ 并为此目标持续努力。双方的合作领域全面，在贸易、投资、信贷、农业、能源、航空航天、通信等领域双方都有合作项目或合作机制。在能源合作中，2012年12月，从斯科沃罗季诺到科济米诺湾的专用石油码头管线正式投入使用，不仅扩大了对中国的石油供应，也为整个东北亚及至亚太地区国家进口俄罗斯石油提供了便利。根据2013年签订的协议，俄罗斯和中国合作在中国天津建立炼油厂，计划每年加工1600万吨原油。在金融合作中，2011年6月，中国央行与俄罗斯联邦中央银行签订了新的用本币进行双边结算的协定，从而使中俄本币结算从边境贸易扩大到一般贸易。

在地方合作层面，在传统的中国东北地区与俄罗斯远东及西伯利亚地区合作的基础上，中俄探索建立中国长江中上游地区和俄罗斯伏尔加河沿岸联邦区合作机制；俄罗斯航空航天城茹科夫斯基市与中国城市珠海在2012年结成友好城市，珠海航展也得到俄罗斯的积极参与。地方合

---

① Россия и меняющийся мир，http：//www.rg.ru/2012/02/27/putin-politika.html.

② 数据来源于中国海关总署网站（http：//www.customs.gov.cn/）。

③ 《中华人民共和国和俄罗斯联邦关于合作共赢、深化全面战略协作伙伴关系的联合声明（全文）》，外交部网站（http：//www.fmprc.gov.cn/web/gjhdq_676201/gj_676203/oz_678770/1206_679110/1207_679122/t1024243.shtml）。

作形式的不断丰富，有助于扩大中俄合作的规模和双边关系的密切程度。2013 年 12 月，黑龙江省绥芬河市正式被国务院批复为中国首个卢布使用试点市，即成为"中国小币种使用特区"。这是新中国成立以来首次允许一种外币在中国某个特定领域行使与主权货币同等功能。

在军事安全领域，中俄双方的合作不断达到新的高度。中俄战略安全磋商机制持续稳定运作。2012 年 4 月，"海上联合—2012"中俄海军实兵联合军事演习在青岛举行。2013 年 3 月，中俄双方达成大额武器订单。2013 年 7 月 5 日至 12 日，中俄"海上联合—2013"军事演习移师在符拉迪沃斯托克的彼得大帝湾举行。十余天后，7 月 27 日至 8 月 15 日，中俄两国军队在俄罗斯车里雅宾斯克举行"和平使命—2013"联合反恐演习。这是继 2009 年后，中俄两国再次在同一年度进行两次联合军演。中俄两国军舰还在 2013—2014 年共同完成了对运载叙利亚化学武器的船只的护航任务。按照俄罗斯国防部长绍伊古（С. К. Шойгу）的看法，中俄合作，特别是军事技术合作越紧密，中俄所在的地区就越稳定。①

在人文领域，中俄两国继续落实《中俄人文合作行动计划》。2012 年 12 月，莫斯科中国文化中心正式揭牌。2012—2013 年，两国互办了"旅游年"主题活动。2012 年在"俄罗斯旅游年"合作框架下，中国组织了多个团队访问俄罗斯，举办了 200 余项活动，50 个俄罗斯家庭受邀到北京进行民宿旅游交流，开创了中俄民众往来的新形式。2013 年俄罗斯"中国旅游年"成功举办，近 400 项活动加深了两国人民之间的了解。②两国高校间开展直接合作，建立同类高校联盟。两国围绕媒体、医疗、体育等具体领域也开展了合作。

2013 年中俄联合声明对两国关系的发展现状做出评价，即"中俄关系已达到前所未有的高水平"。③ 这与双方平等信任、相互支持密不可分。

---

① Сотрудничество РФ и КНР важно для стабильности в регионе, заявил Шойгу, http：//ria. ru/world/20121121/911545836 - print. html？ria = cp0gtoph2fvseog9jlbl8j7hl9cbp7mc.

② 《中俄互办"旅游年"：百花齐放姹紫嫣红》，国家旅游局网站（http：//www. cnta. gov. cn/html/2013 - 11/2013 - 11 - 15 - %7B@ hur%7D - 49 - 54623. html）。

③ 《中华人民共和国和俄罗斯联邦关于合作共赢、深化全面战略协作伙伴关系的联合声明（全文）》，外交部网站（http：//www. fmprc. gov. cn/web/gjhdq_676201/gj_676203/oz_678770/1206_679110/1207_679122/t1024243. shtml）。

在如何相互支持方面，习近平主席在 2013 年访问莫斯科时曾予以明确界定，双方应"坚定支持对方维护本国核心利益，坚定支持对方发展复兴，坚定支持对方走符合本国国情的发展道路，坚定支持对方办好自己的事情。"① 2013 年的俄罗斯联邦对外政策构想再次强调，发展与中国的友好关系是俄对外政策最重要的方向之一。② 正是在这些原则和观念的指导下，中俄关系不断夯实基础、充实内容，并取得发展实效。普京总统认为，"俄罗斯与中国之间的关系是名副其实的国家间新型关系的典范"。③ 习近平主席明确指出，"中俄关系是世界上最重要的一组双边关系，更是最好的一组大国关系。一个高水平、强有力的中俄关系，不仅符合中俄双方利益，也是维护国际战略平衡和世界和平稳定的重要保障。"④

三　中俄全面战略协作进入新阶段

经过三年的快速发展，2014 年 5 月 20 日，中俄双方签署《关于全面战略协作伙伴关系新阶段的联合声明》，表示"中俄关系已提升至全面战略协作伙伴关系新阶段"。⑤

（一）中俄全面战略协作进入新阶段的背景

中俄两国将全面战略协作推进到新阶段，是由两国各自面临的国际和地区形势以及国家利益需要决定的。

第一，中俄两国共同应对美国战略压力的需求增大。

2014 年 3 月 4 日，美国国防部《四年防务评估报告》指出，"美国国防部将继续贯彻总统向关键的亚太地区实施再平衡的总目标"⑥。这就意

---

① 《习近平在莫斯科国际关系学院的演讲（全文）》，外交部网站（http：//www. fm-prc. gov. cn/web/gjhdq_676201/gj_676203/oz_678770/1206_679110/1209_679120/t1024371. shtml）。

② Концепция внешней политики Российской Федерации，http：//www. mid. ru/brp_4. nsf/0/6D84DDEDEDBF7DA644257B160051BF7F.

③ 普京：《俄罗斯与中国：合作新天地》，《人民日报》2012 年 6 月 5 日。

④ 《习近平在莫斯科国际关系学院的演讲（全文）》，外交部网站（http：//www. fm-prc. gov. cn/web/gjhdq_676201/gj_676203/oz_678770/1206_679110/1209_679120/t1024371. shtml）。

⑤ 《中俄关于全面战略协作伙伴关系新阶段的联合声明》，外交部网站（http：//www. fm-prc. gov. cn/web/ziliao_674904/1179_674909/t1157763. shtml）。

⑥ Quadrennial defense review report，March 4，2014，https：//www. defense. gov/Portals/1/features/defenseReviews/QDR/2014_Quadrennial_Defense_Review. pdf.

味着即便到了执政的晚期阶段，奥巴马政府也没有打算为留下政治遗产而放弃亚太再平衡战略，因此美国对中国的战略压力并没有减小的迹象。

在俄罗斯方面，来自美国等西方国家的战略压力成倍增长。2013年下半年，随着乌克兰危机急剧发酵，普京趁势于2014年夺回了克里米亚和塞瓦斯托波尔，由此引发了美欧等西方国家的严厉制裁。俄罗斯与美国和欧洲的关系急剧恶化，使得俄罗斯在欧洲的外交陷入困境。而乌克兰东部持续不断的冲突，也使俄罗斯西部边界的安全形势恶化，正常的外交活动受到限制。在西方学界看来，俄罗斯与西方的关系因制裁问题趋于恶化，成为推动中俄关系提升的主要推动力，2014年正是中俄关系提升的关键节点。[①]

因为"中俄两国面临着实力仍然大幅超过自己的美国的直接遏制政策"，所以"不得不加强彼此间的协作，甚至不得不让渡或抑制自己的利益，来谋求双方合作的扩大"。[②]

第二，中俄两国对外合作主要方向的调整增加了对彼此的战略需要。

继2011年被东亚峰会吸收为新成员、2012年主办亚太经合组织领导人非正式会议后，俄罗斯有意继续加强在东亚和亚太地区的活跃度和合作水平。与中国加强战略协作显然是实现上述目标的重要路径之一。乌克兰危机后，俄罗斯被踢出八国集团（G8），遭到西方经济制裁，经济陷入困境。例如2014年上半年，俄罗斯非银行类部门获外国直接投资仅为172亿美元，同比下降60%；欧美银行对俄罗斯企业的银团贷款仅为35亿美元，同比下降82%，创2009年以来的最低；俄境外发债仅为13笔共计80亿美元，同比减少3/4。[③] 经济困境迫使俄罗斯必须调整对外合作的主要方向。

普遍存在的一个观点认为，俄罗斯在西部遭到美国和欧盟的"东压"之后，增加了战略的"东向性"。[④] 正所谓"西方不亮东方亮"，当俄罗斯与美国和欧洲的关系都陷入困境时，另谋道路自然是俄罗斯的战略选

---

① 刘莹：《新时期西方研究视域中的中俄关系》，《国外理论动态》2018年第3期。

② 郑羽主编：《多极化背景下的中俄关系（2012~2015）》，经济管理出版社2015年版，第47页。

③ 季志业、冯玉军主编：《俄罗斯发展前景与中俄关系走向》，时事出版社2016年版，第160页。

④ 杨洁勉：《中美俄的亚太战略互动：动因、特点和理论建构》，《国际观察》2014年第4期。

择。普京的新闻秘书佩斯科夫（Дмитрий Песков）在 2014 年 3 月指出，"如果世界一方的一个经济伙伴对俄罗斯实施经济制裁，俄罗斯将把注意力转移到世界的另一部分"①。因此，主观需要和客观限制都使俄罗斯更加愿意提升同中国的战略协作。

而在中国方面，为应对美国的战略压力，也为国家的持续崛起继续提供推动力，中国在对外合作的主要方向和思路上也进行了调整。中国在 2013 年 9 月 7 日提出建设"丝绸之路经济带"的倡议，旨在加强同欧亚大陆上各国的合作；于 10 月 3 日提出建设"21 世纪海上丝绸之路"的倡议，旨在加强同东盟等海洋国家的合作。尤其是"丝绸之路经济带"的建设，非常需要俄罗斯的支持和合作。因此，提升与俄罗斯的战略协作水平也成为中国对外合作的主要战略需要。

第三，中俄两国对既有合作的满意度成为推动合作水平提升的重要因素。

两国在 2012 年 6 月的联合声明中明确表示："双方回顾了新世纪以来中俄关系的发展历程，对两国各领域合作取得的丰硕成果感到满意。"②2014 年 2 月，习近平主席在接受俄罗斯电视台专访时明确表达了他的立场，他指出"我对中俄关系发展取得的成果十分满意。当前中俄关系发展是基础最牢、互信最高、地区和国际影响最大的一个时期。"③

在俄罗斯因乌克兰危机遇到外交困境后，2014 年 2 月，习近平主席赴俄罗斯出席第二十二届索契冬季奥运会开幕式。3 月 15 日，联合国安理会就美国起草的涉及乌克兰问题的决议草案进行投票表决，中国投了弃权票，俄罗斯投了否决票，其他国家 13 票赞成，由于俄罗斯的否决，草案未获通过。中国对俄罗斯给予了应有的支持。3 月 18 日，普京在有关克里米亚问题发表的演讲中，明确表达了对中国的感谢。

---

① РФ найдёт новых партнеров, если США и ЕС введут санкции, заявил Песков, http：//ria. ru/economy/20140319/1000109498. html.

② 《中华人民共和国和俄罗斯联邦关于进一步深化平等信任的中俄全面战略协作伙伴关系的联合声明》，外交部网站（http：//www. fmprc. gov. cn/web/gjhdq_676201/gj_676203/oz_678770/1206_679110/1207_679122/t938682. shtml）。

③ 《习近平接受俄罗斯电视台专访（全文）》，外交部网站（http：//www. fmprc. gov. cn/web/gjhdq_676201/gj_676203/oz_678770/1206_679110/1209_679120/t1126687. shtml）。

普京总统也十分满意中俄关系的发展，他说"中国是我们可以信赖的朋友，扩大与中国的交往，无疑是俄罗斯外交政策的优先方向。现在，俄中合作进入到全面战略协作伙伴关系的新阶段。如果我把这种合作称为两国悠久交往史中的最好合作，也并不过分"①。

（二）全面战略协作新阶段的新发展

进入新阶段后，中俄全面战略协作在不同领域取得了新的发展。

第一，中俄在政治安全领域继续高水平合作。

双方领导人保持高密度会晤，就各领域问题深入交换意见。2015年5月，两国发表关于深化全面战略协作伙伴关系、倡导合作共赢的联合声明。2016年，两国发表联合声明，高度评价战略协作伙伴关系建立20周年和睦邻友好合作条约签署15周年期间，中俄双边关系取得的积极成就。2017年，两国发表《关于进一步深化全面战略协作伙伴关系的联合声明》，继续深化战略协作。

在军事领域，2014年5月，中俄"海上联合—2014"军事演习如期举行，习近平主席和普京总统共同出席了开训仪式。6月，中俄在持续进行战略安全磋商的基础上，启动了中俄执法安全合作机制。2015年2月，中俄卫星导航重大战略合作项目委员会在北京举行了首次会议。5月9日，习近平出席在莫斯科红场举行的纪念二战胜利70周年的活动，中国军队方阵史无前例地参加了红场的阅兵式，受到各方的高度关注。5月10日，双方在地中海地区举行联合海军演习。

第二，中俄在经济领域的合作保持稳定并经受住严峻考验。

中俄在总理定期会晤机制框架下，建立副总理级的中俄投资合作委员会、中俄经济合作战略性项目高级别监督工作组，以及能源领域专门工作组，负责具体领域的战略协作。2014年5月，中俄两国签署了《中俄东线天然气合作项目备忘录》和《中俄东线供气购销合同》，从2018年起，俄罗斯开始从管道东线向中国供气，并实现输气量的逐年增长，这是确保中国能源安全的重要合作。2014年10月，中俄两国央行签署了规模为1500亿元人民币（约合8150亿卢布）的双边本币互换协议。2017年，中俄双边

---

① 《俄罗斯总统普京接受中国媒体联合采访（全文）》，新华网（http://www. xinhua-net. com/world/2014－05/19/c_126515421. htm）。

贸易额 840.7 亿美元，同比增长 20.8%，中国连续 8 年保持俄罗斯第一贸易伙伴国地位，俄罗斯在中国主要贸易伙伴中排名第 11 位。①

2014 年下半年的卢布贬值和油价下跌重创了俄罗斯经济，也使俄罗斯同他国的经济合作受到影响。但中俄经济合作保持稳定，并经受住考验，也在一些具体合作中有亮点性收获。例如，2014 年，"中国哈尔滨国际经济贸易洽谈会"升级为"中国—俄罗斯博览会"，简称"中俄博览会"。首届和第二届中俄博览会都在哈尔滨举行，中俄两国领导人汪洋副总理和罗戈津副总理出席。第三届中俄博览会于 2016 年 7 月在俄罗斯叶卡捷琳堡举办。此后的中俄博览会由俄罗斯和中国轮流举办，中方永久轮值举办城市定为哈尔滨市。中俄博览会不仅促进了中俄两国之间的贸易关系，也推动了两国地方合作的开展。2017 年 9 月中俄博览会成为全球展览业协会（UFI）认证展会。

第三，两国在人文领域继续加强交流。

中俄继续重点实施《中俄人文合作行动计划》。2014 年至 2015 年，中俄互办青年友好交流年。2016 年 12 月，在哈尔滨举办了中俄首届青少年冬季项目运动会，旨在加强两国在冬季运动项目上的交流合作，并为中国举办 2022 年冬季奥运会储备力量。2014 年，中俄签署合作协议，莫斯科大学和北京理工大学将在深圳合作建立深圳北理莫斯科大学。2017 年 9 月，深圳北理莫斯科大学举行了开学典礼。2016 年至 2017 年，"中俄媒体交流年"系列活动举办，总计进行了 400 余项活动。其中，"丝路中俄"全媒体采访中国行活动和两国合拍的大型系列纪录片《这里是中国》受到了广泛关注。2016 年，俄罗斯试行将汉语纳入国家统考科目，引发了俄罗斯民众学习汉语的热潮。2016 年 7 月，俄罗斯首家中国主题书店——尚斯博库书店在莫斯科阿尔巴特大街开始营业。2017 年，书店举办了中国文化周和中国主题书展。2017 年，中国在深圳举办了中俄"丝绸之路"历史档案展；在哈尔滨举办了第二届哈尔滨中俄文化艺术交流周。根据中俄两国文化部 2017—2019 年合作计划，中俄两国将通过举办文化节、中俄文化大集等活动加强人文交流。2018—2019 年，中俄两

---

① 《中国同俄罗斯的关系》，外交部网站（http://www.fmprc.gov.cn/web/gjhdq_676201/gj_676203/oz_678770/1206_679110/sbgx_679114/）。

国举办地方合作交流年活动。

第四，两国在地区和全球层次加强战略协作。

地区层次的合作亮点是中、俄、蒙三方合作。2014 年 9 月，中、俄、蒙三方元首在塔吉克斯坦首都杜尚别举行了首次三国元首会晤。三国元首达成一致，同意建立副外长级磋商机制，统筹三国合作的相关事宜，也将根据需要举行三国元首会晤。2014 年 11 月，第一次中俄蒙外交部副外长级协商会议在蒙古首都乌兰巴托举行，各方探讨了经贸、人文等领域的合作。2015 年 4 月，在乌兰巴托举行了中俄蒙铁路运输合作三方磋商会议。在首次会晤及其后合作打下的良好基础上，2015 年 7 月 9 日，中俄蒙三国元首在俄罗斯城市乌法举行第二次会晤。三国元首批准了《中俄蒙发展三方合作中期路线图》，三国相关部门分别签署了《关于编制建设中俄蒙经济走廊规划纲要的谅解备忘录》《关于创建便利条件促进中俄蒙三国贸易发展的合作框架协定》《关于中俄蒙边境口岸发展领域合作的框架协定》。2016 年 6 月，中俄蒙三国元首举行了第三次会晤，三方签署了《建设中蒙俄经济走廊规划纲要》等文件，积极推进三方全面合作。2018 年 6 月 9 日，中、俄、蒙三国元首在中国城市青岛举行了第四次会晤，全面总结三方合作进展和成果，共同规划下一阶段优先任务和方向。

除三方合作外，2015 年 4 月，两国开展了中俄首次东北亚安全磋商。5 月，中俄共同发表《中俄第十一轮战略安全磋商关于第二次世界大战胜利及联合国成立 70 周年的联合声明》，维护联合国权威，共同倡导构建新型国际关系。2016 年 6 月，中俄两国就加强全球战略稳定、推进信息网络空间发展和促进国际法等问题共同发声，显示出协调合作的坚定立场。2017 年 7 月，习近平主席访俄期间，两国签署并发表《中俄关于当前世界形势和重大国际问题的联合声明》，双方外交部发表《关于朝鲜半岛问题的联合声明》，阐述共同的立场和主张。

这些新发展的取得首先是因为两国对彼此高度重视。2015 年 5 月，中俄联合声明指出，"双方视继续深化双边关系为本国外交优先方向"①。

---

① 《中华人民共和国和俄罗斯联邦关于深化全面战略协作伙伴关系、倡导合作共赢的联合声明（全文）》，外交部网站（http://www.fmprc.gov.cn/web/gjhdq_676201/gj_676203/oz_678770/1206_679110/1207_679122/t1262144.shtml）。

其次在于两国的立场和目标接近。"中俄两国互为最大邻国,在国家发展蓝图上有很多契合之处"①,这使两国彼此愿意合作。另外,两国也十分明确,"两国的合作不针对任何第三方,而是旨在实现共同发展和加强国际社会的公平和民主原则"②。

这些都使两国有能力也有意愿共同面对彼此关系中可能出现的竞争与矛盾。

第二节　中俄不同方案对欧亚
地区秩序的影响

根据地区和国际形势的新变化,结合自身的战略需要,中俄两国在21世纪的第二个十年开始后不久,分别提出了不同的地区合作方案,给欧亚地区秩序带来新的影响和变化。

一　欧亚经济联盟对欧亚地区秩序的影响

在中俄两国启动全面战略协作的五个月后,2011年10月,宣布参加2012年总统大选的普京抛出了他建立欧亚联盟(Евразийский Союз)的主张,③ 旨在推动欧亚一体化的新发展。随着作为欧亚联盟方案第一步的欧亚经济联盟的建立和运行,欧亚地区秩序呈现出新的发展趋势。

(一)俄罗斯建立欧亚经济联盟的战略意图

所谓"欧亚联盟",在普京的方案中,是一个广袤的欧亚一体化发展空间,横贯整个欧亚大陆,从大陆西侧的葡萄牙首都里斯本到大陆最东端的俄罗斯远东城市符拉迪沃斯托克。在这一空间内,欧洲和亚洲的各个国家以欧亚联盟为框架开展多领域合作,以推动一体化的发展。作为这一宏大目标的基础性组成部分,欧亚经济联盟聚焦于经济领域,以欧亚地区国家为主要参与主体,旨在发展欧亚地区经济一体化。建立欧亚

---

① 《习近平在莫斯科国际关系学院的演讲(全文)》,外交部网站(http://www.fmprc.gov.cn/web/gjhdq_676201/gj_676203/oz_678770/1206_679110/1209_679120/t1024371.shtml)。

② 普京:《俄罗斯与中国:合作新天地》,《人民日报》2012年6月5日。

③ *Путин В. В.* Новый интеграционный проект для Евразии—будущее, которое рождается сегодня. http://www.izvestia.ru/news/502761.

经济联盟成为俄罗斯自 2012 年起在欧亚地区的主要外交目标之一。

　　普京在此时提出建立欧亚联盟的方案并着手推动欧亚经济联盟的建设和发展，并非仅仅作为个人的总统竞选纲领，而是为俄罗斯外交的新发展指明方向。其战略意图主要包括如下三个方面。

　　第一，确定新时期俄罗斯的国际定位和发展目标。在经历了 21 世纪头十年的恢复性发展后，俄罗斯更加有信心去追求其期待的国际地位。通过建立和发展欧亚联盟，使俄罗斯不仅作为东西方文明的结合部，① 而且引领和推动东西方之间的合作。正如沃洛布耶夫（С. Г. Волобуев）所指出的，最重要的任务是在欧亚一体化的过程中形成新的一极，借助欧亚一体化的进程，找到俄罗斯在国际上的位置。② 这与此前俄罗斯所追求的"多极化世界中的一极"的国际地位相承接，但区别在于俄罗斯作为"一极"不是静态地存在于国际格局中，而是作为具有主动性的"一极"动态地在国际舞台上发挥与其地位相配的影响力。欧亚联盟方案的提出，正是俄罗斯发挥此种引领作用的体现；而欧亚经济联盟的建设也将助推俄罗斯国际地位的提升。

　　第二，重新整合和规划欧亚地区的一体化合作。过去 20 年间，在后苏联地区内建立了一系列的次地区一体化机制，它们的发展程度有别、涉及领域各异、参加国也不尽相同，尽管在不同时期对相关合作的开展起到了一定的推动作用，但整体上看，这些机制并没有发挥出各国在最初设计它们时所期待的效果。对俄罗斯而言，维护地区地位的需要使其必须推动欧亚地区的一体化合作，带领地区国家追求更大的发展目标，因此也就有必要在继承既有成果的基础上以新的框架推动欧亚地区的一体化。2012 年 1 月 1 日，由俄罗斯、白俄罗斯和哈萨克斯坦三国组成的统一经济空间开始全面运行，借此机会将欧亚经济联盟作为未来发展的目标，不仅可以给白俄罗斯和哈萨克斯坦以合作的信心，而且有助于吸引更多国家参与到俄罗斯所推动的一体化合作中。

---

① 冯绍雷：《俄罗斯——东西方结合部的文明》，载资中筠主编《冷眼向洋：百年风云启示录》（下卷），生活·读书·新知三联书店 2001 年版，第 1—232 页。

② ЦСКП, Стенограмма конференции на тему：《Развитие через интеграцию. Российский проект для Евразии》. http：//www. cskp. ru/recs/11360/.

第三，应对来自不同方向的内外挑战。欧盟和北约的东扩已经步步逼近后苏联地区，西方主要大国都不断介入欧亚地区并扩大自身的影响，这无疑不仅挑战了俄罗斯的地区主导地位，也让俄罗斯对自身的安全感到担忧。挑战不仅来自外部，也来自地区内部，2008年的俄格冲突就从一个侧面鲜明地反映了俄罗斯的地区权威出现了危机。所以，为应对各种内外挑战，俄罗斯需要借助欧亚经济联盟的建立和发展，与其他大国展开竞争，以增强本国在地区内的吸引力。

总之，在苏联解体20周年之际，经历了低谷期和恢复期的俄罗斯，迫切需要以欧亚经济联盟为框架，推动地区合作以实现本国的战略目标。

（二）欧亚经济联盟的发展与欧亚地区秩序

欧亚经济联盟的建设进程以2012年1月1日俄、白、哈三国统一经济空间的正式运行为启动标志。2月1日，欧亚经济委员会开始运作。3月，欧亚经济共同体成员国峰会讨论了改组欧亚经济共同体的基本原则，这是为建设欧亚经济联盟开始整合既有的一体化机制的重要步骤。之后，欧亚经济联盟的建设步伐不断加快。2013年11月，欧亚经济委员会理事会会议通过了吉尔吉斯斯坦加入关税同盟的"路线图"。12月，亚美尼亚加入关税同盟的决议被签署。2014年5月，俄白哈三国达成《欧亚经济联盟条约》，[①] 正式确定了欧亚经济联盟的启动时间。2015年1月1日，欧亚经济联盟正式启动。1月2日，亚美尼亚正式加入欧亚经济联盟。8月12日，吉尔吉斯斯坦加入欧亚经济联盟。自此，欧亚经济联盟以5个成员国的规模开启稳定发展的阶段。

欧亚经济联盟在启动建设之初，给最初的三个参加国俄罗斯、白俄罗斯和哈萨克斯坦的经济发展带来了提升效应，但随着经济结构趋同等因素的影响，欧亚经济联盟发展后劲不足的问题逐渐暴露。特别是在2014年年末俄罗斯经济遭受重创后，欧亚经济联盟在启动之初就面临着如何解决困境的难题，其发展在广度和深度方面存在矛盾，且"由于在拓展合作深度方面实际上存在困难，欧亚经济联盟只能转而从拓展合作

---

① Договор о Евразийском экономическом союзе, http://economy.gov.ru/minec/about/structure/depSNG/agreement-eurasian-economic-union.

广度上寻求突破"①。由此，包括吸收亚美尼亚和吉尔吉斯斯坦成为欧亚经济联盟新成员以及同其他国家探索建立自由贸易区等方式，成为联盟谋求自身发展的重要选择。

欧亚经济联盟的建设和发展给欧亚地区秩序带来不同方面的影响。从消极的方面来看，欧亚经济联盟的启动巩固了欧亚地区的分裂态势，俄罗斯占主导地位的"欧亚地区"不可避免地变成一个狭义的"小"欧亚地区。从俄白哈三国建立关税同盟、启动统一经济空间再到组建欧亚经济联盟的进程来看，欧亚经济联盟并没有跳出地区经济一体化发展的传统思路，这就意味着欧亚经济联盟具有一定的排他性，欧亚地区国家在选择欧亚经济联盟的同时就意味着必须放弃其他地区一体化机制或组织。换句话说，俄罗斯推进欧亚经济联盟建设就是在迫使欧亚地区国家"选边站队"，究竟是加入俄罗斯主导的欧亚经济联盟还是选择西侧的欧盟或北约。然而这种争夺的结果正如乌克兰危机所显示的，无论对俄罗斯自身还是对欧亚地区国家，以及整个地区的稳定来说，都不是一个有利的和令人期待的结果。因此，俄罗斯最在意的以原苏联地区为主要范围的"欧亚地区"再度出现更为明显的分裂。欧亚经济联盟相较此前的欧亚经济共同体，虽然合作的紧密程度加深、俄罗斯的地位更加巩固，但地域范围已明显受限甚至可以说已无实际能够扩展的空间，② 所以欧亚地区秩序中俄罗斯占主导的那部分"弱等级秩序"的影响力再度被削弱。整个欧亚地区秩序的分裂趋势增强，其稳定也因乌克兰危机遭受到严重打击。

而从积极的方面来看，欧亚经济联盟的启动和发展稳定了俄罗斯开展地区一体化合作的"基本盘"，即在欧亚经济联盟所辖的范围内——一个"小欧亚"地区的地区秩序得以稳定和发展，俄罗斯在这一地区秩序中保持了主导性的优势地位。此前，无论是俄格冲突还是乌兹别克斯坦

---

① 顾炜：《欧亚经济联盟的新动向及前景》，《国际问题研究》2015 年第 6 期。

② 欧亚经济共同体在影响力最强时曾有俄罗斯、白俄罗斯、哈萨克斯坦、吉尔吉斯斯坦、塔吉克斯坦和乌兹别克斯坦（2008 年退出）等 6 个正式成员国和亚美尼亚、乌克兰、摩尔多瓦等 3 个观察员国，可以说是维系欧亚地区经济秩序运行的重要代表性机制。而欧亚经济联盟受各种因素影响，很难实现扩员，也就难以达到欧亚经济共同体在欧亚地区的覆盖范围和影响力水平。

退出欧亚经济共同体，都削弱了俄罗斯在欧亚地区的中心地位。欧亚经济联盟使俄罗斯的地区身份得以维持甚至是某种程度的强化，尽管只是在一个较小的范围内得以维持，但也为欧亚地区秩序继续进行"嵌套型演进"提供了契机。欧亚经济联盟所采取的拓展步骤，如与其他域外国家建立自由贸易区，以及与中国达成的对接合作协议，① 都不仅有助于欧亚经济联盟自身的发展，更有利于促进"欧亚地区"这一概念的扩大，为欧亚地区秩序的进一步演进提供了基础和可能。

从2011年欧亚联盟方案提出以来的发展历程来看，欧亚经济联盟的启动与发展尽管还未实现俄罗斯的初衷，但给欧亚地区秩序带来了正反两方面的影响，推动欧亚地区秩序的继续演进。

二　"一带一路"对欧亚地区秩序的影响

随着中国的不断崛起，特别是2010年经济总量超过日本跃居世界第二位之后，中国在国际舞台上愈加主动和自信，中国外交也呈现出更加积极的变化。2013年，中国向世界提出了国际合作的新方案——"一带一路"。

（一）中国倡建"一带一路"的主要目标

"一带一路"倡议是中国国家主席习近平在2013年的两次讲话中提出的。2013年9月7日，习近平主席在哈萨克斯坦纳扎尔巴耶夫大学演讲中指出，"为了使欧亚各国经济联系更加紧密、相互合作更加深入、发展空间更加广阔，我们可以用创新的合作模式，共同建设'丝绸之路经济带'"。② 10月3日，习近平主席在印度尼西亚国会发表演讲，指出"东南亚地区自古以来就是'海上丝绸之路'的重要枢纽，中国愿同东盟国家加强海上合作，使用好中国政府设立的中国—东盟海上合作基金，发展好海洋合作伙伴关系，共同建设21世纪'海上丝绸之路'"。③ 由此，丝绸之路经济带与21世纪海上丝绸之路共同构成了中国有关国际合作的

---

① 顾炜：《欧亚经济联盟的新动向及前景》，《国际问题研究》2015年第6期。

② 《习近平在纳扎尔巴耶夫大学的演讲（全文）》，新华网（http://www.xinhuanet.com/politics/2013–09/08/c_117273079_2.htm）。

③ 《习近平在印尼国会发表演讲：携手建设中国—东盟命运共同体》，新华网（http://www.xinhuanet.com/world/2013–10/03/c_117591652.htm）。

"一带一路"倡议。

按照中国政府2015年3月发布的《推动共建丝绸之路经济带和21世纪海上丝绸之路的愿景与行动》中的表述，共建"一带一路"旨在"推动沿线各国实现经济政策协调，开展更大范围、更高水平、更深层次的区域合作，共同打造开放、包容、均衡、普惠的区域经济合作架构。"①因此，中国倡建"一带一路"的核心目标是推动区域合作，其主要目标具体包括如下方面的内容。

第一，扩大和深化对外开放，促进中国的经济发展。任何一项国际议程的提出，最优先和最主要的受益者都是提出该议程的国家。这一点无须讳言。在经济总量跃居世界第二位后，如何使经济发展更上一层楼，找到新的经济增长点，解决经济继续发展面临的各种矛盾和问题，都是摆在中国面前的主要任务。倡建"一带一路"，可以推动区域合作，为中国经济的发展注入新的动力，进一步促进中国的崛起，实现中华民族的伟大复兴。

第二，为国际社会提供更多公共产品，实现共同繁荣。崛起的中国深刻明白"能力越强、责任越大"的道理，只有将中国经济发展的成果分享出去，带动更多的国家共同发展、共同繁荣，才能真正提升中国的国际地位和影响力。中国也深知全球化的发展使各国难以独善其身，如果不能与其他国家一起共同解决面临的发展问题，中国经济的发展难以持续，中国需要为世界做出更多的贡献。

第三，应对各方压力，塑造良好的国际环境。通常，经济发展的成果有助于政治问题的解决，这种外溢效应是各国普遍重视的，但我们也不能回避大国的经济发展及崛起有可能产生负面效应，引发各国的猜疑或者激化地缘政治竞争。中国的持续崛起就引发了各方的疑虑，中国也因此面临着来自各方的压力。美国担忧中国挑战其霸主地位，采取"亚太再平衡"政策挤压中国的战略空间，周边小国则担忧中国称霸而威胁其国家安全。所以，中国在战略上需要"西进"，② 以拓展战略空间，应

---

① 《授权发布：推动共建丝绸之路经济带和21世纪海上丝绸之路的愿景与行动》，新华网（http：//www.xinhuanet.com/finance/2015－03/28/c_1114793986.htm）。

② 王缉思：《"西进"，中国地缘战略的再平衡》，《环球时报》2012年10月17日。

对美国的压力；而推动地区经济合作，分享中国崛起的成果，有助于消除周边国家的疑虑。总之，倡建"一带一路"，有助于为中国的继续发展塑造良好的外部环境。

（二）"一带一路"的建设发展与欧亚地区秩序

作为中国提出和重点推动的地区合作方案，"一带一路"自提出以来便获得迅速发展。2014 年 11 月，习近平主席在亚太经合组织（APEC）峰会上宣布，中国将出资 400 亿美元成立丝路基金，为"一带一路"沿线国家的有关项目提供投融资支持。2015 年 12 月 25 日，亚洲基础设施投资银行（AIIB）正式成立，57 个国家成为创始成员国，彰显了"一带一路"和中国的巨大吸引力。2017 年 5 月 14 日至 15 日，"一带一路"国际合作高峰论坛在北京举行，达成了许多重要共识，推动了"一带一路"建设的持续发展。

欧亚地区是"一带一路"建设实施的重点地区，因此"一带一路"的发展进程将对欧亚地区秩序造成重要影响。[①]

第一，欧亚地区获得了新的发展机遇。此前，包括欧亚经济共同体、上海合作组织以及俄罗斯提出的"欧亚联盟"和美国提出的"新丝绸之路计划"在内的地区机制和合作倡议都发挥着推动欧亚地区合作的作用。而"一带一路"倡议的提出，为欧亚地区的经济合作提供了新的框架，各国有了新的合作选择。特别是"一带一路"提出了包括政策沟通、设施联通、贸易畅通、资金融通和民心相通在内的建设目标和合作内容，不仅显示了自身在合作领域方面的全面性，更为欧亚地区的发展提供了新的机遇。通过推进"一带一路"建设，有助于促进欧亚地区的发展和繁荣，也就有利于整个地区的和平和稳定。

第二，中国得以提升在欧亚地区的地位和影响。中国作为"一带一路"的倡建者，当然地成为建设"一带一路"进程中的引领者和推动者。随着合作进程的不断推进，欧亚地区国家将更加认可中国的作用，中国在欧亚地区的地位将得到提升，影响力将不断扩大。正如哈萨克斯坦和

---

① 胡键甚至认为，"一带一路"不仅仅是影响欧亚地区秩序，而是要在重塑欧亚地区秩序方面，发挥不可替代的作用。参见胡键《"一带一路"战略构想与欧亚大陆秩序的重塑》，《当代世界与社会主义》2015 年第 4 期。

乌兹别克斯坦比俄罗斯更早成为亚投行的创始会员国的现象所显示的，欧亚地区国家对参与中国推动的地区合作的热情呈现上升趋势，中国由此不仅将加深对地区事务的介入，其领导者角色也将更加明显。因此，欧亚地区秩序的"嵌套型"演进过程将继续推进。

第三，扩大欧亚地区的合作范围。"一带一路"由丝绸之路经济带和21世纪海上丝绸之路构成，其覆盖范围远大于通常意义上的欧亚地区，因此有助于扩大欧亚地区的合作范围。在西侧的方向上，"一带一路"为欧亚地区国家提供了与中东欧乃至西欧国家合作的渠道。在东侧，由于东南亚等地区参与到海上丝绸之路的建设中，不仅给欧亚国家增加了合作对象，也为欧亚地区提供了"海陆联动"的渠道。在欧亚地区合作范围扩大的基础上，"欧亚地区"所涉及的范围就有扩大的可能，"欧亚地区秩序"也因此获得继续演进的动力。

三 中俄不同地区合作方案的比较

中俄两国有关地区合作的不同方案，是结合各自的战略需要提出的，它们既有相似性，也存在差别。通过比较两者，可以看到它们兼具竞争性与合作性。

（一）欧亚经济联盟与"一带一路"的相似之处

作为中俄两大国提出的地区合作方案，欧亚经济联盟与"一带一路"的相似之处主要表现在推动主体、合作内容和持续性三个方面。

第一，两者都是大国推动的旨在促进地区合作的方案。

通常来说，缺乏中心的地区合作需要每个国家都贡献自己的力量，但这种"平均用力"的"扁平化"结构时常会遇到集体行动困境的挑战。国家作为理性和自利的行为体，更愿意少付出成本的同时多获得收益，因此，在"扁平化"的地区结构中，很多国家更愿意等待和观望而非及时行动，这种低效率导致了地区合作发展的缓慢。与之相区别的是，"中心化"的地区合作由中心国家提供大份额的地区公共物品，其他中小国家看到少付出而多回报的愿景将提高参与的积极性。因此，当地区中心是大国时，地区合作更能获得发展的动力和支持，也能够提升合作效率。欧亚经济联盟以俄罗斯为中心，"一带一路"由中国发起和推动，它们在促进地区合作尤其是经济合作方面，因地区结构的优势和推动主体的强有力而具有良好的发展基础。

第二，两者都主要侧重于经济领域的地区合作。

中俄两国都选择经济领域作为合作的主要内容，首先是因为无论在何种情况下，经济发展都是地区各国的共同需要。经济合作的低政治特点容易吸引更多国家参与，减小发展阻力，也容易取得成效。两国选择经济合作作为主攻方向也有各自的考虑。俄罗斯对本国在安全领域中的优势更有信心，它需要补上经济的短板，所以推动经济合作，以提升本国在经济领域的地区主导地位。中国则是要发挥经济长板，因为上海合作组织在推动地区经济合作方面效果有限，所以中国有意在经济领域再度发力，以"一带一路"作为新框架推动地区经济合作。

第三，两者都因具有宏大的目标而具备一定的持续性。

尽管大国"朝令夕改"的可能性不能被完全排除，但一般意义上，大国提出的对外战略具有一定的持续性。欧亚经济联盟作为初步成果，其目标是为建立欧亚联盟打下基础，而欧亚联盟所涵盖的合作范围几乎遍及整个欧亚大陆，所以为建立欧亚联盟，欧亚经济联盟的建设将持续推进。与之相类似，"一带一路"所涉及的地域范围同样庞大，不仅包含了欧亚大陆上的众多国家，也包括位于印度洋和太平洋上的诸多国家。因此，欧亚经济联盟和"一带一路"都具有宏大的目标，中俄两国可能对合作方案进行局部调整，但推动合作的意愿是持续的。两个方案的持续性有助于它们吸引其他国家的参与。

（二）欧亚经济联盟与"一带一路"的差别之处

在相似性之外，欧亚经济联盟与"一带一路"之间也存在明显的差别。其中，有些差别是在方案设计之初就确定的，反映了中俄两国在对外合作思路上的差异，还有一些差别是在发展过程中逐渐显现的，是方案实施过程中多方互动的结果。

第一，两个方案的发展路径不同。欧亚经济联盟遵循经典的地区一体化发展路径，联盟成员国对内打造统一的经济空间，促进商品、资本、人员和服务的自由流动，对外统一关税和贸易壁垒等相关政策。这就意味着想要加入欧亚经济联盟的国家必须达到相应的入盟标准，遵守欧亚经济联盟的规则。这种高要求限制了欧亚经济联盟所能吸引国家的数量，也就限制了欧亚经济联盟的发展空间。而"一带一路"并非传统的地区机制，它没有采取封闭性运作规则，在秉持开放性原则的基础上，创新合作模式，着重于开展具体的项目合作，以多种方式吸引相关国家结合自身特点参与合作。因此，"一带一路"以更加灵活的参与方式显示出更大的吸引力，从而获得了更广阔的合作空间。这是中俄两国差异性地区合作思路的反映。

第二，两个方案得到的推动力不同。中俄两国作为合作方案的首倡者，自然愿意尽最大努力推动方案的实施。但两国的国力和经济发展态势存在差距，使其能够在方案上投入的资源存在差异。例如，中国在2014 年宣布出资 400 亿美元成立丝路基金，2017 年又宣布向丝路基金新增资金 1000 亿元人民币。而同期的 2014 年年末，俄罗斯经济遭受重创，由此引发的衰退一直持续到 2017 年年末，俄罗斯显然没有更多资源投入到欧亚经济联盟的建设中。其他国家看到中俄各自不同的发展状态，会对两国推出的地区合作方案持有不同的态度，这也在相当程度上决定了两者之后的发展走势。

第三，两个方案对参加国的约束力不同。正如我们在第一条里所指出的，"一带一路"并非是一个地区机制或地区组织，因此它对参加国的约束力不如欧亚经济联盟。欧亚经济联盟作为地区组织，对成员国的约束力较强，执行力也相对突出。这种差别使得两个方案对相应规则和秩序的维持程度存在不同。欧亚经济联盟更能够支持俄罗斯在联盟内部维持其作为主导国的秩序，而"一带一路"在塑造相应秩序和规则方面需要更多的时间和手段，其灵活性在一定程度上损害了它的效率。例如，个别国家可能会在某个项目上参与"一带一路"框架下的合作，但在其他项目上就并不愿意参与，规则的推行以及由此期待形成的秩序都需要更多的努力和时间才能实现。

总之，中俄两国推动的地区合作进程，不可回避地带有竞争性的特点，我们很难说孰优孰劣，但发展成熟度的不同是显而易见的。"一个低层次、没有具体机制、松散的经济合作形态难以对一个高层次、制度化的经济联盟构成真正挑战，更不可能融合它"①，但崛起中国的吸引力又

① 赵华胜：《欧亚联盟与丝绸之路非二选一，中俄应采取新思维》，《环球时报》2014 年 4 月 26 日。

在很多方面显示出相对于俄罗斯的优势。由此，地区合作如何开展，地区秩序又会产生怎样的变化，考验着中俄两国的智慧。

第三节 构建欧亚伙伴关系与塑造欧亚新秩序

中俄两国的地区合作方案所带有的竞争性不言自明，但两国的全面战略协作又使双方顺利达成了对接合作的协议。之后，双方共同倡建欧亚伙伴关系，为塑造欧亚地区新秩序共同努力。

一 中俄全面战略协作与"带盟对接"

中国和俄罗斯作为"一带一路"和欧亚经济联盟的倡建者和主要推动力量，是决定两种方案可否减少竞争并实现合作的关键。中俄全面战略协作的持续稳定无疑预示了两种方案的合作性发展方向。

（一）稳定持续的中俄全面战略协作

中俄关系自冷战后一直持续稳定发展，自 2011 年启动全面战略协作后，双边关系又进入发展的快车道，2014 年全面战略协作进入新阶段。中俄全面战略协作的稳定和持续，与双方在两个方面做得比较好有关。

首先，相互尊重对方利益，不仅是中俄战略协作稳定发展的重要基础，也是两国在国际问题上能够达成共识的主要原因。普京总统在 2012 年的文章中指出，中俄两国对很多国际问题的立场"几乎是一致的，都是建立在责任、忠于基本的国际法价值观等原则，以及无条件互相尊重对方国家利益的基础上的"①。习近平主席认为中俄全面战略协作伙伴关系"充分照顾对方利益和关切，给两国人民带来了实实在在的好处"②。

其次，相互支持对方办好自己的事情，不仅可以提高两国对双边合作的满意度，也有助于增强彼此之间的信任感。无论是乌克兰危机后中国国家主席参加索契冬季奥运会开幕式，还是俄方较快对"一带一路"

---

① 普京：《俄罗斯与中国：合作新天地》，《人民日报》2012 年 6 月 5 日。
② 《习近平在莫斯科国际关系学院的演讲（全文）》，外交部网站（http：//www. fm-prc. gov. cn/web/gjhdq_676201/gj_676203/oz_678770/1206_679110/1209_679120/t1024371. shtml）。

表示了支持立场，都显示了双方对彼此的相互支持。2014 年中俄关于全面战略协作伙伴关系新阶段的联合声明中明确表示，"俄方认为，中方提出的建设丝绸之路经济带倡议非常重要，高度评价中方愿在制定和实施过程中考虑俄方利益。双方将寻找丝绸之路经济带项目和将建立的欧亚经济联盟之间可行的契合点"①。

这一表态预示着中俄双方有意减少竞争性，寻求契合点。实际上，俄罗斯此前的很多表现也已经奠定了双方达成合作的基础。普京本人在 2012 年发表的文章中认为，"建立上海合作组织与欧亚经济共同体，以及未来与欧亚经济联盟的合作是一个全新的且非常具有发展前景的工作方向"②。2013 年俄罗斯对外政策构想指出，"俄罗斯认为确保世界发展的稳定的可操控性具有重要意义，需要世界主要国家的集体领导"③。也就是说，俄罗斯认为大国合作、集体领导对世界的稳定非常重要。2014 年亚信峰会上，各国签署了《亚信与上海合作组织秘书处之间谅解备忘录》，搭建了地区合作机制之间的联系渠道。这也就意味着各国认可地区合作方案之间需要建立联系，开展合作。2015 年 5 月，中俄发表《中俄两国关于深化全面战略协作伙伴关系、倡导合作共赢的联合声明》，其中明确提出"俄方高度评价中方建设丝绸之路经济带和 21 世纪海上丝绸之路的倡议，认为这是一个旨在发展地区经贸与投资合作的重要构想。双方将继续在丝绸之路经济带和欧亚经济联盟框架内寻找地区经济一体化进程的契合点，在加强平等合作与互信基础上确保欧亚地区经济的可持续增长"④。这些都为"一带一路"与欧亚经济联盟达成合作协议奠定了基础。

（二）中俄达成"带盟对接"协议

正在外界疑惑和担忧"一带一路"与欧亚经济联盟的发展走向以及

① 《中俄关于全面战略协作伙伴关系新阶段的联合声明》，外交部网站（http://www.fmprc.gov.cn/web/ziliao_674904/1179_674909/t1157763.shtml）。

② 普京：《俄罗斯与中国：合作新天地》，《人民日报》2012 年 6 月 5 日。

③ Концепция внешней политики Российской Федерации Утверждена Президентом Российской Федерации В. В. Путиным，12 февраля 2013г.，http://www.mid.ru/bdomp/ns-osndoc.nsf.

④ 《中华人民共和国和俄罗斯联邦关于深化全面战略协作伙伴关系、倡导合作共赢的联合声明（全文）》，外交部网站（http://www.fmprc.gov.cn/web/gjhdq_676201/gj_676203/oz_678770/1206_679110/1207_679122/t1262144.shtml）。

二者的相互竞争可能给地区合作的前景带来问题时，2015年5月，习近平主席访问俄罗斯期间，中俄两国发表《关于丝绸之路经济带建设与欧亚经济联盟建设对接合作的联合声明》，表示"双方将共同协商，努力将丝绸之路经济带建设和欧亚经济联盟建设相对接，确保地区经济持续稳定增长，加强区域经济一体化，维护地区和平与发展"①。这一联合声明的发布，表明中俄两国在全面战略协作的坚实基础上达成了"一带"与"一盟"对接的协议。

"带盟对接"协议的达成，对中国和俄罗斯以及欧亚经济联盟的其他成员国和整个地区来说，都具有积极意义。

首先，"带盟对接"意味着中国和俄罗斯有效避免了恶性竞争。中国的"一带一路"和俄罗斯的欧亚经济联盟在保证各自独立的同时，开展对接建设，不仅有助于促进两个合作倡议的发展，也能够防止大国之间的恶性竞争。对欧亚经济联盟来说，"带盟对接"可以解决欧亚经济联盟与实力强大的经济体开展合作的问题，在不改变联盟运行规则和内部权力结构的基础上，为联盟引入新鲜的合作力量，增加发展活力，拓宽合作空间。对俄罗斯来说，"带盟对接"使欧亚经济联盟作为整体与中国开展合作，减少了联盟成员国与中国单独交往的机会，有利于维护俄罗斯的影响力。② 而中国要推进"一带一路"建设，在向西的方向上首先面对的就是俄罗斯和欧亚经济联盟的其他成员国，如果不能解决同欧亚经济联盟的合作问题，那么向西继续开拓的通道就无法畅通，这显然不利于整个倡议的建设发展。开展对接建设，在与欧亚经济联盟各国合作的同时，并没有改变"一带一路"的基本原则，反而是有机补充和拓展。因此，"带盟对接"在避免中国和俄罗斯两个大国激烈竞争的同时，促进了欧亚经济联盟和"一带一路"两种地区合作框架的发展，是一项双赢的地区安排。

其次，"带盟对接"意味着欧亚地区的众多中小国家不必要进行选边

---

① 《中华人民共和国与俄罗斯联邦关于丝绸之路经济带建设和欧亚经济联盟建设对接合作的联合声明（全文）》，外交部网站（http：//www.fmprc.gov.cn/web/gjhdq_676201/gj_676203/oz_678770/1206_679110/1207_679122/t1262143.shtml）。

② Федор Лукьянов，"Вот Новый Поворот"，May 12，2015，http：//rg.ru/2015/05/13/faza.html.

站队。对中小国家来说，能够最大限度地参与到不同的地区合作方案中，与更多的国家开展合作，是最有利于实现其国家利益的对外政策选择。因此，中小国家通常在经济领域不愿意"选边站队"，更愿意"多头取利"。对欧亚经济联盟中如哈萨克斯坦、白俄罗斯等中小成员国来说，如果参加欧亚经济联盟意味着放弃同俄罗斯以外的其他大国开展经济合作的话，那么欧亚经济联盟也将无法稳定持续的运行。"带盟对接"给欧亚经济联盟的各成员国提供了新的对外发展路径，它们既可以以单独的国家身份同中国开展双边合作、参与"一带一路"建设中的多边合作，也可以以欧亚经济联盟成员国的身份参与"一带一路"，这无疑不仅促进了各成员国自身的发展，也在客观上维持了欧亚经济联盟的稳定。欧亚地区的其他中小国家，因"带盟对接"协议而不需要在欧亚经济联盟和"一带一路"之间犹豫不决，也就意味着它们不需要在中国和俄罗斯之间选边站队，这无疑有利于整个地区合作的平稳推进。

最后，"带盟对接"意味着整个地区的和平与发展得以维护和延续。中俄之间避免恶性竞争，地区内的中小国家不需要选边站队，那么地区的总基调就是合作与发展。竞争始终存在，但被控制在合理的限度内，更重要的是，大国没有试图阻碍对方的合作方案，没有追求"零和博弈"的结果，反而是在尊重对方利益的基础上，愿意开展对接建设，带领地区各国共同努力、共谋发展，促进地区经济持续稳定增长。这不仅有利于保持地区秩序的稳定，更为地区秩序向两大国共同领导的方向演进奠定了基础。因此，"带盟对接"协议的达成为欧亚地区秩序的继续演进提供了新的动力。

二 俄罗斯的"大欧亚伙伴关系"与地区秩序的演进愿景

达成"带盟对接"协议的积极意义毋庸置疑，但随着时间推移和形势变化，落实协议过程中遇到的问题和比较意义上的差别化影响日渐显现，这促使俄罗斯做出政策调整。2016 年 6 月，俄罗斯提出了构建"大欧亚伙伴关系"的倡议。

（一）俄罗斯倡建"大欧亚伙伴关系"

"带盟对接"协议无疑给地区合作的持续发展提供了重要保障。然而，协议的落实进程并不如理想中顺利，一些问题也逐渐暴露。究其原因，从根本上看，欧亚经济联盟是一个地区性组织，具有详细且严格的运行规则,而"一带一路"不是一个严密的地区组织或地区机制,带盟之间开展对接缺乏对称性的架构。由此,具体的合作项目可以设立新的规则并开展建设,但有关既定规则方面的谈判则不是短期内可以完成的,这就使得落实协议的过程较为缓慢,更不可能看到立竿见影的积极效果。而受到 2014 年年末卢布币值和石油价格双下跌的打击,以及西方国家对俄制裁的严重影响,俄罗斯经济陷入停滞甚至衰退,并且间接拖累了欧亚经济联盟的发展,俄罗斯迫切需要尽快解决现实的经济问题。"带盟对接"的积极效果难以快速显现,显然考验着俄罗斯的耐心。

然而,更重要的问题在于俄罗斯担忧比较意义上的相对收益和受此影响的对接前景。俄罗斯已经意识到欧亚经济联盟难以扩充成员的现实,而中国经济的吸引力又使"一带一路"很可能成为一个比欧亚经济联盟辐射范围更广、更具活力的地区合作方案。在比较意义上计算相对收益时,俄罗斯担忧自己本就比中国的经济实力弱,欧亚经济联盟也同样难以超过"一带一路",最终很可能出现欧亚经济联盟被边缘化,实际的地区合作仍旧是在"一带一路"框架下开展的结果。这显然将损害俄罗斯在地区秩序中的威望和影响力。俄罗斯此前一直就怀有对中俄实力对比变化所可能产生的地缘影响的担忧,[1] 现在中俄实力的对比确实发生了颠覆性变化,俄罗斯也感到了明显的战略压力。所以,为维护其在地区合作中的领导地位,防止出现被边缘化的可能性,夺回地区合作的话语权,俄罗斯需要用一个新的概念框定和引领更大范围的地区合作。

所以,2016 年 6 月 17 日,在第 20 届圣彼得堡国际经济论坛上,普京提出了建立"大欧亚伙伴关系"(Большое евразийское партнёрство)的倡议。按照普京的说法,大欧亚伙伴关系的参加国包括欧亚经济联盟的各成员国,中国、印度、巴基斯坦、伊朗等与俄罗斯关系紧密的国家,也包括独联体内的其他合作伙伴国家,以及其他对此感兴趣的国家。与中国的合作,将开启创建"大欧亚伙伴关系"的第一步。俄罗斯同样感兴趣的是将欧洲国家纳入构建"大欧亚伙伴关系"的方案中。[2] 由此看

---

① Е. П. Божанов, Современный мир, Москва: Известия, 2004, С. 143.

② Владимир Путин выступил на пленарном заседании Петербургского международного экономического форума. 17 июня 2016 года, http://www.kremlin.ru/events/president/news/52178.

来，"大欧亚伙伴关系"是俄罗斯提出的一个范围广阔的合作方案。

（二）"大欧亚伙伴关系"与欧亚地区秩序的可能演进

"大欧亚伙伴关系"这一概念由"大"、"欧亚"和"伙伴关系"三个词组成，因此其特点以及俄罗斯的战略意图可以从这三个词中发掘。

第一，大欧亚伙伴关系建立在伙伴关系的基础上，并且是一种多边伙伴关系框架。从"伙伴关系"概念的发展历程来看，目前建立的各种伙伴关系大多是双边层次的，即便是中国构建的全球伙伴关系网络也是以中国为中心的由百余个双边伙伴关系组成的网络，那么在超越双边、又低于全球的地区层次上如何构建伙伴关系就成为对外构建伙伴关系的各国进一步努力的方向。因此，"大欧亚伙伴关系"符合伙伴关系构建的新趋势，表明俄罗斯不仅有意推进本国的伙伴关系构建，也有意引领伙伴关系构建的潮流和发展方向，推动伙伴关系的地区拓展。

第二，大欧亚伙伴关系的构建以欧亚地区为核心，并且从欧亚地区起步。我们在通常意义上认识的欧亚地区，是俄罗斯能够发挥传统影响的地区，尽管欧亚经济联盟的发展现状表明俄罗斯仅能够在一个较小的范围内维持主导地位，但俄罗斯有意愿在维持核心地区的基础上，开启构建更大范围的伙伴关系的序幕。"欧亚"一词也更进一步明确和强调了俄罗斯在地理上的跨洲属性，俄罗斯是联结欧洲和亚洲的桥梁，将以欧亚两洲结合部的欧亚地区为核心，引领和推动地区合作。

第三，"大欧亚伙伴关系"强调其"大"的特点和属性，表明欧亚地区的地理范围可以拓展，俄罗斯试图在一个"大"的地理范围上开展伙伴合作。这显示了俄罗斯的大国雄心，即俄罗斯不会局限于一个不断缩小的"欧亚"地区，而是要努力拓展合作的地理范围，借由"大"的欧亚地区合作，实现维护俄罗斯大国地位的目标。俄罗斯也将努力在大欧亚地区中扮演重要角色。显然，这个"大欧亚"已经超越了欧亚经济联盟的地理范围，与欧亚联盟具有地理上的重合性和思想上的继承性。从这一逻辑出发，我们可以明显感受到"大欧亚伙伴关系"在一定程度上受到了欧亚主义的影响，意在塑造欧亚"发展空间"，并成为构建"欧亚特殊地理世界"的基础。[①]

因此，从上述特点来看，俄罗斯的"大欧亚伙伴关系"显示了俄罗斯重新引领地区合作的雄心，也给欧亚地区秩序的演进提供了一种新的愿景。从俄罗斯的意图来看，大欧亚伙伴关系并不是对此前所有合作的推翻，相反是在此前所有合作机制的基础上进行一种规范和框定。换句话说，欧亚经济联盟、"一带一路"等地区机制和合作方案都将继续存在，而大欧亚伙伴关系作为一个新的框架框定和引领最大范围的欧亚地区合作。从最理想的发展路径看，如果大欧亚伙伴关系能够吸引它所期待的众多国家参与的话，那么俄罗斯作为首倡者，自然将更有可能成为欧亚地区秩序的主要塑造者，并成为新地区秩序的引领者、受益者和维护者。所以，大欧亚伙伴关系为欧亚地区秩序提供了一种演进的可能性——由俄罗斯作为引领者塑造欧亚地区秩序。

三　中俄共建欧亚伙伴关系塑造地区新秩序

俄罗斯提出的"大欧亚伙伴关系"很快得到了中国的积极响应。2016 年 6 月 25 日，普京访问中国期间，中俄发表联合声明，表示双方主张"在开放、透明和考虑彼此利益的基础上建立欧亚全面伙伴关系"①。此后，中俄双方经过谈判和协调，又在 2017 年明确提出两国为建立"欧亚经济伙伴关系"制定相关措施。② 总之，中俄共建欧亚伙伴关系，将推动塑造地区新秩序。

（一）中俄倡建欧亚全面伙伴关系

俄罗斯的"大欧亚伙伴关系"尽管雄心勃勃，但很难按照俄罗斯所设想的路径加以实现，因为当前的欧亚地区合作形势已经限制了各国的政策空间。

当前欧亚地区合作的特点主要表现在如下三个方面。第一，地区机制和地区组织呈现出不同的发展状态，各自面临着不同的问题。有的地区组织的扩员进程放缓，如欧亚经济联盟；而有的地区组织虽然启动了

---

① 《中华人民共和国和俄罗斯联邦联合声明（全文）》，新华网（http：//news. xinhua-net. com/politics/2016 - 06/26/c_1119111908. htm）。

② 《中俄总理第二十二次定期会晤联合公报（全文）》，新华网（http：//news. xinhuanet. com/2017 - 11/01/c_1121891023. htm）。

扩员进程，如上海合作组织，但扩员可能引发的矛盾增多，需要解决的问题更加复杂；一体化组织深化发展的难度增大，大多停留在自由贸易区等低程度一体化阶段，并出现逆向发展的趋势；有的地区组织效能有所下降，如上海合作组织；有的组织重获新生，如亚信会议；等。整体上看，地区组织数目呈现增多发展的趋势，各组织之间的合作与竞争并存。如果建立新的合作框架，也难免将不同程度地遇到上述问题。

第二，大国博弈增加，大国难以发挥独立的主导作用。经过二十余年的磨合与实践，与欧亚地区相关的每个大国都推出了本国的欧亚地区合作战略和合作倡议。这些战略与倡议自推出之日起就具有竞争性，反映了大国博弈的增加。这导致任何一个大国试图独立主导欧亚地区变得愈加困难，追求单独主导的过程中不仅面临着其他大国的竞争，也容易让中小国家产生畏惧心理。因此，大国完全不受干扰地实施本国的地区战略几乎不可能。这不仅限制了俄罗斯的政策空间，也影响了中国、美国等大国的欧亚地区战略。

第三，小国与中等国家的对外政策选择更加多元化。在地区合作出现新趋势和大国博弈增加的背景下，中小国家的对外政策选择呈现出更加多元化的特点。尽管骑墙存在风险（正如乌克兰危机所显示的），但中小国家仍然寻求在各大国之间扩大本国的政策空间，在不同的领域根据本国的实际需要有选择性地同相关国家开展合作。因此，小国不愿意完全服从于某个大国，并且在当前形势下，参与任何一种合作进程，也不意味着要放弃同其他国家的合作。这不仅是导致一体化难以深化发展的重要原因，也是导致大国难以单独主导地区合作的重要原因。同时，多种因素综合作用下，小国"抱团取暖"也变得更加困难，大国的参与、稀释和谋求主导的路径极大地阻碍了小国的团结合作。

上述形势使俄罗斯认识到构建"大欧亚伙伴关系"的困难性和长期性，正如普京在讲话中所指出的，与中国共同协作是开启构建进程的重要一步。上述形势也使中国认识到，中国难以独立主导欧亚地区合作，应当积极回应俄罗斯的倡议，但又不能完全按照俄方的框架，否则"一带一路"倡议的影响将被弱化。因此，中俄两国逐渐形成共识，即在推动各自主导的地区合作进程的同时，必须共同推动某一地区合作进程，以实现共同受益。并且用任何一方提出的名称都有可能损害另一方在这一合作进程中的作用，所以，开展全面战略协作的中俄双方在 2016 年 6 月 25 日发表的联合声明中提出了一个新概念，即努力构建"欧亚全面伙伴关系"（Евразийское всеобъемлющее партнёрство）。

"欧亚全面伙伴关系"的特点十分鲜明。第一，"欧亚全面伙伴关系"的构建基础牢固。正如双方联合声明中所指出的，欧亚全面伙伴关系建立在考虑彼此利益的基础上。中俄当前在地区合作中的各自利益体现在"一带一路"和"大欧亚伙伴关系"这两份倡议上，按照其中任何一份倡议开展地区合作都有可能委屈另一方的意志，并对另一方利益造成损害，也不符合平等性这一合作的基本原则。因此，中俄双方共同倡建新的合作框架，并以高水平的双边关系作为合作的牢固基础，有助于在新框架下开启的地区合作持续推进。第二，"欧亚全面伙伴关系"具有"双引擎"。大国难以独立主导和小国多元化选择的现实迫使中俄双方在地区合作中遵循"分享"和"共同"的原则，协调利益、共同行动、减少小国的偏向站队行为，以期构建一种"双重领导型地区秩序"。[①] 而中俄作为"双引擎"联合倡建"欧亚全面伙伴关系"，不仅可以加大力度推动地区合作进程，也使此种地区秩序的塑造具有可以预期的前景。第三，"欧亚全面伙伴关系"将推动全面合作。与双边层次上的中俄全面战略协作伙伴关系的特点一样，地区层次上的"欧亚全面伙伴关系"，其特点和目标也具有"全面性"。"全面性"不仅意味着合作领域、覆盖范围的广泛，也体现了双方合作的高水平和对合作目标的高设定。

总之，"欧亚全面伙伴关系"与"一带一路"和"大欧亚伙伴关系"一样，都是要推动欧亚地区各国在多领域开展合作，以期实现该地区的持久和平和共同发展。而"欧亚全面伙伴关系"由中俄两个大国共同领导和推动，将有助于地区合作的顺利开展和欧亚地区秩序的演进。

（二）构建欧亚经济伙伴关系与塑造欧亚地区新秩序

"欧亚全面伙伴关系"是中国与俄罗斯有关地区合作达成的新倡议和新框架，显示了两国开展全面战略协作并共同维护地区和平和促进地区发展的决心和意愿。两国经过一年的沟通与协商，于 2017 年 7 月 4 日在莫斯科签署《中华人民共和国商务部与俄罗斯联邦经济发展部关于欧亚

---

① 顾炜：《双重领导型地区秩序的构建逻辑》，《世界经济与政治》2017 年第 1 期。

经济伙伴关系协定联合可行性研究的联合声明》。① 由此，"欧亚全面伙伴关系" 又被正式调整为 "欧亚经济伙伴关系"（Евразийское экономическое партнёрство），作为两国共同推动地区合作的框架。

欧亚经济伙伴关系与欧亚全面伙伴关系相比，两者的地理范围相同，都是着眼于欧亚地区的合作；两者的发展目标一致，都是构建伙伴关系；它们之间最主要的差别在 "经济" 与 "全面" 这两个定语上，表明两者的合作领域不同。正如前文所述，欧亚全面伙伴关系强调广域合作，其合作范围涉及政治、经济、安全、文化等方方面面，而欧亚经济伙伴关系则聚焦于经济领域，范围明显精准和缩小。因此，定语的调整表明中俄两国有意将地区合作集中在经济领域。

首先，地区经济合作是中俄两国和地区各国的共同需要，也具有良好的合作基础。无论是国力不断发展的中国，还是暂时遇到不同程度困难的俄罗斯等欧亚国家，发展经济都是核心国家利益之一。所以，开展地区经济合作符合各国的需要。在经济领域，地区内部已经存在诸多合作机制或合作倡议，包括欧亚经济联盟、上海合作组织、"一带一路" 等，它们虽然侧重点不同、工作方式各异，但都可以作为构建欧亚经济伙伴关系的基础，并且将有助于取得新的发展成就。

其次，经济合作是低政治领域，有助于吸引更多国家参与，提升欧亚经济伙伴关系的影响力。出于各种原因，一些国家并不愿意参与到全面性的地区合作中，因此，从小的领域切入，特别是从各国均有需求的经济领域切入，可以让一些国家放掉包袱和顾虑，加入到中国和俄罗斯共同推动的合作框架中。参加国的增多，不仅可以形成聚集效应和规模效应，有利于取得经济发展的实效，而且可以使合作框架的覆盖范围逐渐扩大，提升欧亚经济伙伴关系的地区广度和重要性。"欧亚" 所指的地理范围本身就存在可变性，可以在保持名称不变的同时吸引更多的国家参与。

最后，聚焦于经济领域是开展全面合作的基础，先易后难的发展思路，有助于提升欧亚经济伙伴关系的构建成效。从欧亚全面伙伴关系调

---

① 《中俄签署〈关于欧亚经济伙伴关系协定联合可行性研究的联合声明〉》，中华人民共和国商务部网站，http：//www. mofcom. gov. cn/article/ae/ai/201707/20170702604249. shtml。

整为欧亚经济伙伴关系，并非是一种否定或降低目标，而是一种务实和明智的选择。与其设定一个很难实现的"全面合作"目标，不如从易于实现的经济合作着手，取得的微小成就可以发挥"滚雪球"效应，逐步外溢到其他领域，促使各国开展更多领域的合作，最终实现欧亚全面伙伴关系的构建。所以，优先构建欧亚经济伙伴关系与上海合作组织的发展思路一致，都是从基础性合作入手，逐步积累取得更大的合作成就。

这一思路调整显示了中俄两国发展地区合作的大智慧。而当我们讨论欧亚经济伙伴关系的概念时，我们又会发现欧亚经济伙伴关系的构建将为塑造欧亚地区新秩序奠定基础。

第一，欧亚经济伙伴关系是一种新创设的合作框架，旨在制定新的合作规则和规范，以框定地区经济合作。

近年来，国际上出现了各种地区性伙伴关系，如跨太平洋伙伴关系协定（TPP）、跨大西洋贸易与投资伙伴协定（TTIP）等，旨在以新的经济贸易规则推动地区性经济合作。欧亚经济伙伴关系与它们具有一定的相似性，即通过制定新的合作规则来规范和推动地区合作。且伙伴关系的定位，意味着最初的合作可以只围绕某一方面或某一领域的问题展开，这种低门槛将有助于吸引更多国家参与。通过伙伴合作不断接近立场和提升合作水平，有助于实现更广阔的发展前景。尽管目前还不能说欧亚经济伙伴关系将发展成一种地区机制，但它作为新创设的合作框架必然将给各国的互动与合作带来新的变化，它所制定的新规则，也将给地区秩序带来影响。而新规则的制定和运行以及建立新机制的可能性是塑造地区新秩序的主要路径之一。

第二，欧亚经济伙伴关系是由中国与俄罗斯共同推动的，中俄全面战略协作是欧亚经济伙伴关系的基石。

欧亚经济伙伴关系作为一个新合作框架，与此前的大多数合作机制或合作倡议均存在差别，最大的不同在于中国和俄罗斯是框架内的两个中心国家。① 从目前的发展思路来看，中国和俄罗斯没有打算将大国作为优先开展合作的对象，所以中俄两国是其中最大的两个国家，欧亚经济

---

① 或许只有上海合作组织具有类似的特点，但上海合作组织扩员后，中俄作为双中心的组织结构已经发生改变。

伙伴关系所框定的地区范围中，权力结构将呈现"两强众弱"的形态，中俄作为两个中心，将发挥双重领导的作用。此前欧亚地区的大多数合作机制或合作倡议，在成立之初都是以一个国家为中心的，而欧亚经济伙伴关系以两个大国为中心，权力结构的不同将有助于塑造出新的地区秩序。且中俄全面战略协作已经进入新阶段，其持续稳定的发展将不仅是欧亚经济伙伴关系构建的基石，也是塑造地区新秩序的关键力量。

与欧亚经济伙伴关系唯一类似的上海合作组织，在塑造新秩序方面目前存在一些问题。首先，以中国城市上海命名，使上海合作组织具有更为明显的偏向中国的特点，正如前文所述，用何种名称将影响话语权及合作的持续性和吸引力，所以用新名称或新概念框定合作更好。其次，上海合作组织成立之初只是为了解决边界问题，后来逐步发展才具有了推动地区秩序演进的作用，且经过二十余年的历程，组织发展已经相对成熟、合作领域已经较为全面，这种升级后的入门条件对合作范围的扩大将构成限制。这也是上海合作组织扩员需要解决诸多问题的重要原因。比较而言，欧亚经济伙伴关系就主动得多，中俄两国在新框架下制定新的合作规则，吸引更多国家参与，共同推动新的地区合作。最后，最重要的原因在于上海合作组织已经进行了历史性的成员扩大，印度和巴基斯坦的加入扩大了上海合作组织的地理范围，也增强了影响力，但三个大国的存在改变了上海合作组织内部的权力结构。中国有个典故是"三个和尚没水吃"，尽管以此形容中俄印三国无法推动地区合作有点言之过早或过于悲观，但三个大国所增加的复杂性确实会在一定程度上降低上海合作组织的工作效率。消化扩员所带来的各方面影响尚需时日，以上海合作组织作为塑造新秩序的机制就更需要耐心与智慧。

第三，欧亚经济伙伴关系是以"欧亚"地区为核心范围的，经济互动将有助于塑造"欧亚观念"。

欧亚经济伙伴关系是中国推动建立的第一个以"欧亚"命名的合作框架，表明中国对"欧亚"这一概念有了更为积极的认同。这在以前几乎难以想象。中国的存在扩大了传统"欧亚"概念的地理范围，使新的"欧亚"地区范围更大，不仅有助于吸引更多国家参与，也将在互动中改变人们对"欧亚"概念的理解，从而塑造新的"欧亚观念"。而新观念的形成将是塑造新地区秩序的重要步骤。

综上所述，欧亚经济伙伴关系的构建有可能在将来塑造出一种欧亚地区新秩序，这个秩序以中俄两个大国为中心，权力结构呈现"两强众弱"，覆盖更广的地理范围，遵循新的合作规则，并有助于实现地区的繁荣与和平。可以说，如果这个前景得以实现，那么此前的嵌套型演进将转变为标志性演进，欧亚地区秩序将实现它的一次根本性改变，塑造出新的欧亚地区秩序。

本章小结

2011年俄罗斯提出构建欧亚经济联盟，2013年中国提出建设"一带一路"。两个方案的同时存在和发展使人们一时担忧欧亚地区可能出现竞争大于合作的不利局面。然而，中俄两国在2011年就启动了全面战略协作，2014年更是将全面战略协作推进到新阶段，为减少竞争和扩大合作奠定了基础。中俄战略协作的持续稳定发展使中俄两国在2015年达成"带盟对接"协议，为地区的稳定和发展做出了重要贡献。但"带盟对接"的困难不容回避，并且出于竞争和自利的考虑，俄罗斯又在2016年提出了构建"大欧亚伙伴关系"。也正是凭借中俄全面战略协作的基础性和稳定性作用，中俄两国经过沟通和协商，将"欧亚经济伙伴关系"作为共同倡建、共同推动的地区合作框架，将继续推动欧亚地区秩序的演进，甚至塑造欧亚地区的新秩序。由此，"欧亚经济伙伴关系"的构建将接棒上海合作组织，成为推动欧亚地区秩序演进的主要载体。

应当说，上海合作组织在21世纪第二个十年开始后也推动了欧亚地区秩序的演进，并不是没有机会继续成为推动地区秩序演进的主要载体。例如，2012年，上海合作组织接纳阿富汗为观察员国，将白俄罗斯、斯里兰卡、土耳其列为对话伙伴国。至2016年，上海合作组织拥有6个正式成员国（中国、俄罗斯、哈萨克斯坦、吉尔吉斯斯坦、塔吉克斯坦、乌兹别克斯坦）、6个观察员国（巴基斯坦、印度、蒙古、伊朗、白俄罗斯、阿富汗）和6个对话伙伴国（斯里兰卡、土耳其、尼泊尔、柬埔寨、阿塞拜疆、亚美尼亚）。这不仅为在地区机制框架下拓展合作范围奠定了基础，也是地区秩序发生微小演进的一种表现。但正如前述的诸项原因，尽管中国依然高度重视上海合作组织，各国也愿意在上海合作组织框架下开展合作，但推动地区秩序演进的主要任务已经不适宜由上海合作组织继续完成。当然，我们也不能因此而否定上海合作组织今后仍将在推动地区秩序演进方面发挥相应的影响。

从地区秩序演进的角度看，此前，上海合作组织的存在和发展使地区秩序的演进呈现嵌套型演进的特点，而欧亚经济伙伴关系的提出和未来的构建将在继续保留嵌套型演进特点的基础上，使地区秩序的演进提质增效。即中国与俄罗斯已经有了更为主动的态度和更加明确的目标，通过构建欧亚经济伙伴关系，两国将携手引领地区经济合作，在维护地区和平稳定的同时，带领地区国家谋求发展和繁荣。中国的快速发展能够给欧亚地区注入更多的动力，参与构建欧亚经济伙伴关系的国家数目越多将使地区合作范围不断扩大，这些都将给以俄罗斯为单一中心的欧亚地区秩序带来收益和变化。这不仅意味着地区秩序正在演进，而且将发生更有益的演进。

从 2011 年至今的发展过程中可以看到，欧亚地区的稳定和发展受益于中俄全面战略协作。欧亚地区能够有效防止地缘经济竞争的激化，并减少地缘经济竞争对地缘政治的影响，也是因为中俄战略协作。所以，中俄两国谋求稳定的地区和国际环境，追求国家的复兴或崛起，需要继续发展彼此之间的关系，并继续开展全面战略协作。

第 六 章

结　论

2018 年，是一个普通的年份，既非中俄战略协作的某个周年纪念，也非欧亚地区秩序演进的某个节点，所以在 2018 年里做出某些结论似乎并不那么合乎时宜。但作为本书的总结部分，我们依然需要拨开纷杂的实践进程，从中找到某些逻辑与理论启示，以便我们更好地认识现实和把握未来的发展趋势。

第一节　中俄战略协作与欧亚地区
秩序演进的逻辑

中俄战略协作与欧亚地区秩序的演进是本书的两条主线，它们在二十余年的发展历程中，有着各自的发展逻辑，但彼此之间又构成影响。中俄战略协作在实践发展中逐渐成为欧亚地区秩序演进的重要基础和主要推动力。

一　中俄战略协作的发展经验

恰达耶夫曾说，俄罗斯"从未与其他民族携手并进"。[1] 很多西方学者也认为，中俄关系是一种"权宜的婚姻"或者说是"权宜轴心"。[2] 然

---

①　[俄] 彼·恰达耶夫：《箴言集》，刘云飞译，云南人民出版社 1999 年版，第 6 页。

②　John Grady, "Brookings Panel: Improved China-Russia Relationship is a Marriage of Convenience", March 24, 2016, https://news.usni.org/2016/03/24/brookings-panel-recent-china-russia-relationship-is-a-marriage-of-convenience. Bobo Lo, *Axis of Convenience: Moscow, Beijing, and the New Geopolitics*, New York: Oxford University Press, 2008.

而，冷战后二十余年的历史表明，中俄携手并进，不仅实现了双边友好关系的持续发展，也推动欧亚地区秩序的不断演进，促进了整个地区的和平与发展。通过本书对实践历程的梳理和回顾，我们可以发现中俄战略协作二十余年的发展历程中有如下经验值得总结。

第一，战略协作是中俄两国的内生需要，符合两国的国家利益。

冷战后，中国与俄罗斯的双边关系从"建设性伙伴关系"到"战略协作伙伴关系"再到"全面战略协作伙伴关系"，定位的不断提升是两国在充分评估本国的国家利益和发展需要的基础上共同做出的决定。中俄交往的历史反复证明，两个相邻大国如果不能维持好彼此之间的关系，"与邻为敌"或"与邻相对"，将极大地分散两国各自的注意力，不仅危害两国的国家安全，更无助于实现各自的国家建设和社会发展。对于冷战后的中国与俄罗斯而言，最大的国家利益是实现本国实力的增强和国际地位的提升，两国的外交政策也服务于实现崛起与复兴的国家目标。因此，中俄关系的持续健康发展服务于国家发展的大局，中俄"不冲突""不对抗"的友好关系符合两国的内生需要。

诚然，我们也必须承认，在二十余年的实践中，国际环境为中俄战略协作的持续稳定发展提供了外部推动力。应对来自美国的战略压力，相互协调共同推进国际秩序向多极化发展，是中俄在国际体系层次上开展战略协作的重要内容和主要目标之一。而且共同应对体系层次的战略压力，也是促使中俄在欧亚地区减少竞争、开展战略协作的重要原因。这些战略协作都是服务于中俄实现国家发展的利益目标，所以中俄战略协作并不针对第三方，而是具有内向性的特点。

反过来看，有一种观点在西方学界相当有市场，即中俄关系在强势外部动力的支持下难于深入发展。① 如果中俄战略协作更多是出于应对外部"第三方"压力的话，那么一旦外部压力减弱、威胁消除或者所谓的"第三方"更换为不同的国家，中俄战略协作就将改变发展方向或发展方式，甚至难以维系。然而，冷战后的实践发展已经证明，中俄战略协作的内向性促成了它的持续性，正是因为适应了两国发展的实际需要，中

---

① Robert Person, "Crouching Tiger, Hidden Jargon: The Sino-Russian Strategic Partnership", *Stanford Journal of International Relations*, https://web. stanford. edu/group/sjir/3. 1. 10_person. html.

俄战略协作才获得了蓬勃持续的生命力。

第二，中俄战略协作的持续高水平发展，是两国共同努力的结果。

正如本书在前面所指出的，即便中俄关系发展为全面战略协作伙伴关系，我们也无法做出"中俄关系在所有领域或所有方面都不存在矛盾"的结论。事实上，在承认战略协作全面开展的同时，我们也必须承认中俄之间依然存在一些竞争和矛盾，也还有一些问题需要耐心细致地解决。但二十余年的战略协作使中俄两国能够尊重彼此的利益差别，在平等信任的基础上，承认差异化利益的存在，并努力寻找共同利益。所以，战略协作的持续高水平发展，离不开两国的共同努力。

这种努力既来自中俄两国的领导人，也来自两国的普通民众。无论是叶利钦总统，还是普京总统和梅德韦杰夫总统，俄罗斯都高度重视发展与中国的关系，认可中国在国家发展进程中所取得的成就。中国的历任领导人江泽民主席、胡锦涛主席和现任的习近平主席，也都非常重视俄罗斯的作用，努力推动中国与俄罗斯的战略协作。中俄两国在不同层次、不同领域建立的对话交流机制，在不同时期开展的常态化或临时性的主题交流活动，都推动了双边友好关系的发展，增进了彼此之间的理解。这显然是值得两国记取的重要经验。

第三，中俄战略协作坚持了原则性和灵活性的有机结合。

在中俄战略协作不断发展的过程中，主张中俄两国结盟的观点一直存在，[1] 也不时会引发讨论热潮。但无论是数百年的双边关系发展史，还是现实的国际和地区环境，两国都清楚地认识到，结盟并不符合两国的根本利益，也违背各自的外交原则。相比结盟，战略协作伙伴关系"既能最大限度地满足两国在利益契合的广泛领域开展合作的需要，又能在足够程度上保持两国在利益分歧的领域中立场和行动的独立性"。[2] 所以，为维护各自的外交准则，两国坚持了不结盟的双边关系发展原则。但不结盟却并不影响两国之间的深度合作，中俄在重要的国际和地区问题上

---

① 易心：《专访阎学通（上）：安全领域两极化趋势已凸显》，《凤凰大参考》2016 年 7 月 3 日，（http://pit.ifeng.com/dacankao/zhuanfangyi/1.shtml#_www_dt2）；阎学通：《俄罗斯可靠吗？》，《国际经济评论》2012 年第 3 期。

② 柳丰华：《"梅普组合"的外交战略》，中国社会科学出版社 2012 年版，第 220 页。

经常协调立场，结伴前行。对关乎各自核心利益的问题，中俄两国坚持了互不干涉内政的原则，并采取了相互支持的立场。有学者在讨论中俄之间摩擦较少的原因时指出，中国执行了与西方不同的不干涉俄罗斯内政的政策，这对保持俄罗斯的政权稳定来说尤为重要。① 因此，中俄两国对基本原则的支持构成了战略协作持续发展的坚实基础。

在坚持原则性的同时，中俄两国也发挥聪明才智和主观能动性，创造性地利用各种双边和多边平台协调立场，灵活地开展战略协作。两国在双边层次上建立了多种交流和对话机制，在多个领域及时沟通。在多边层次上，两国推动了中俄蒙、中俄印、金砖国家集团等合作机制的建立和发展，并在两国的地区合作方案出现较大竞争时，也能够通过协调沟通及时达成"带盟对接"协议。这都是中俄两国灵活开展战略协作的成果，体现了双方的政治智慧。

二 欧亚地区秩序演进的逻辑

世界上恐怕没有哪一个地区与欧亚地区一样，在地区秩序初构的同时，也开启了地区秩序演进的过程。这个脱胎于苏联的新地区，在历史与现实的交织中寻找自身的地区性。

苏联解体的同时诞生了15个新独立国家，使欧亚大陆腹地从国内政治的研究范畴转变为国际关系研究中的"地区"。除波罗的海三国外的12个国家陆续加入了独立国家联合体，"独联体地区"随即成为标识这些国家所属的地区身份的主要概念之一，独联体也成为塑造和维系地区秩序的主要机制。作为其中最大和实力最强的国家，也是苏联继承者的俄罗斯，从独立之日起就奠定了地区"中心"的地位。待到各国发现许多问题必须要俄罗斯的参与才能解决，且俄罗斯又逐渐成为地区内唯一的核国家时，地区主导国的身份已经难以旁落。尽管俄罗斯一度不愿意承担它的地区责任，更不愿意供给地区公共产品，但地区内外形势的发展以及俄罗斯自身利益的日渐清晰，都使俄罗斯接受并努力维护其地区"中

---

① Eugene B. Rumer, "Russia's China Policy: This Bear Hug is Real", in The national bureau of Asian research, *Russia-China relations: Assessing Common Ground and Strategic Fault Lines*, NBR special report #66, July 2017, pp. 13 – 25.

心"的地位。由此，在各国都愈加明确地认识到彼此属于同一地区，且俄罗斯是这个地区的"中心"时，欧亚地区秩序得以初步构成。

但很快，欧亚地区秩序就开启了它的变化和发展过程。回顾欧亚地区秩序二十余年的演进历程，不同行为体从不同方面对地区秩序施加了不同程度的影响，且它们之间一直在进行着角力。

俄罗斯作为欧亚地区秩序中的中心国家，其主要目标是维持自身在地区事务中的主导地位。然而以俄罗斯为中心的地区秩序却不断受到来自多方影响的侵蚀。首先是大国对欧亚地区的持续介入和大国影响的不断扩大，挑战了俄罗斯作为单一中心的地位。美国、欧盟、日本和中国都是不断介入欧亚地区的大国，它们在经济、政治、安全等方面对地区中小国家各具吸引力，也就削弱了俄罗斯对地区事务的主导作用。其次是地区中小国家"另攀高枝"的意愿。在度过了独立之初的最困难时期后，大国的介入给中小国家提供了许多新选择，所以有些原本追随俄罗斯的国家选择了"另攀高枝"，这同样是对俄罗斯主导地位的削弱。逐渐地，俄罗斯所能主导的不再是整个欧亚地区，而是缩小的"欧亚"。除上述两点外，俄罗斯还要面对的是它的国家实力与雄心抱负之间时大时小的鸿沟，或者说是要战胜"力不从心"。当俄罗斯经济呈积极态势时，它就更有信心也更有手段维护自己的中心地位；而当经济下行、国力成为掣肘时，即便抱负和雄心依然存在，俄罗斯也不得不接受本国吸引力和地位"双下降"的现实。

除俄罗斯外，欧亚地区的其他国家都属于国际关系意义上的中小国家，其国家目标与利益是实现本国的安全与发展。它们或许不能掌控地区秩序的走向，但却是地区秩序的重要参与者，它们的政策选择和对地区规则的接受或反对将影响地区秩序的形态和走向。中小国家关心的是本国能否在和平与繁荣的地区内实现国家的安全与发展，但在哪种地区秩序下实现和平与繁荣或许并非是它们首要考虑的目标，毕竟能力的不足限制了中小国家的政策选择空间。在没有其他选择的时候，追随俄罗斯即便不是出于本心，但为了实现国家利益，也要接受俄罗斯主导的地区秩序。但当其他大国不断介入并提供了更多的选项或选择机会时，中小国家就会出于成本收益的权衡和本国利益最大化的考虑，或者"自立门户"或者"另攀高枝"。无论是哪种选择，只要中小国家不再积极追随俄罗斯，俄罗斯的主导地位就会受到侵蚀，欧亚地区秩序就可能发生变化或演进。

地区外行为体是影响欧亚地区秩序的第三方，但通常我们只关注地区外的大国。大国介入地区事务，或者提供新的合作方案，或者支持中小国家的方案，总之是向中小国家提供了有别于俄罗斯的选项，这将削弱俄罗斯的主导地位。即便主观上不存在与俄罗斯竞争的强烈意愿，大国的介入也仍然会影响既有地区秩序的稳定和持续运行。大国介入欧亚地区的意愿是否强烈、介入的主要目标是什么、大国的实力如何、拥有怎样的手段、与俄罗斯对比所呈现的优劣势等，都是影响地区秩序走向的重要因素。无论是否出于本心，或者是否愿意，地区外大国总归在一定程度上是俄罗斯的竞争者。然而不可否认的是，二十余年间，尽管时有起伏，但地区外大国在欧亚地区的影响总体上呈现上升和扩大的趋势，这显然也是影响欧亚地区秩序演进的重要因素之一。

上述三方的角力，使欧亚地区秩序在初构不久就开启了演进的历程，并呈现出如下形态和特点。第一，俄罗斯主导的欧亚地区秩序不断弱化。这表现在俄罗斯的主导地位不断弱化，维系此秩序的地区机制面临问题（如效能不高、领域有限、覆盖范围缩小、参加国减少等），地区认同度不高，所谓的"欧亚地区"范围缩小变为了"次地区"等。第二，欧亚地区秩序不再是一个整体，"嵌套型演进"成为演进的实际过程，即俄罗斯主导的"小"欧亚地区秩序得到存续，而整个地区秩序不断演进，其结果是整个地区的分裂和"大"欧亚地区秩序变为了复合体秩序。在俄罗斯主导地位下降、其他大国介入和中小国家选择增多的背景下，欧亚地区不再只有独联体这一个地区机制，而是出现了许多不同的地区机制与合作方案，它们涉及的领域不同、参加国的数目存在差别、发展目标各异，导致欧亚地区秩序不断被敲碎，分裂为多个部分，甚至出现了领域差异，即在不同的领域中分裂的方式并不相同。所以，欧亚地区秩序变成了一种复合体秩序。第三，欧亚地区秩序的"嵌套型演进"和其逐步演进为复合体秩序的现实，使我们在预判欧亚地区秩序的未来演进时必须充分考虑欧亚地区当前的复杂性。中俄战略协作的存在和不断发展，对欧亚地区秩序的"嵌套型演进"发挥了一种积极作用，所以欧亚地区秩序演进的前景必然与中国和中俄战略协作密切相关。

本书讨论的核心问题正是中俄战略协作对欧亚地区秩序演进的影响。中俄战略协作的存在和发展，使俄罗斯、中国以及中小国家在欧亚地区中的互动呈现良性发展的态势。俄罗斯和中小国家接受了中国对欧亚地区的介入，并以"上海五国"机制和之后建立的上海合作组织作为接受中国参与地区事务的主要渠道和合作机制。俄罗斯维护其地区中心地位的努力，因中俄战略协作的存在，受到了中国的尊重，所以即便两国出现了竞争性的地区合作方案，也能够达成对接协议，维持地区的和平与繁荣，并推动地区秩序的演进。中俄战略协作的不断发展，使中俄两国可以在维持地区和平和促进地区发展方面达成共识，也就使得欧亚地区秩序没有因为中国影响的扩大而出现急剧变化。所以，冷战后的二十余年间，中俄战略协作在欧亚地区秩序演进的过程中发挥了重要作用，使地区秩序呈现嵌套型演进，并将影响地区秩序演进的前景。

第二节 理论总结：崛起国、主导国 与地区秩序的演进

本书的核心内容是考察中俄战略协作对欧亚地区秩序演进的作用。本书认为，中俄战略协作不仅维护了欧亚地区的和平与稳定，也促进了欧亚地区的发展与繁荣，并推动地区秩序发生演进。回到理论层面，我们又必须对这一过程进行总结，以使本书的研究更具理论意义，并推动理论研究的进一步发展。

我们可以换一个视角来看待欧亚地区秩序的演进过程，因为无论是中国的介入还是欧亚地区秩序演进本身，其共同的大背景是中国的不断崛起，所以我们可以从崛起国如何推动地区秩序演进和主导国如何应对崛起国给地区秩序造成的影响这两个视角来看待中俄战略协作和欧亚地区秩序的演进。

一 崛起国与地区秩序的演进

几乎没有任何一个国家能够崛起于真空里，这在当代国际关系中几乎可以被认定为真理。所以，当我们从不同层次来看待国际关系现实时，一个国家的崛起或许可以被划分为两个阶段，第一个阶段是在地区层次

的崛起，第二个阶段是在全球层次的崛起。通常情况下，崛起国会先在地区层次上完成崛起，因为地区的范围有限，需要超越的国家数目也有限，所以在地区层次上的崛起要求不高，崛起国完成起来相对容易。

在完成地区崛起并进入第二阶段后，崛起国想要完成全球层次上的崛起则难度要大得多，不仅因为可能遇到的阻力大大增加，也因为对实力增长的要求明显提高。所以，崛起国可能面临诸多情况。例如，有的崛起国可能在完成第一阶段后就因为各种原因终止了崛起进程；有的崛起国在全球层次上的崛起过程相当漫长，以至于它或许最终放弃了全球层次上的崛起，而选择巩固自己在地区层次上的崛起成果；也有的崛起国在追求全球崛起的过程中遭遇重大打击，不仅没能完成第二阶段的崛起，甚至连第一阶段的崛起成果也没能维护，最终丧失了自己的"崛起国"身份。无论是否推进全球层次的崛起进程，崛起国在地区层次上的崛起过程中，都必须解决的一个关键问题是制定本国的地区秩序目标，即怎样的地区秩序最能实现崛起国的国家利益并维护其地区崛起的成果。

是建立"唯我独尊"的地区秩序还是与他国同享荣耀、共担责任和分享权力，这不仅关乎崛起国的雄心和抱负，更主要取决于地区内部的权力结构和机制规则，也同崛起国和崛起类型密切相关。正如本书在理论章节所探讨的，崛起国在地区内崛起和在地区外崛起的类型差别，将不仅影响崛起国的地区秩序目标，也会对崛起国塑造和改变地区秩序的战略选择构成影响。

本书讨论的中国作为崛起国并推动欧亚地区秩序演进的案例，是典型的崛起国在地区外崛起的类型。因此，在不考虑用战争等激烈手段直接改变地区秩序的前提下，崛起国的地区秩序目标应当是分阶段的、稳步且平缓推进的。首先，崛起国应努力进入地区，与地区各国进行交往、开展合作，且尽量减少地区主导国的反对和排斥。之后，崛起国应努力成为地区权力结构中的重要组成部分，并逐步成为占优势的力量。崛起国不必一定要求在国力和由此决定的地区结构份额上超过主导国，但其国力要能够足以推动制定对崛起国有利的地区规则，或建立能够实现崛起国利益的地区机制。由此，崛起国将逐步真正融入地区、成为地区秩序的重要组成部分，从而最终使地区秩序能够实现崛起国的国家利益，并为全球层次的继续崛起打下坚实基础。这一过程并非一蹴而就，而是需要崛起国付出耐心，逐步向前推进。

中国不断与欧亚地区国家发展关系，同俄罗斯进行战略协作，建立"上海五国"机制并在 21 世纪初发展为上海合作组织。这一过程不仅使中国成功地进入欧亚地区，也通过安全和经济合作逐渐影响欧亚地区秩序，中国逐步成为欧亚地区秩序的重要组成部分。之后，中国提出建设"一带一路"的倡议，与俄罗斯达成"带盟对接"协议和共同促进欧亚经济伙伴关系的实践发展，都鲜明地体现出中国逐步实现了进入欧亚地区的目标，并以不同地区机制的建立和发展使欧亚地区秩序越来越有利于实现中国的国家利益。这一实践过程为崛起国如何在地区外崛起、进入地区并塑造于己有利的地区秩序提供了案例和样板。且中国分阶段实现的地区秩序目标相对柔和，没有引发地区内部的激烈竞争和主导国的强烈反对，在实现本国利益的同时，中国不仅没有破坏地区的稳定和平，而且有利于地区合作的开展和促进地区各国的发展。因此，欧亚地区秩序由中国介入而发生的演进，是一种积极的演进。

对崛起国来说，同既有地区秩序中的主导国分享权力，应当可以作为本国的地区秩序目标。这不仅是因为"分享权力"相较"独占权力"更容易实现，[①] 也是因为在权力结构没有发生根本性变化时，崛起国不得不将"分享权力"设定为本国的阶段性目标。尤其是在不以战争作为改变地区秩序的手段时，崛起国更适宜选择更具包容性特点的"分享权力"作为本国的地区秩序目标。

在实现每个阶段具体的地区秩序目标时，崛起国的地区战略也需要具体细分后才能逐步实施并落实。在第一阶段"进入地区"的过程中，崛起国需要尊重主导国以及地区秩序中原有的运行规则，这样才不会刺激主导国并引起主导国的强烈反对。普京在谈论俄罗斯与西方关系时曾表示，俄罗斯希望"相互关系是平等、开放且诚实的"，西方"必须承认俄罗斯是国际事务中自主且积极的参与者。俄罗斯拥有自己的国家利益，

---

① 理论上看，"分享权力"比"独占权力"更容易实现的论断是基于崛起国实力的标准做出的，即崛起国要独占地区优势地位必须具备地区内最强的国家实力，而"分享权力"意味着崛起国并不一定要在地区内部完全领先。但在实践中，让主导国"同意"或"接受"与崛起国分享权力，并不容易实现。有时，促使主导国改变意愿以分享权力所付出的成本，甚至可能比崛起国谋求"独占"的成本要大得多。

与其他国家一样，需要得到理解和尊重"。① 普京的这番表态显示了俄罗斯对"相互尊重和理解"的高度重视，中国正是尊重了俄罗斯在欧亚地区的中心地位，优先发展同俄罗斯的双边关系，才得以进入欧亚地区，并同各国在地区层面开展合作。

在第二阶段"增加本国地区影响力"的过程中，崛起国应当遵循逐步积累、循序渐进的原则，不要设定过高或过于宏大的目标，而应从细小的工作做起，真正发挥有利于地区发展的作用。这可以让地区国家尤其是地区主导国放下戒备，愿意接纳崛起国。也只有不断做出贡献，崛起国才能够逐步积累起地区国家的信任，不仅使自身的崛起得以逐步改变地区结构，也使地区规则向着有利于本国的方向变化。越来越多的地区国家信任崛起国，崛起国在地区内部的吸引力逐渐增强，都有助于增加崛起国的权威，从而最终实现同主导国分享权力的目标。上海合作组织的发展经验，就被普京总结为是"从基层着手"，先在各地区机构内部协商，然后以机构间对话的方式运作，不断"添砖加瓦"，以实现更稳定的全球政治和经济。② 这种描述也在相当程度上符合中国介入欧亚地区并推动地区秩序演进的逻辑，即从小处和基层着手，逐步增加合作领域和扩大合作范围，从而推动整个地区秩序的演进。

崛起国在推动地区秩序演进的过程中，必须要一以贯之地重视同主导国的关系。主导国的合作立场、接纳态度和具体合作实践，将直接影响崛起国推动地区秩序演进的战略效果。这不仅是在崛起国实力弱于主导国时需要采取的措施，而且是相当长的时期内必须采取的措施。哪怕崛起国实力已经明显强于主导国，但只要主导国依然能够在某些方面或某些小范围维持其主导性权威，或者换句话说，只要原有的地区秩序规则依然存在并发挥作用，崛起国无法独立主导地区规则或建立地区秩序时，崛起国都应当同主导国保持密切的合作。这有助于提升崛起国介入地区的成效，也有利于推动地区秩序的演进。崛起国同主导国的合作，不仅是崛起国所需要的，也是整个地区的和平与发展所共同需要的。中

---

① Обращение Президента Российской Федерации, 18 марта 2014 года, http：//www. krem-lin. ru/events/president/news/20603.

② 普京：《俄罗斯与中国：合作新天地》，《人民日报》2012 年 6 月 5 日。

国同俄罗斯持续二十余年的战略协作，恰恰印证了崛起国注重同主导国发展关系的重要性，欧亚地区秩序的不断演进也正是得益于中俄稳定发展的战略协作。

中国作为崛起国，原本并不属于欧亚地区，如何进入欧亚地区并成为地区秩序的组成部分，推动地区秩序向于己有利的方向演进考验着中国的战略智慧。从二十余年的实践来看，中国以边境安全合作出发，即小口切入，不断增加合作的内容和规模；建立"上海五国"合作机制，并把机制进行组织化、常态化改进，建立和发展上海合作组织，使合作得以持续和稳定的进行，为各方带来实际利益。由此，中国不仅在地理上逐渐不能与欧亚地区分离，更在互动的意义上成为欧亚地区的重要组成部分，在欧亚地区秩序逐渐演进的过程中，不仅实现本国的国家利益，也引导着地区秩序演进的方向。这种演进既表现为地区结构从单一中心向双重领导的转型，也表现为地区覆盖范围得以扩大、地区机制得以丰富、稳定与和平的地区状态得以延续、地区经济合作得到发展等。而从崛起国与原有地区秩序的关系和互动来看，中国崛起所推动的欧亚地区秩序演进，是一种"外源合作型演进"，中国没有采取直接改变权力结构的战略，而是推动地区规则和地区机制的改变，从而逐步改变地区观念，使本国逐步成为地区的组成部分，地区秩序由此发生演进。

二 主导国与地区秩序的演进

本书以及相当多的类似主题的研究都将视角集中于崛起国，这首先是因为崛起国的不断崛起是带来一切改变的源动力。如果崛起中断，实力对比不再发生变化，那么权力结构就不可能进行调整、地区秩序也就不可能发生演进。所以，崛起国的国家实力在客观上的增长是地区秩序变化的最主要原因之一，我们理应关注崛起国。其次是因为崛起国在主观上的意愿。国家追求崛起是一种主观性因素，但这与它对地区的主观态度是两个不同的概念，但后者与地区秩序的关联性更强。崛起国对地区的介入及由此对地区秩序构成的影响，在地区秩序改变或演进的过程中更具有主动性、积极性和自觉性。所以，我们将崛起国的意愿和能力的变化作为地区秩序演进动力的主要观察指标。

但地区秩序是否真的发生演进，却不是崛起国单方面能够决定的，地区主导国的意愿和能力也同样重要。所以，本书也必须对从主导国如何应对的视角观察地区秩序演进的相关理论问题进行总结。

第一，地区主导国的国家实力，特别是它相对于崛起国的能力，是影响地区秩序演进的重要方面。

如果主导国有足够的实力维护其地区主导地位，能够带领地区国家共同发展，维护地区安全和推动地区机制运行的话，崛起国可能就不会有机会从外部介入地区并被地区各国需要而成为地区的组成部分、甚至建立相应的权威。所以，增强自身实力同样是主导国维护原有地区秩序的王道。然而，必须注意的是实力对比永远都不是静止的，各国的实力一直处于动态变化中。所以，当崛起国一直在不断崛起时，主导国哪怕没有相同的发展速度，也应当维持一种稳定和略有上升的趋势。否则，主导国即便最初占据优势地位，持续的停滞也可能使其被发展更快的崛起国超越，就像中国逐步在经济上超越俄罗斯一样。且从地区秩序的维护而言，如果主导国长期停滞或甚至衰退，不仅自己会丧失维持秩序的能力，也会让其他地区中小国家丧失信心，换句话说，实力的不济可能意味着主导国亲自将本国的主导地位拱手让给崛起国。这就从一个侧面解释了中国在推动亚洲基础设施投资银行建立时，哈萨克斯坦、乌兹别克斯坦等国要比俄罗斯更加积极的原因。所以，主导国为维护其地区地位必须不断谋求国家发展。

除了从上述"量"和"增量"的角度来看待主导国与崛起国的实力对比外，我们还需要从"质"或者说实力"结构"的角度来看待主导国的相对实力。如果主导国的实力保持存量或增长有限，但相较崛起国，它在关键领域中实力卓越，或者说实力结构的优势更为突出，那就意味着它握住了地区发展的命脉。俄罗斯就是这样，它在军事领域中的长板尽管严重损害了它在经济领域中的改革和发展，但地区安全在很大程度上依靠俄罗斯维护，中国尽管实力发展迅速，但在军事安全这样的关键领域相较俄罗斯依然有差距，所以地区中小国家不仅需要俄罗斯，也不愿意破坏同俄罗斯的关系与合作。这种主导国与崛起国在实力领域中的差异，是中国难以彻底撼动俄罗斯主导地位的主要原因。换个角度，这就意味着主导国在应对崛起国对地区的介入时，需要发展并把握住本国在关键领域中的优势。

第二，地区主导国的意愿，特别是它对崛起国的态度和对地区秩序的立场等，影响了地区秩序的演进方式和演进过程。

如果主导国非常排斥崛起国，甚至持有反对、憎恨的立场，那么崛起国对地区的介入将遇到非常大的阻力和困难。反之，如果主导国的态度比较和缓，崛起国与主导国的关系较为融洽、甚至亲密，崛起国对地区的介入就会相对容易。正如本书的实践部分所展示的，中国与俄罗斯的战略协作，不仅确保了两国关系的高水平发展，更让中国得以进入欧亚地区。也正是由于中俄战略协作的稳定持续，上海合作组织才得以建立并不断发展，地区秩序才能以更平和的方式演进，地区和平和稳定得以保持。

在实践中，主导国对地区秩序的态度和立场也非常关键。主导国在通常情况下会比较在意它的主导地位，但主导国在不同时期对本国主导地位的评估和认识会存在差别。如果主导国对自己的主导地位更有信心，那么它对崛起国的介入会持更为温和的态度；如果信心不足，主导国可能会采取更强硬和更激烈的方式应对崛起国。当然，也存在主导国对其地区主导地位的维护意愿下降的情况。这种意愿的下降，可能是出于对维护主导地位将遇到的困难的畏缩，也可能是出于在评估对外目标时地区主导地位的重要性下降。无论是何种原因，主导国维护地位意愿的降低，都为崛起国的介入以及地区秩序的演进提供了机会。

此外，地区秩序可能受到的影响，不仅来自于崛起国，也来自其他域外国家或组织。主导国会对这些影响的性质、强度等进行评估，在比较和排序的基础上，主导国会做出相应的应对措施。例如，如果主导国认为崛起国的影响更为积极和友好，影响程度不足以撼动其核心利益，那么主导国有可能采取默许甚至支持崛起国介入的立场。对俄罗斯来说，美国等西方国家对欧亚地区的介入威胁更大，介入方式也更为激烈，而崛起国中国的介入相对有利，程度也较弱，所以中国的介入可以被接受。而中俄战略协作和上海合作组织的发展也保证了中国的介入相对可控，所以，俄罗斯对中国的介入态度和缓。待到双方达成"带盟对接"协议以及共建欧亚经济伙伴关系之时，中国甚至可以被认为已经实现了完全意义上的对欧亚地区的介入，中俄携手共同塑造欧亚地区新秩序。

第三，地区主导国维护地区秩序的方式，将影响地区内外的互动，并影响地区秩序的演进方式。

在认清自己的意愿，并评估本国的实力后，地区主导国会选择一定的方式维护地区秩序。强硬的方式，如俄罗斯在俄格冲突中的表现，可以发挥一定的警醒地区中小国家的作用。和缓的方式，如俄罗斯推动欧亚经济共同体或集体安全条约组织的建立，通过地区合作，也可以维护其地区地位。从最基本的理论意义上说，地区主导国对方式的选择只需设定目标、评估本国的实力，考察它与其他地区国家的关系，来制定政策或做出战略选择。然而，地区作为次体系的非封闭性，意味着地区主导国的方式选择必然是复杂的，需要考虑同崛起国以及地区其他国家的多元互动，即地区秩序的演进方式将是地区内外互动后的综合性结果。

很多情况下，地区主导国选择的方式本身就受到了外部竞争性因素的影响。例如，俄罗斯选择地区一体化作为维持其地区主导地位的方式，在很大程度上受到了西欧和东亚地区一体化进程的影响。然而，这种方式的效果却并不理想。欧亚经济联盟难以扩充成员的现实恰恰反映了俄罗斯在方式选择上存在问题。也正如部分学者所认为的，"在俄罗斯自身发展模式缺乏吸引力、对外交往方式缺乏感召力、苏联国家经济发展缺乏互补性的条件下，俄罗斯力推的欧亚一体化究竟能走向何方尚待观察"①。也正是因为地区一体化这一方式效果有限，俄罗斯才又重新调整，选择构建伙伴关系的方式来维护地区主导地位。

在地区主导国选择方式的基础上，地区主导国、崛起国与地区其他国家开展互动，并由此影响了地区秩序的演进。当然，我们也必须在理论上明确，尽管主导国的能力和意愿能够影响主导国选择不同的方式，但方式与能力和意愿并不存在正相关的关系。无论能力大小，地区主导国都有可能选择激烈的方式来维护其主导地位。

综合以上，本书对地区主导国影响地区秩序演进的主要逻辑加以总结，正如表6—1所示，当主导国的能力和意愿都不足时，崛起国将获得更多的介入机会，且介入将更为容易。当主导国维护地区秩序的意愿增强时，崛起国的介入机会将相应减少；而崛起国的介入难度主要受到主

---

① 季志业、冯玉军主编：《俄罗斯发展前景与中俄关系走向》，时事出版社2016年版，第168页。

导国能力的影响，当主导国能力下降时，主导国既没有直接的手段阻止崛起国的介入，且能力下降使得地区内部的其他国家更愿意同崛起国合作，两种趋势相配合，将使崛起国的介入难度降低，有助于崛起国介入地区并推动地区秩序演进。而当主导国维护地区秩序的意愿下降时，崛起国会有更多的机会同主导国以及其他地区国家开展合作，也就有更多的机会介入地区。比较来看，出现类型 A 的情况时，崛起国介入地区的效果将最好，地区秩序最容易发生演进。当出现类型 D 的情况时，主导国维护地区秩序的能力和意愿都很强烈，崛起国介入地区的效果将最为弱势。在这个意义上说，对崛起国最有利或最易于实现的选择是待主导国的能力和意愿都下降时，集中介入地区。中国对欧亚地区的最初介入，恰恰发生在苏联解体后的初期，俄罗斯对地区秩序的认识不足、维护地区主导地位的意愿有限、其国家实力也仍在不断下降。所以，中国对欧亚地区的介入在初期是较为成功的。

表6—1　　　　地区主导国的能力和意愿对崛起国介入地区的影响

类型	主导国的能力	主导国的意愿	崛起国的介入机会	崛起国的介入难度
A	下降	下降	增多	降低
B	下降	上升	减少	降低
C	上升	下降	增多	提升
D	上升	上升	减少	提升

注：本表为笔者自制。

然而，无论是理论推演还是实践发展，都表明崛起国不能等待最优时机来介入地区，而是应该不断参与地区事务，与主导国和地区其他国家开展互动，以不断施加本国的影响，塑造地区规则和本国的地区地位，从而推动地区秩序的演进。待到权力结构发生根本性变化、地区规则又将这一结构变化加以规范和认可时，新的地区秩序将得以建立。

因此，在我们从崛起国和主导国两个角度分别分析了地区秩序的理论演进后，本书将在下一节总结中国在欧亚地区的实践经验，从而为中国制定地区战略和评估欧亚地区秩序的发展前景打下基础。

第三节　中国的地区战略与欧亚
地区秩序的前景

在本书的最后一节，我们有必要讨论一些更为现实和实际的问题。从实用主义的角度来说，过去的二十余年里，中国的欧亚地区战略有哪些经验值得借鉴和保留，又有哪些教训值得吸取和警戒，未来我们又应当实施怎样的欧亚地区战略，这是相当具有现实意义的问题。更进一步，通过本书的讨论，我们应当对欧亚地区秩序的前景有了更为清晰的认识和把握。

一　中国的欧亚地区战略

受欧亚地区年轻而缺乏地区意识的影响，中国在苏联解体后的相当长时间里并没有一个明确且清晰的欧亚地区战略。中国对欧亚地区的认识，同欧亚地区国家一样，经历了一个逐步变化和调整的过程。当中国越来越将欧亚地区视作一个国际关系上的独立地区来看待后，所谓的欧亚地区战略，才得以基本形成，① 而这也同时是在中国同欧亚地区国家开展交往与合作的过程中逐步形成的。回顾此前二十余年的发展历程，我们可以对中国的欧亚地区战略加以分析和总结。

第一，中国的欧亚地区战略坚持了谨慎探索、逐步推进的原则。

与中国外交在改革开放后奉行的韬光养晦思路一致，中国在欧亚地区的外交在整体上也是低调而谨慎的。这一方面是因为欧亚地区是新诞生的地区，从国内政治向国际政治的转换催生了诸多复杂状况，中国需要时间消化苏联解体带来的影响，也需要谨慎应对新的局面。另一方面，

---

① 一些学者认为，建设丝绸之路经济带是中国的欧亚战略。本书认为，早在丝绸之路经济带提出之前，中国就已经有较为清晰的欧亚地区战略，只是在"一带一路"提出后，中国的欧亚地区战略才更加明确地显示出来或被普遍认知。当然，也必须承认，在"一带一路"被视作倡议还是战略的问题上，学者们存在分歧。有关丝绸之路经济带是中国的欧亚战略的相关研究，可参见刘昌明、姚仕帆《"一带一路"倡议下中国的欧亚一体化战略与大西洋主义》，《太平洋学报》2016 年第 11 期；王树春、王洪波：《丝绸之路经济带——中国的欧亚战略?》，《战略决策研究》2015 年第 2 期；刘军：《中国的国家定位及欧亚战略》，《华东师范大学学报（哲学社会科学版）》2015 年第 4 期。

国力的发展规制了中国的欧亚地区战略。中国作为不断崛起的国家，虽然国力的增长势头迅猛，但在苏联解体之初并不足以支撑中国在外交上多向用力，相较东亚地区，欧亚地区的发展活力显然不足，也就限制了中国形成并施展其欧亚地区战略。随着中国国力的发展，中国获得了更多的战略手段，也提升了自身对欧亚地区国家的吸引力，由此提出的建设"一带一路"倡议，才得以吸引欧亚地区国家积极响应。尽管"一带一路"并非局限于欧亚地区，但中国作为首倡者，表明了中国引领地区合作的愿望。

正是中国的谨慎和分步推进，中国对欧亚地区的介入并没有招致明显的反对。无论是俄罗斯这样的主导性国家，还是白俄罗斯、吉尔吉斯斯坦等欧亚地区中小国家，中国都能够既在双边层面，也在地区层面发展友好关系和各领域合作。中国也并非一开始就试图影响整个欧亚地区，而是优先发展同俄罗斯和中亚国家的关系，之后才扩大合作的范围。这种步步推进的思路，使得中国一项一项逐步完成在欧亚地区的战略目标，不仅保证了西部边界的安全，也实现了对欧亚地区的介入，并开始引领欧亚地区的合作，使地区秩序发生演进。这是中国的欧亚地区战略所取得的积极成果，其经验值得借鉴。

第二，中国的欧亚地区战略取得成效得益于中俄战略协作的发展。

即便俄罗斯国力下降或者其地区主导地位被削弱，俄罗斯依然在欧亚地区具有重要影响，在一些次地区或部分领域甚至依然是主导性国家，所以中国的欧亚地区战略不能轻视或忽略俄罗斯。二十余年间，中国在欧亚地区的实践，正是因为高度重视俄罗斯，才取得了积极的成效。中俄双边关系的不断发展以及中俄两国战略协作的开展，减少了中国进入欧亚地区的阻力。中俄携手建立的上海合作组织，开展带盟对接建设和共建欧亚经济伙伴关系，都为中国参与欧亚地区事务并成为欧亚地区的重要组成部分提供了推动力。欧亚地区秩序在中俄战略协作的基础上得以演进，从而更好地实现了地区的和平与发展。

因此，高度重视主导国是中国欧亚地区战略的另一个成功经验。但在肯定中国高度重视地区主导国做法的同时，我们也必须承认在过去的二十余年间有一些因素促成了中俄战略协作的稳定发展。这其中既包括双方需要共同应对美国的压力，所以中国重视俄罗斯的同时，俄罗斯也高度重视中国；也包括双方稳定边界、维护国家安全、开展地区合作等具体需要，所以中俄开展战略协作首先是一种内向需求。借由解决边界问题而建立和发展的上海合作组织是中国逐步进入欧亚地区的有效工具，但在其他地区，这一经验似乎难以复制，因为边界安全在欧亚地区初步构成之时确实是各方所共同需要的。

尽管某些客观环境和条件难于复制或再现，但中国在实施欧亚地区战略时所积累的上述两条经验却值得继续发扬。就当前的发展态势来看，"一带一路"是中国推动更大范围地区合作的主要框架，中国在其中是引领者和推动者，欧亚地区战略需要为"一带一路"建设服务。所以，继续加强同欧亚地区国家的友好关系和多领域合作，提升中国在地区秩序中的分量和作用，推动地区秩序继续向有利于中国的方向发展就成为中国欧亚地区战略的主要任务。为此，中国需要继续坚持欧亚地区战略的某些原则。

第一，中国仍然需要重视俄罗斯，并同俄罗斯开展全面战略协作。

无论是在全球层次上应对美国的战略压力、共同面对全球性问题的挑战，还是深化双边关系、提升合作水平，中俄两国都有继续开展全面战略协作的需要。在地区层面，中国推动"一带一路"、继续加深同欧亚地区国家的各方面合作、推动欧亚地区秩序进一步演进等，都需要高度重视俄罗斯的作用，并同俄罗斯继续开展全面战略协作。

尽管中国目前已经在经济总量、活力等指标上领先于俄罗斯，也对欧亚地区国家构成持续增强的吸引力，但正如本书在此前部分所分析的，中国的经济实力还未能有效转化为政治影响力，俄罗斯依然紧握关键性领域——地区安全的主导性地位。所以，地区结构与实力对比没有发生根本性变化，中国的欧亚地区战略至少在目前及今后一段时期，不适宜将谋求单独领导地位作为战略目标，而应在与俄罗斯战略协作的基础上，寻求双重领导，并使新塑造的地区机制——如中俄共建的欧亚经济伙伴关系——能够确认并规范地区秩序的双重领导规则。

在开展战略协作的同时，中国在欧亚地区更加活跃的表现应避免俄罗斯产生被抢劫的感受。苏联解体后，俄罗斯一直有一种被掠夺、被忽视的屈辱感，普京在2014年3月18日关于克里米亚"入俄"的讲话中表示："1991年大国不复存在，但俄罗斯的感受是自己不仅被偷光了，而且被抢光了。"① 这种感受是导致俄罗斯与美国等西方国家关系始终不睦的重要原因之一。中国在欧亚地区的活跃，必然会在一定程度上与俄罗斯形成竞争或者被俄罗斯视作其利益的损害者，所以中国应在追求本国收益的同时，多与俄罗斯协商合作，争取形成共赢的结果，避免俄罗斯因利益受损而反对中国继续在欧亚地区发挥积极作用。

第二，中国应继续坚持分步推进欧亚地区战略。

继续坚持分步推进，是由如下一些因素决定的。首先，稳扎稳打，完成一步再推进下一步，既可以检验此前合作的成果，也有助于在更坚实的基础上实现新的目标。在当前时期，继续发展在上海合作组织、"一带一路""带盟对接"、欧亚经济伙伴关系等框架下的地区合作，将各种合作成果逐步积累，有助于实现中国的地区战略目标。

其次，欧亚地区的复杂性要求中国坚持分步推进的原则。二十余年的发展使传统意义上的欧亚地区分裂为多个次地区部分，欧亚地区的概念和地理范围也得到扩展，相应地，欧亚地区的复杂性不可避免地增多。这就要求中国不能混合或模糊处理所有问题，也不能"一刀切"，而应具体问题具体分析，在制定宏观和整体的欧亚地区战略的同时，应当进行精细化操作，根据各个次地区或具体领域的不同情况，制定详细和分步骤的欧亚地区战略。这将有助于整体性欧亚地区战略的落实和取得成效。

最后，欧亚地区战略作为中国外交战略的组成部分，不应牵扯或分散过多的注意力。随着国力的增长，中国的外交战略目标日益多元，国家利益的构成也日渐复杂，中国在世界多个地区开展外交实践，所以欧亚地区和欧亚地区战略只是中国外交或周边外交的其中一个组成部分，②不应过多分散精力。这并不是说欧亚地区的重要性有所降低，而是当中国精力有限和利益多元化的情况下，设置阶段性小目标，不仅有助于成功实现该目标，而且可以不影响整个外交的大局。中国以有限的精力和投入实现阶段性小目标，有助于汇聚成更大的战略收获。特别是在欧亚

---

① Обращение Президента Российской Федерации, 18 марта 2014 года, http://www.kremlin.ru/events/president/news/20603.

② 有关中国在周边不同地区的外交战略与相关地区秩序的构建等内容的分析，参见张蕴岭《中国的周边区域观回归与新秩序构建》，《世界经济与政治》2015 年第 1 期。

地区战略已经取得积极成果，具备良好的前期发展条件的基础上，新的欧亚地区战略应当分步推进，以期巩固成果、谋求更大发展。

第三，中国的欧亚地区战略在实施过程中仍应当坚持谨慎行事的原则。

与此前的二十余年相比，中国的国家实力已经发生了天翻地覆的变化。在欧亚地区，中国不但成功进入，也逐渐成为地区的重要组成部分，并树立了自己的领导者身份。但这些都不应该成为中国骄傲自满的理由，更不应该成为中国故步自封的原因。中国的持续崛起还需要解决很多具体问题，也需要提供不竭的动力，而中国在欧亚地区的外交实践以及在地区秩序中的作用发挥也才刚刚进入正轨或起步，所以中国仍应当坚持谨慎行事的原则。

这种谨慎，意味着不仅需要尊重欧亚地区各国的差异性，仔细制定和实施有针对性的政策，而且需要树立崛起大国的亲和且有责任的良好形象。中国的持续崛起本就容易引起中小国家的畏惧和大国的怀疑，如果中国自满而跋扈，极有可能让各国担心中国改行帝国战略，并使各国产生制衡中国的想法。如果发生各国联合制衡中国的情况，将不利于中国的持续发展。因此，欧亚地区战略应继续秉持谨慎原则，分步推进，与地区国家分享中国崛起的成果，共谋发展、共促和平，共同构建欧亚命运共同体。

二 欧亚地区秩序的前景

时间进入 2018 年，从当前的发展状况看，欧亚地区秩序或许并不会在这一年里发生巨变。但一些情势的发展仍然影响着欧亚地区秩序的走向和前景。

第一，中俄战略协作依旧是欧亚地区秩序稳定发展的基石。

在国家实力、优势领域、地区贡献与影响力、地区规则的制定能力等方面比较中俄两国在欧亚地区的状况，我们可以看到欧亚地区秩序依然处于从单一领导向二元领导方向演进的过程。俄罗斯依然在某些次地区、在某些关键领域占据着关键地位，中国虽然已经成功进入地区，并发挥了一定程度的引领者作用，但若由此认为"中俄两国在地区内构成双重领导"，还为时尚早。然而我们也不能因此否定中俄两国的领导性作用。中俄开展战略协作依然是维系欧亚地区和平、促进地区发展的核心和关键。

上海合作组织的扩员，意味着中俄两国推动的欧亚地区合作和地区机制完成了一次南北方向上的纵向延伸，也在一定程度上意味着欧亚地区的概念有继续扩大范围的可能。但印度加入上海合作组织，只是改变了上海合作组织内部的权力结构，想要改变整个地区权力结构并影响地区秩序，还有相当漫长的路要走。且从 2018 年 6 月上海合作组织青岛峰会发表的宣言中可以看到，印度仍不愿意支持中国提出的"一带一路"倡议，也就是说印度在参加欧亚地区合作方面有所保留，这也将限制印度在欧亚地区秩序中发挥影响。

既然中俄战略协作仍然在地区秩序中扮演重要角色，那么中俄关系以及战略协作的发展就将极大地影响地区秩序的走向和前景。

中国学者赵华胜曾指出，中俄关系需要的是某种稳定的框架，在这个框架之内，中俄可以保持稳定友好地密切合作，同时也承认两国之间的差异，不必强求在所有问题上完全一致；同时，具有一种在不同层面讨论和解决问题的坦诚气氛和机制，不必因为友好或担心影响友好而回避问题。使社会对中俄关系逐渐形成比较正常和平常的心态，这有利于使两国社会对中俄关系增加正面了解，使两国关系形成更加健康的整体氛围。[1] 应当说，中俄两国二十余年的努力已经在一定程度上搭建起稳定的框架。

这一框架涉及不同层面。2018 年 3 月 17 日，习近平在中国第十三届全国人大上全票当选新一任国家主席后不到一个小时，俄罗斯总统普京即发来了贺电。两天后的 3 月 18 日，俄罗斯总统大选如期举行，普京以压倒性优势再次当选俄罗斯总统，习近平主席也在第一时间发去贺电。两国领导人的相互支持显示了中俄全面战略协作伙伴关系的稳定。在全球层面，美国总统特朗普启动了对中国的贸易战，这无疑增加了中国的战略压力，保持与俄罗斯的战略协作将有利于中国增强应对能力。普京与特朗普虽然在 2018 年 7 月实现了首次正式会晤，但俄美之间的尖锐矛盾通过一两次高层会晤恐怕难以彻底解决，所以，俄罗斯的国际环境依

---

[1] 赵华胜：《中俄睦邻友好合作条约与中俄关系》，《俄罗斯研究》2001 年第 3 期。

然严峻，也需要同中国继续加强战略协作。可见，中俄双方开展全球性战略协作的需要仍然存在。因此，中俄全面战略协作有继续稳定发展的前景，欧亚地区秩序也将以中俄战略协作为基石，继续稳固发展。

第二，欧亚地区秩序仍将呈现多种机制共同维系的形态，地区的"可变性"特征将更加明显。

欧亚地区秩序演进至今，最明显的变化是中国作为崛起大国成为欧亚地区的组成部分，特别是中国与俄罗斯开展战略协作，共同构建欧亚经济伙伴关系，将有可能在未来塑造出新的地区秩序。在排除战争的情况下，地区秩序的演进与变革虽然不及全球秩序那样缓慢，但也是一个中长期过程，所以塑造欧亚地区新秩序将是一个相对漫长的工作。在此期间，欧亚地区现存的各种地区机制和地区组织，如欧亚经济联盟、上海合作组织、集体安全条约组织、"一带一路"等，都将继续存在并发挥相应的作用。所以，欧亚地区秩序仍将由多种机制共同维系，且机制之间的交集或功能重合的现象依然存在。即便是中俄正在探讨建立的欧亚经济伙伴关系，也不可能取代或覆盖掉现有的地区机制。

这种复杂性意味着欧亚地区的"可变性"特征将更为明显。首先，欧亚地区所涵盖的范围仍将具有可变性。上海合作组织将印度和巴基斯坦扩充为成员，意味着欧亚地区合作将向南扩展。"一带一路"涉及的地理范围原本就超越了传统的欧亚地区。中俄探索共建的欧亚经济伙伴关系，将不断增加参与的国家数目，也将拓展欧亚地区合作和欧亚地区秩序的覆盖范围。

其次，地区机制的可变性更为突出。从 2011 年俄罗斯提出建立欧亚联盟的方案以来，在短短 7 年时间里，欧亚经济联盟、"一带一路""大欧亚伙伴关系""欧亚经济伙伴关系"等，都是欧亚地区新诞生的地区合作框架或地区机制。它们彼此之间竞争与合作并存，或许会出现某个机制逐渐占据优势的情况，这将决定地区秩序的演进走向。但在发展目标不明确的情况下，地区机制的可变与多变，意味着各个国家有较高的地区事务参与热情，特别是中国与俄罗斯两个大国，在地区合作中愿意发挥积极作用。

最后，欧亚地区的地区结构仍具有可变性。这种变化可能来自中俄实力对比的颠覆性变化，中国有可能在多个领域全面超越俄罗斯，从而使双重领导的平衡被打破；其变化也可能来自中国崛起的中断，中国在全球层次的崛起任务未能完成，转而需要巩固地区层次的崛起成果，此时中俄或许仍能保持战略协作，并在地区层面进行双重领导。当然，也有可能出现最不利于中国的情况，全球崛起的失败导致中国不能维护崛起的地区成果，俄罗斯国力的恢复使其又重新巩固地区主导地位等。这些可能的变化将引导地区秩序向不同的方向转变。

第三，地区观念和地区认同的多元化仍将持续。

苏联解体后诞生的欧亚地区，在二十余年间经历了地区的"碎片化"和"次地区化"的过程，俄罗斯作为主导国虽然努力维持其主导地位，但也不得不接受地区认同多元、地区观念薄弱的现实。欧亚地区各国对自己属于同一个地区——欧亚地区的认同是薄弱的，在参与地区合作的优先选项方面也各有不同。这种现象不可能因为地区秩序向双重领导方向演进而得到缓解。反而是因为中国进入欧亚地区，地区各国有了更多的合作选择后，地区认同的多元化仍将持续。

中亚各国和白俄罗斯，是欧亚地区中更愿意参与中俄推动的地区合作进程的国家，所以可以预见的是中俄共建的欧亚经济伙伴关系将优先吸引中亚各国和白俄罗斯参加。但这并不意味着各国放弃其他的合作诉求。2018 年 3 月，中亚五国领导人在哈萨克斯坦首都阿斯塔纳举行会晤，这是中亚国家近 13 年来的首次单独会面。简单地将这次峰会视作中亚五国抛弃中俄两大国、甚至谋求与美国接近的表现或许过于草率，但峰会的举行在客观上确实反映了中亚各国对"中亚地区"的认同。中亚地区不同于大范围的欧亚地区，中亚国家首先属于中亚地区，也应当推动中亚地区的合作。

由此反映出欧亚地区内部的认同是多元的。各国可能既持有本国属于欧亚地区的观念，也认同本国属于某个次地区。不同的地区观念和认同促使各国在地区合作的优先方向上做出不同的选择。例如，欧亚地区内的部分位于东欧平原上的国家，更愿意与欧盟开展合作；中亚国家因与中国接壤，更愿意同中国开展合作。在这个意义上说，中国若要进一步塑造和巩固其地区领导者的身份，还需增强自身的吸引力，使更多的欧亚地区国家愿意同中国开展合作，从而继续推动地区秩序的演进。

综合本部分的讨论，我们可以认为，欧亚地区秩序在中俄战略协作的基础上借由欧亚经济伙伴关系的建设，已经在向中俄共同领导的地区秩序方向发展。对欧亚地区各国来说，这种演进有助于实现地区的和平与发展，是具有良好前景的发展方向。

参考文献

一　中文文献

蔡鹏鸿：《亚太两强竞争性合作格局趋势与中国外交》，《国际观察》2013年第1期。

丛鹏、张颖：《战略视角下的中俄关系》，时事出版社2011年版。

冯绍雷：《制度变迁与对外关系——1992年以来的俄罗斯》，上海人民出版社1997年版。

冯绍雷、相蓝欣主编：《普京外交》，上海人民出版社2004年版。

冯玉军：《对中俄战略协作伙伴关系的再思考》，《现代国际关系》1998年第8期。

高程：《区域公共产品供求关系与地区秩序及其变迁——以东亚秩序的演化路径为案例》，《世界经济与政治》2012年第11期。

高飞：《政治文化变迁与中俄关系的演变》，世界知识出版社2008年版。

顾炜：《地区等级体系与崛起国的介入战略——以中国介入后苏联空间为例》，《外交评论》2015年第4期；《双重领导型地区秩序的构建逻辑》，《世界经济与政治》2017年第1期；《欧亚经济联盟的新动向及前景》，《国际问题研究》2015年第6期。

顾志红：《普京安邦之道：俄罗斯近邻外交》，中国社会科学出版社2006年版。

何卫刚：《国际机制理论与上海合作组织》，《俄罗斯中亚东欧研究》2003年第5期。

胡键：《"一带一路"战略构想与欧亚大陆秩序的重塑》，《当代世界与社会主义》2015年第4期。

季志业、冯玉军主编：《俄罗斯发展前景与中俄关系走向》，时事出版社
　　2016 年版。

姜毅：《不靠谱的"中俄结盟"说》，《世界知识》2012 年第 5 期。

姜毅主编：《新世纪的中俄关系》，世界知识出版社 2007 年版。

靳晓哲、曾向红：《上合组织和集安组织发展及前景——基于区域公共产
　　品理论的视角》，《国际政治科学》2015 年第 4 期。

李葆珍：《结盟—不结盟—伙伴关系：当代中国大国关系模式的嬗变》，
　　《郑州大学学报》（哲学社会科学版）2009 年第 3 期。

李建民：《独联体经济一体化现状及趋势》，《东欧中亚研究》1999 年第 3
　　期；《丝绸之路经济带、欧亚经济联盟与中俄合作》，《俄罗斯学刊》
　　2014 年第 5 期。

李自国：《大欧亚伙伴关系：重塑欧亚新秩序?》，《国际问题研究》2017
　　年第 1 期。

梁森、陆仁：《关于体系、格局、秩序概念的界定》，《国际政治研究》
　　1991 年第 2 期。

凌胜利：《中外学者论中美互动与亚太新格局》，《和平与发展》2015 年
　　第 6 期；《中国为什么不结盟?》，《外交评论》2013 年第 6 期。

林军：《俄罗斯外交史稿》，世界知识出版社 2002 年版。

刘博文、方长平：《周边伙伴关系网络与中国周边安全环境》，《当代亚
　　太》2016 年第 3 期。

刘昌明、姚仕帆：《"一带一路"倡议下中国的欧亚一体化战略与大西洋
　　主义》，《太平洋学报》2016 年第 11 期。

刘德斌：《中俄关系与欧亚变局》，《东北亚论坛》2017 年第 2 期。

刘丰：《东亚地区秩序转型：安全与经济关联的视角》，《世界经济与政
　　治》2016 年第 5 期。

柳丰华：《"梅普组合"的外交战略》，中国社会科学出版社 2012 年版；
　　《俄罗斯与中亚——独联体次地区一体化研究》，经济管理出版社 2010
　　年版。

刘军：《中国的国家定位及欧亚战略》，《华东师范大学学报》（哲学社会
　　科学版）2015 年第 4 期。

刘若楠：《地区等级体系衰落的路径分析》，《世界经济与政治》2014 年

第 12 期。

刘莹：《新时期西方研究视域中的中俄关系》，《国外理论动态》2018 年
　　第 3 期。

李兴：《亚欧中心地带：俄美欧博弈与中国战略研究》，北京师范大学出
　　版社 2013 年版。

罗伯特·罗斯：《中国崛起、地区权力转移与东亚安全：从 1949 年到 21
　　世纪》，《世界经济与政治》2009 年第 11 期。

马荣久：《中美权力转移与亚洲地区体系》，《当代亚太》2014 年第 1 期。

门洪华：《地区秩序建构的逻辑》，《世界经济与政治》2014 年第 7 期；
　　《东亚秩序论：地区变动、力量博弈与中国战略》，上海人民出版社
　　2015 年版。

门洪华、刘笑阳：《中国伙伴关系战略评估与展望》，《世界经济与政治》
　　2015 年第 2 期。

潘光主编：《稳步前进的上合组织》，时事出版社 2014 年版。

潘广云：《欧亚经济共同体经济一体化及其效应分析》，《东北亚论坛》
　　2010 年第 4 期。

庞大鹏主编：《普京八年：俄罗斯复兴之路（2000—2008）·政治卷》，
　　经济管理出版社 2008 年版。

庞中英：《亚洲地区秩序的转变与中国》，《外交评论》2005 年第 4 期。

秦亚青：《层次分析法与国际关系研究》，《欧洲》1998 年第 3 期。

邱伟：《我国不结盟政策的发展历程及展望》，《学习月刊》2005 年第
　　10 期。

任晓：《论国际共生的价值基础——对外关系思想和制度研究之三》，《世
　　界经济与政治》2016 年第 4 期。

任晓：《论东亚"共生体系"原理——对外关系思想和制度研究之一》，
　　《世界经济与政治》2013 年第 7 期。

尚会鹏：《"伦人"与"天下"——解读以朝贡体系为核心的古代东亚国
　　际秩序》，《国际政治研究》2009 年第 2 期

苏长和：《从关系到共生——中国大国外交理论的文化和制度阐释》，《世
　　界经济与政治》2016 年第 1 期。

苏长和：《以新普遍主义建构世界秩序——对共生问题的进一步思考》，

《探索与争鸣》2014 年第 11 期。

苏长和：《共生型国际体系的可能——在一个多极世界中如何构建新型大国关系》，《世界经济与政治》2013 年第 9 期。

苏晓宇：《美国中亚军事战略的发展与前景》，中国社会科学出版社 2016 年版。

孙静：《中俄在中亚的共同利益及其实现机制研究》，光明日报出版社 2014 年版。

孙学峰、丁鲁：《伙伴国类型与中国伙伴关系升级》，《世界经济与政治》2017 年第 2 期。

孙学峰、黄宇兴：《中国崛起与东亚地区秩序演变》，《当代亚太》2011 年第 1 期。

孙学峰：《中国崛起困境：理论思考与战略选择》（第二版），社会科学文献出版社 2013 年版。

孙壮志：《中亚五国对外关系》，当代世界出版社 1999 年版。

唐健：《伙伴战略与伙伴关系：理论框架、效用评估和未来趋势》，《国际关系研究》2016 年第 1 期。

万青松：《大国政治的欧亚时刻——地缘政治经济视域下“欧亚”认知的演进及其寓意》，《俄罗斯研究》2016 年第 1 期。

王海运：《“结伴而不结盟”：中俄关系的现实选择》，《俄罗斯东欧中亚研究》2016 年第 5 期。

王缉思：《“西进”，中国地缘战略的再平衡》，《环球时报》2012 年 10 月 17 日。

王树春：《冷战后的中俄关系》，时事出版社 2005 年版。

王树春、万青松：《上海合作组织与欧亚经济共同体的关系探析》，《世界经济与政治》2012 年第 3 期。

王树春、王洪波：《丝绸之路经济带——中国的欧亚战略？》，《战略决策研究》2015 年第 2 期。

王树春、朱震：《上合组织与集安组织为何合作大于竞争？》，《国际政治科学》2010 年第 2 期。

王彦：《独联体集团安全条约组织安全合作模式分析》，《外交评论》2007 年第 5 期。

邢广程：《世纪之交中俄关系的历史进程——对 1992 年至 2004 年中俄关系的基本总结》，《新疆社会科学》2004 年第 5 期。

许涛、王明昌：《"上海进程"持续二十年的地缘政治意义》，《现代国际关系》2016 年第 4 期。

徐秀军：《地区主义与地区秩序：以南太平洋地区为例》，社会科学文献出版社 2013 年版。

阎学通：《俄罗斯可靠吗?》，《国际经济评论》2012 年第 3 期。

阎学通：《世界权力的转移：政治领导与战略竞争》，北京大学出版社 2015 年版。

杨闯、高飞、冯玉军：《百年中俄关系》，世界知识出版社 2006 年版。

杨洁勉：《中美俄的亚太战略互动：动因、特点和理论建构》，《国际观察》2014 年第 4 期。

杨恕、张会丽：《评上海合作组织与独联体集体安全条约组织之间的关系》，《俄罗斯中亚东欧研究》2012 年第 1 期。

杨原、曹玮：《大国无战争、功能分异与两极体系下的大国共治》，《世界经济与政治》2015 年第 8 期。

张锋：《解构朝贡体系》，《国际政治科学》2010 年第 2 期。

张小明：《对新型大国关系的一种解读》，《国际政治研究》2014 年第 1 期。

张蕴岭：《中国的周边区域观回归与新秩序构建》，《世界经济与政治》2015 年第 1 期。

赵华胜：《中俄睦邻友好合作条约与中俄关系》，《俄罗斯研究》2001 年第 3 期；《中国的中亚外交》，时事出版社 2008 年版。

赵可金：《从国际秩序到全球秩序：一种思想史的视角》，《国际政治研究》2016 年第 1 期。

赵全胜：《中美关系和亚太地区的"双领导体制"》，《美国研究》2012 年第 1 期。

曾向红：《遏制、整合与塑造：美国中亚政策二十年》，兰州大学出版社 2014 年版。

资中筠主编：《冷眼向洋：百年风云启示录》（下卷），生活·读书·新知三联书店 2001 年版。

郑羽主编：《独联体十年：问题·现状·前景》（上下卷），世界知识出版社 2002 年版。

郑羽：《多极化背景下的中俄关系（2012—2015）》，经济管理出版社 2015 年版。

郑羽：《新普京时代（2000—2012）》，经济管理出版社 2012 年版。

郑羽、柳丰华主编：《普京八年：俄罗斯复兴之路（2000—2008）》（外交卷），经济管理出版社 2008 年版。

周方银：《东亚二元格局与地区秩序的未来》，《国际经济评论》2013 年第 6 期。

祝政宏：《俄罗斯的中亚集体安全体系》，《新疆大学学报》（社会科学版）2004 年第 4 期。

左凤荣：《重振俄罗斯——普京的对外战略与外交政策》，商务印书馆 2008 年版。

［芬］阿尔伯·雍杜宁：《俄罗斯帝国的复苏》，倪晓京译，国防大学出版社 2012 年版。

［英］巴里·布赞、［丹］奥利·维夫：《地区安全复合体与国际安全结构》，潘忠岐等译，上海人民出版社 2009 年版。

［英］巴里·布赞：《美国和诸大国：21 世纪的世界政治》，刘永涛译，上海人民出版社 2007 年版。

［美］彼得·卡赞斯坦：《地区构成的世界——美国帝权中的亚洲和欧洲》，秦亚青、魏玲译，北京大学出版社 2007 年版。

［俄］彼·恰达耶夫：《箴言集》，刘云飞译，云南人民出版社 1999 年版。

［俄］德米特里·叶夫列缅科：《中俄战略伙伴关系和大欧亚的构建》，《国外社会科学》2017 年第 3 期。

［俄］俄罗斯外交与国防政策委员会：《俄罗斯战略——总统的议事日程》，新华出版社 2003 年版。

［英］赫德利·布尔：《无政府社会：世界政治秩序研究》（第二版），张小明译，上海世界知识出版社 2003 年版。

［美］亨利·基辛格：《世界秩序》，胡利平等译，中信出版社 2015 年版。

［俄］季塔连科：《俄中战略伙伴关系是保障国际安全的一种模式》，《俄罗斯中亚东欧研究》2008 年第 1 期。

［俄］拉佐夫：《对俄中关系 60 年历史经验的若干思索》，《俄罗斯中亚东欧研究》2009 年第 6 期。

［美］罗伯特·基欧汉：《霸权之后：世界政治经济中的合作与纷争》，苏长和、信强、何曜译，上海人民出版社 2001 年版。

［日］星野昭吉：《全球化时代的世界政治——世界政治的行为主体与结构》，刘小林译，社会科学文献出版社 2003 年版。

［俄］伊·伊万诺夫：《俄罗斯新外交》，陈凤翔等译，当代世界出版社 2002 年版。

［美］约翰·米尔斯海默：《大国政治的悲剧》，王义桅、唐小松译，世纪出版集团 2003 年版。

［美］兹比格纽·布热津斯基：《大棋局：美国的首要地位及其地缘战略》，上海人民出版社 1998 年版。

《俄罗斯联邦内政外交大事记（1990—2004 年)》，世界知识出版社 2006 年版。

《普京文集——文章和讲话选集》，中国社会科学出版社 2002 年版。

《普京文集》（2002—2008)，中国社会科学出版社 2008 年版。

《普京文集》（2012—2014)，世界知识出版社 2014 年版。

二 俄文文献

Божанов Е. П. , Современный мир, Москва：Известия, 2004г.

Братерский М. В. , США и проблемные страны Азии: обоснование, выработка и реализации политики в 1990 – 2005 гг. , Москва, 2005г.

Быков А. Н. , Постсоветское пространство：стратегии интеграции и новые вызовы глобализации. СПб. Алетейя, 2009г.

Быков А. Н. , Россия и СНГ: вызовы глобализации и стратегия евразийской интеграции. М. ИМЭПИ РАН, 2005г.

Васильев Л. Е. , Борьба с терроризмом на пространстве ШОС. М. : ИДВ РАН, 2017г.

Годин Ю. Ф. , Россия и Белоруссия на пути к единению, М. : Международные отношения, 2001г.

Иванов Э. М. , Экономические отношения России со странами Центральной

Азии, Москва, 2006г.

ИМЭМО РАН, Тематический раздел тенденции в развитии СНГ: экономика и политика России и государств ближнего зарубежья. М. , 2000г.

Клименко А. Ф. (сост.), Шанхайская организация сотрудничества: взаимодействие во имя развития, М. : Ин-т Дальн. Вост. РАН, 2006г.

Котилко В. В. , Нефедьев А. Д. , Россия и страны ЕврАзЭС: проблемы интеграции. М. : Компания Спутник + , 2004г.

Ларин А. , Американский фактор в российско-китайском стратегическом партнерстве, Проблемы Дальнего востока, №6, 2000г.

Лукьянов Ф. , "Вот Новый Поворот", May 12, 2015, http: //rg. ru/ 2015/05/13/faza. html.

Матвеев В. А. , Проблемы и перспективы реализации инициативы " Экономический пояс Шелкового пути" в контексе ШОС. Москва: Институт Дальнего Востока РАН, 2017г.

Морозов С. С. , Дипломатия В. В. Путина, СПБ, 2004г.

Москвин Л. Б. СНГ: распад или возрождение? (Взгляд 15 лет спустя), М. : САМПО, 2007г.

Никитина Ю. , Перспективы эволюции ОДКБ и ШОС в сфере безопасности. // Обозреватель. 2008, №2.

Попапов М. Куда идёт экономическая интеграция в Восточной азии? // Мировая экономика и международные Отношения, 2006, №9.

Примаков Е. М. , Международные отношения накануне XXI века: проблемы, перспективы. На горизонте-многополюсный мир, Международная жизнь, №10, 1996г.

Савицкий П. Н. , Континент Евразия, М. : Аграф, 1997г.

Синицина И. , Экономическое взаимодействие России и стран Центральной Азии: тенденции и перспективы. // Институт государственного управления и политики, Доклад, №5, 2012 г.

Стратегия развития ШОС и политика России в этой организации. Москва: ИДВ РАН, 2012г.

Стратегия России в Центральной Азии и Шанхайская организация сотрудничества. // Сборник докладов, Том 20, Москва МГИМО-Университет, 2012г.

Титаренко М. Л. , Петровский В. Е. , Россия, Китай и новый мировой порядок: теория и практика. Москва: Весь Мир, 2016г.

Титаренко М. Л. , Россия и Китай: стратегическое партнерство и вызовы времени. Москва: Форум, 2014г.

Торкунов А. В. , Современные международные отношения, Москва, 1998г.

Центральная Азия: актуальные акценты международного сотрудничества. // Сборник докладов, Москва МГИМО-Университет, 2010г.

Цыганков А. П. , Внешняя политика России от Горбачева до Путина: формирование национального интереса. М. : Научная книга, 2008г.

Внешняя политика России: Сб. документов. 1996. М. : Междунар. Отношения, 2001г.

Дипломатический вестник. 1996, 1997, 1998, 1999, 2000, 2001, 2002

Россия и меняющийся мир, http://www. rg. ru/2012/02/27/putin-politika. html.

三 英文文献

A. F. K. Organski, *World Politics*, New York: Alfred A. Knopf, 1968; George Modelski, *Long Cycles in World Politics*, London: Macmillan Press, 1989.

Alexander Libman and Evgeny Vinokurov, *Holding-Together Regionalism: Twenty Years of Post-Soviet Integration*, Palgrave Macmillan, 2012.

Ariel Cohen, ed. , *Eurasia in Balance: The US and the Regional Power Shift*, Burlington: Ashgate, 2005; Markus Kaim, ed. , *Great powers and regional orders: the United States and the Persian Gulf*, Burlington: Ashgate Publishing Company, 2008.

Bertil Nygren, *The Rebuilding of Greater Russia: Putin's foreign policy towards the CIS countries*, London and New York, 2007.

Bobo Lo, *Axis of Convenience: Moscow, Beijing, and the New Geopolitics*, New York: Oxford University Press, 2008.

Bruce Russett and Harvey Starr, *World Politic: a Menu for Choice*, New York: W. H. Freeman, 1992.

Bryan Mabee, "Levels and Agents, States and People: Micro-Historical Sociological Analysis and International Relations", *International Politics*, Vol. 44, No. 4, July, 2007, pp. 433 – 435.

Dave Peebles, *Pacific Regional Order*, Canberra: ANUE Press and Asia Pacific Press, 2005.

David C. Kang, "Hierarchy and Legitimacy in International Systems: The Tribute System in Early Modern East Asia", *Security Studies*, Vol. 19, No. 4, 2010, pp. 591 – 622.

David A. Lake, "Regional Hierarchy: Authority and Local International Order", *Review of International Studies*, Vol. 35, Globalising the Regional, Regionalising the Global (Feb., 2009), pp. 35 – 58.

David A. Lake and Patrick M. Morgan, eds. , *Regional Orders: Building Security in a New World*, University Park: Pennsylvania State University Press, 1997.

Douglas Lemke, *Regional of War and Peace*, Cambridge, New York: Cambridge University Press, 2002.

Geoffrey Hosking, *Russia: People and Empire*, Cambridge, Mass. : Harvard University Press, 1997,

G. John Ikenberry and Jitsuo Tsuchiyama, "Between Balance of Power and Community: The Future of Multilateral Security Cooperation in the Asia-Pacific", *International Relations of the Asia-Pacific*, Vol. 2, 2002, pp. 69 – 94.

Helen V. Milner, "The Assumption of Anarchy in International Relations: A Critique", *Review of International Studies*, 1991, Vol. 17, No. 1, pp. 67 – 85.

John Grady, *Brookings Panel: Improved China-Russia Relationship is a Marriage of Convenience*, March 24, 2016.

Markus Kaim, ed. , *Great powers and regional orders: the United States and the Persian Gulf*, Burlington: Ashgate Publishing Company, 2008.

Muthiah Alagappa, ed. , *Asian Security Order: Instrumental and Normative Features*, Stanford: Stanford University Press, 2003.

Robert Gilpin, *War and Change in World Politics*, New York：Cambridge University Press, 1981.

Robert W. Cox, "Social Forces, States, and World Orders：Beyond International Relations Theory", *Journal of International Studies*, Vol. 10, No. 2, June, 1981.

Robert Skidelsky, The Sino-Russian Marriage, *Project Syndicate*, 2015. 6. 18.

Ronald L. Tammen et al., *Power Transitions：Strategies for the* 21*st Century*, New York：Chatham House Publishers, 2000.

The national bureau of Asian research, "*Russia-China relations：Assessing Common Ground and Strategic Fault Lines*", NBR special report #66, July 2017.

Torbjorn L. Knutsen, The Rise and Fall of World Orders, Manchester：Manchester University Press, 1999.

T. V. Paul ed., *Accommodating Rising Powers：Past, Present, and Future*, Cambridge：Cambridge University Press. 2016.

Zhang Feng, "How hierarchic was the historical East Asian system?" *International Politics*, Vol. 51, No. 1, 2014, pp. 1 – 22.

主要媒体与网站

《人民日报》

新华网　http：//news. xinhuanet. com

中国网　http：//www. china. com. cn

环球网　http：//world. huanqiu. com/

世界银行　https：//data. worldbank. org. cn/

中国人大网　http：//www. npc. gov. cn

中华人民共和国外交部网站　http：//www. fmprc. gov. cn

中国海关总署网站　http：//www. customs. gov. cn/

俄罗斯外交部网站　http：//www. mid. ru/

俄罗斯总统网站　http：//www. kremlin. ru

俄罗斯报　Российская газета

后　记

　　我博士论文的主要内容是关于俄罗斯的地区一体化政策和后苏联空间的一体化发展。然而，无论是博士论文还是修改后中标国家社科基金后期资助项目的文本，总有老师会向我提出文稿中有关中国的内容偏少的问题或者说修改意见。但我认为，中国因素对俄罗斯地区一体化政策的影响，至少在苏联解体后的最初二十年里，并不十分强烈，更不是主要影响因素。从21世纪的第二个十年起，中国才逐渐成为影响俄罗斯一体化政策的重要因素。同时，必须明确指出的是，中国对欧亚地区的影响和俄罗斯的地区一体化政策是两个不同的问题。所以，在多次被问及同样的问题后，我考虑把前者——中国对欧亚地区的影响——单独拎出来作为选题专门进行研究。这就是本书选题的主要缘由之一。

　　本书不是我的第一本书，但却机缘和意外地成为了我的第一本学术书。鉴于我在学术道路上积累尚浅、能力有限，所以我更愿意将这本书作为一本"习作"来看待。

　　首先，本书是我的一次系统"学习"的过程。梳理中俄关系的发展、中俄在欧亚地区的互动、中国与欧亚各国的交往历程等都离不开学习，在梳理的同时，既要了解事件发展本身的起承转合，也要把握各方的主观认识。这些都离不开对前辈学人研究成果的学习。

　　其次，本书是我的一次追求"创新"的过程。学术研究在学习的基础上应当有所创新，哪怕只是微小的认知变化或者是不同角度的逻辑解释，都不仅可以作为创新的路径，也是本书努力追求的目标。本书对欧亚地区秩序及其演进的研究，希望能够加深人们对该问题的理解和认识。

再次，本书是一次"练习"。自开始读博以来的八年里，我写了数十篇论文，评论、报告等文字几乎无法准确计数，但有关"写书"的练习却真的机会不多。所以，围绕本书的写作、编辑、出版等一系列流程，对我来说都是宝贵的学习和练习，也收获了许多经验教训，将有助于未来的学术之路。

最后，本书是一次"汇报"。进入上海社会科学院工作已恰满四年，期间承蒙院所两级领导、老师和同仁们的指导和关爱。所以，无论是作为"地区战略"方向的创新青年人才，还是作为"'一带一路'与地区合作机制"创新团队的一员，完成一本书，既是表达对院所支持我工作与学习的感激之情，也是对此间部分工作和研究进展的一种总结。

作为一本习作，本书存在许多不足之处。目前呈现的面貌并不十分成熟，我个人也有许多不满意之处。恳请学界前辈和同仁批评指正。但本书可以作为一个起点，推动我今后学术著作的写作。

本书在写作过程中得到了创新工程团队成员的支持与帮助。李开盛研究员作为首席专家，关怀、督促了我的整个写作和出版过程。团队成员赵建明、张屹峰、罗辉、束必铨、刘锦前、郝群欢等对我的提纲和部分章节提出了宝贵的修改意见。感谢上海社会科学院创新工程项目提供的平台，在团队中的工作、学习和活动令我受益匪浅。

感谢中国社会科学出版社的赵丽女士。她为本书付出了辛勤的劳动。

感谢上海社会科学院国际问题研究所的王健所长、刘鸣研究员、余建华研究员、傅勇研究员及多位老师和同事。没有老师们的鼓励、支持和包容，本书或许无法顺利写作。

本书部分内容曾发表于国内相关刊物，感谢匿名评审专家和期刊编辑的指导。

本书写作期间，我经历了此生至今的最大变故，所以本书中有部分内容是在医院病房里完成的。家父生病住院的数月，作为独生女儿的我在故乡郑州与上海之间往返奔波。后又遇爱人因意外手术，行动不便。作为女儿和妻子，我深感在工作与家庭之间平衡不易，也第一次深刻体会了所谓的"中年危机"。我想，唯有坚强、乐观与坚持才能战胜困难。感谢母亲对我的支持和爱护，感谢爱人和公婆一家的包容和帮助。

　　家父在病榻之上曾关心我的写作进展，然而他未能亲见本书的出版。所以，谨将此书献给我的父亲，并感谢他的养育之恩。

顾　炜

2018 年 9 月 4 日于上海